国家自然科学基金青年基金 (71801015)
教育部人文社会科学研究青年基金 (18YJC630011)
北京外国语大学“中青年卓越人才支持计划”

从路径优化到城市物流系统

陈　曦◎著

企业管理出版社
ENTERPRISE MANAGEMENT PUBLISHING HOUSE

图书在版编目（CIP）数据

从路径优化到城市物流系统 / 陈曦著. -- 北京 :企业管理出版社，2020.8

ISBN 978-7-5164-2184-0

Ⅰ. ①从… Ⅱ. ①陈… Ⅲ. ①城市—物资供应部门—研究—中国 Ⅳ. ①F259.22

中国版本图书馆CIP数据核字（2020）第133854号

书　　名：从路径优化到城市物流系统
作　　者：陈　曦
责任编辑：张　平　田　天
书　　号：ISBN 978-7-5164-2184-0
出版发行：企业管理出版社
地　　址：北京市海淀区紫竹院南路17号　　邮编：100048
网　　址：http://www.emph.cn
电　　话：编辑部（010）68701638　发行部（010）68701816
电子信箱：qyglcbs@emph.cn
印　　刷：北京七彩京通数码快印有限公司
经　　销：新华书店
规　　格：170毫米×240毫米　16开本　16印张　223千字
版　　次：2020年8月第1版　　2020年8月第1次印刷
定　　价：68.00元

前言

随着人工智能和大数据技术的不断发展，物流行业在我们的社会经济和生活等方面都发挥着越来越重要的作用。物流对中国经济、中国未来、世界经济和世界未来都极其重要。本书从物流的概念和发展历程开始，回顾了自公元前300年开始的物流发展史，并对我国物流发展的历史和取得的主要成就进行了回顾。过去15年，中国物流业发生了翻天覆地的变化，快递业几乎是从零开始发展到今天全球前列，占到全球物流行业的40%。在创新驱动发展战略的引领下，中国各行业的新技术、新模式、新业态不断涌现。其中，新零售和新制造更成为近年来的热点。在推进新零售发展的过程中，供应链物流作为联系线上线下的重要纽带，将促使电商和线下实体产业走向融合，推动强化客户体验及效率提升为主的新零售模式。

对于物流行业的研究一直备受学界的关注。本书第二章和第三章从微观角度对物流和交通领域的主要研究问题——路径优化问题及其算法进行梳理。其中，第二章对经典的精确解法和启发式算法进行了详细的介绍。近年来，随着实际问题规模的不断增加及现实路径优化问题中属性和约束类别的丰富，多属性路径优化问题成为学界关注的一大热点。传统的精确算法和启发式算法已经无法完全满足实际物流和运输问题中路径优化的求解需求。而随着计算机技术和大数据的普及，基于数据驱动的强化学习算法已经成为求解路径优化问题的一种新方法。第三章则主要讨论了路径优化领域的强化算法——近似动态规划算法。

物流在为城市生活提供更多便利和效率的同时，也在一定程度上对城市的环境和交通造成了负面影响。第四章从物流对城市生活的影响谈起，首先探讨了“最后一公里”所面临的各种挑战，进而讨论了城市物流系统的设计和优化问题，旨在确保城市物流系统发挥其对城市经济和发展的正面促进作用的同时尽可能降低对环境和交通的影响。

基于第二章和第三章中对于路径优化问题的算法介绍及第四章中对城市物流系统的研究，本书第五章介绍了作者在数据驱动的强化学习算法——近似动态规划算法在城市物流系统中的应用研究，并对未来该领域的研究方向进行了探讨。

自 2014 年起，国家提出将物流业作为“支撑国民经济发展的基础性、战略性产业”。近几年来，我国相继出台了一系列文件，积极推进物流产业智能化升级。受政策环境及技术进步等各种利好因素的推动，近年来物流领域的智能落地和应用进展得如火如荼。物流行业的发展受到了物流科技的深刻影响，同时物流行业的科技应用也为技术的发展提供了条件。本书最后一章根据各大咨询公司和物流企业的研究结果，对智慧物流这一概念进行了介绍，并且探讨了当今主流物流企业在这一领域的科技投入及发展状况。

本书受国家自然科学基金青年基金 (71801015)、教育部人文社会科学研究青年基金 (18YJC630011) 和北京外国语大学“中青年卓越人才支持计划”资助。

作者

2020 年 5 月

C 目录
ontents

第一章　物流及其发展

在过去的几十年中，物流在业界和学界都引起了极大的重视和研究兴趣。随着全球化的进一步深化，企业面临更加激烈的竞争，因此需要不断创新从而保持自身的发展和成长。通过多年的实践，一部分企业发现可以通过构建更加有效的物流系统来降低企业的运营成本并且提高产品质量和服务水平。此外，城市生活方式的变化也是物流业发展的一个重要推手。消费模式的转变、消费者对短生命周期产品的青睐，以及通信和交通领域的技术进步都为物流业的持续快速发展提供了良好的契机。

以上这些变化也引起了学界的重视，对应这些现实社会中的变化，学者们对物流相关问题的刻画和求解方法的研究都提出了各种改进方案，以期望能够研发出更加有效的算法来解决实际遇到的物流问题。

1.1　物流的概念及其发展

物流主要解决在满足某些需求的前提下对货物流从起点到终点的管理问题。它并不是一个新的概念。早在古埃及时代，物流对于金字塔的建造过程就起到了重要的作用。公元前 300 年，随着造船业的兴起，物流在全球海上交易方面也起到了推动作用。同时，物流也是许多战争取得胜利的关键要素。在军事中，物流主要负责军备装置的供给安排，用来解决库存管理和运输问题。这些功能在运输业和商业活动中也是至关重要的。因此，物流在现代工业发展中有着举足轻重的地位。

物流在其发展史上有很多不同的名称，如商业物流、渠道管理、配送、工业物流、物流管理、物料管理、实物配送、快速响应系统、供应链管理，以及供应管理等。从以上这些名称上来看，它们的共同点是都涉及对商品和物料从产出点到消费点，甚至是最终处理点的流动的管理。美国物流管理委员会（Council of Logistics Management，CLM）是一个领先的物流从业人员的专业组织，它将物流管理（Logistics Management）描述为：为了满足客户的需求，对商品、服务和相关信息从产出点到消费点的合理、有效的流动和储存，进行规划、实施与控制的过程。这个定义包括了生产和服务部门物料和服务的流动。其中，服务部门包括政府、医院、银行、零售商、批发商。另外，产品的最终处理、回收和再利用也需要考虑，因为物流对于运送商品的包装材料及旧设备的处理变得越来越重要。物流并不局限于制造业，它与所有的组织，包括政府部门，事业组织如医院、学校，服务型组织如零售商、银行等有关。可以说物流是制造业中的服务业，同时也是服务业中的制造业。

从与物流有关的一些活动中可以看出，物流以自然资源、人力资源、资金和信息作为输入。供应商以原材料、在制品和成品的形式提供物料，管理行为通过规划、实施与控制为物流活动提供框架。物流系统的输出是竞争优势、时间和地点效用、到客户端的快捷运动，以及物流服务组合。

物流有几千年的历史，可以追溯到有组织贸易的最早形式。然而，作为一门学问，它在20世纪初才引起人们的关注，作为支持企业战略和提供时间、地点效用的手段用在农产品的配送上。在第二次世界大战中，物流对盟军的胜利做出了突出贡献，因而开始引起人们的认识和关注。第一本物流专著出现于20世纪60年代初，这一时期著名商业专家、作家、咨询师彼得·德鲁克（Peter Drucker）称物流是最后一块组织可以提高效率的领域之一。这些都引起了人们对物流的兴趣。

当今社会，商业活动的主要功能从生产延伸到分销，进而构成了供应链。在供应链中，上游的企业提供原材料给下游企业，而下游企业通过加工不断增加产品的附加值，直到将产品提供给终端消费者。由于考虑成本及规模效应，在供应链中有的运输功能多采用集装箱、大卡车等规模较大的运输方式完成。但是在服务终端客户时，由于货物数量少且客户对服务水平要求高，因此在“最后一公里”多采用小型车辆进行运输。而“最后一公里”的运输成本占商品的总运输成本的28%。交通运输在推动经济发展和全球化的同时，也对我们的环境和交通产生了负面的影响，比如空气污染和交通堵塞。因此，一个好的交通运输模型需要在考虑经济成本的同时也考虑到以上这些外部性问题。

在更高层次的角度来看，物流也包括反向物流，即产品的循环利用、废旧产品的处理等，这被称为逆向物流。逆向物流是产品从客户到生产者的一个反向链条。对于环境和交通情况的担忧，使得学界不断将环保要求融入供应链管理中来。而逆向物流则是一个很好的例子，它主要包括可以降低、管理和有效处置生产中所产生的垃圾的流程。

在城市物流中最引人关注的就是“最后一公里”问题。“最后一公里”包含很多复杂的物流问题。首先，由于城市车辆增多，交通堵塞的现象愈演愈烈，尤其是上下班高峰时段，因此行驶时间很大程度上依赖于出行的时间段和路况。其次，由于道路情况和送货地点的种种限制，运输车辆有时很难进入目的地或是没有足够的停车位。此外，还包括城市区域对于大型车辆的行驶限制。更重要的一点是由于经济和环境方面的考虑，城市物流更多地倾向于用环保车辆进行运输。随着电子商务的不断发展，线上线下（OTO）运作模式对城市物流提出了更高的要求。同时，也有商家开始考虑采用无人机对线上商品进行线下配送。因此，供应链包含网络设计、交通物流、厂房管理、国际商务和信息系统等多个方面的问题，而交通运输是物流中的一个重要部分，交通运输的方式多种多样，包括航空、铁路、陆路、水路、电缆和管道，这些方式都需要相应的基础设施，如公路、铁路、管道及机场、火车站等。与此相关的研究问题也是多种多样，包括路径优化、库存管理、网络结构等。

物流在当今社会的重要作用已使其成为一个行业，甚至已经成为学界的一个重要研究领域。物流管理的目的是使整个系统在相对较合理的成本下提高效率。因此，不是要达到局部运输成本最低或是降低库存，而是需要将所有影响系统效率的因素都考虑进来进行优化从而求解全局最优解。物流管理包括企业内外部的多项活动和决策，从战略层面到策略层面再到运作层面。

①战略层面。这一部分活动或者决策通常对公司具有长期影响，与物流管理相关的战略决策包括库房和厂房的数量、选址和产能等。

②策略层面。这一部分决策通常介于 3 ~ 12 个月，包括采购和生产决策、库存决策和运输策略，如访问客户的频率。

③运作层面。这一部分涉及每天的决策，如工人排班、路径优化及车辆的装卸。

1.2 我国物流业的发展史

国家发展改革委在文章《中国物流 70 年：砥砺奋进、跨越发展》中指出，中华人民共和国成立以来我国物流业发展大致经历了 4 个历史时期：酝酿萌芽期、起步发展期、快速成长期和提质增效期。

其中，我国物流业的酝酿萌芽期主要是指从中华人民共和国成立到改革开放前的这一阶段。这一阶段，我国处于计划经济体制下，国家对生产资料和主要消费品的生产、分配等实行计划管理，计划部门管指标、物资部门管调拨、交通部门管运送。对应计划经济体制下的具体国情，我国在这一时期初步建立了以铁路和水运为骨干，其他运输方式为补充的运输体系，实行以城市为中心的物资储存与调拨，物流活动以传统的物资运输、保管、包装、装卸等为主，参与主体均为公有制企业，实行政府定价，专业化分工不强，物流运作具有“大而全”“小而全”的特点，基本满足这一时期经济恢复与社会主义建设需要。

从改革开放到20世纪90年代，我国的物流业进入了起步发展期。1978年改革开放以来，国家有关部门赴国外考察学习后将“物流”这一概念引入国内，引起社会各方关注。同时，在科学研究方面，物流业逐渐进入了学界的视野。这一时期，中国物流研究会等研究组织相继成立，物流专业期刊开始创办，一些高校先后开设物流本科和研究生课程。有关部门借鉴发达国家成功经验，积极推动国内物流业发展，开启了我国物流业理论探索与产业实践。随着这一时期我国经济的快速发展和改革开放的推进，物流业初具雏形，物流基础设施不断完善，物流企业更加多元，货物运输量从1978年的32亿吨增长至1999年的129亿吨，增长了3倍左右。

从2000年起，我国物流业的发展进入了快速成长期。这一阶段，由于我国加入世界贸易组织，进出口贸易大幅增长，这也极大促进了我国物流业的快速发展。在这一背景下，我国政府各个部门对物流重要性的认识也在不断提升，相继制定并出台了一系列政策和法规，并且建立了现代物流工作部际联席会议，这都在一定程度上推动了我国物流业的发展与快速成长。尤其是在2009年，国务院发布了《物流业调整和振兴规划》，随后配套出台了一系列专业物流发展规划和政策，为物流业快速发展营造了良好环境。在物流业的快速成长期中，我国社会物流总额年均增长15%以上，在资本和技术的共同推动下，实现了从物流弱国到物流大国，从传统物流到现代物流的跨越式转变。

党的十八大以来，我国物流行业进入了提质增效期。2014年，国务院发布《物流业发展中长期规划（2014—2020年）》，系统提出物流业的发展重点、主要任务和重点工程，明确了一段时期内物流业的发展方向和目标。按照党中央、国务院关于深化供给侧结构性改革、推进“三去一降一补”的决策部署，国家发改委等相关部门围绕推进物流降本增效促进实体经济发展，出台物流业降本增效实施方案，启动物流降本增效综合改革试点等。党的十九大提出加强物流等基础设施网络建设，进一步明确了物流的基础性和准公益性地位，为新时代物流业发展指明了方向。2018 年 9 月国务院常务会议审议通过《国家物流枢纽布局和建设规划》，在 127 个城市布局建设 212 个国家物流枢纽，打造“通道 + 枢纽 + 网络”的物流运行体系。2019 年两会前夕，国务院 24 个部门和单位联合出台《关于推动物流高质量发展促进形成强大国内市场的意见》，明确将物流高质量发展作为当前和今后一段时期物流工作的总目标。这一时期，我国物流业发展环境显著改善，物流基础设施体系更加完善，大数据、云计算等先进信息技术广泛应用，物流新模式、新业态加快发展，物流业转型升级步伐明显加快，发展质量和效率显著提升。

1.3 我国物流业发展的成就

中华人民共和国成立至今，我国物流业经过 70 年的发展，在多个方面都取得了举世瞩目的巨大发展成就。国家发展改革委在文章《中国物流 70 年：砥砺奋进、跨越发展》中将这些成就总结为：物流行业的基础设施条件得到显著改善；物流行业的服务水平大幅提升，行业发展环境不断优化。全社会货运量由 1949 年的 1.6 亿吨增长到 2018 年的 515 亿吨，社会物流总额达到 283 万亿元，快递业务量突破 500 亿件，占全球快递总量的 40%。

首先，物流业初步建立了覆盖广泛、协同联动的物流基础设施网络。截至 2018 年年底，全国铁路、公路营业总里程分别达 13.1 万公里、484.6 万公里，位居世界前列；内河航道通航里程 12.7 万公里，港口万吨级以上泊位达 2444 个，7 个港口位居全球十大港口之列；民航运输机场发展到 235 个。全国营业性通用仓库面积超过 10 亿平方米，冷库库容约 1.3 亿立方米，规模以上物流园区超过 1600 家，快递末端公共服务站达到 7.9 万个，智能快件（信包箱）超过 40 万组，基本形成了覆盖国内、联通国际的物流基础设施和服务网络，有效支撑我国世界第二大经济体和第一大货物贸易国的地位。

其次，我国物流业基本建立了可以提供多元化供给及专业高效服务的现代物流服务体系。据行业协会统计，全国A级物流企业达5000多家，5A物流企业超过300家，一批物流领军企业发展壮大。供应链物流、快递物流、冷链物流等专业物流发展迅速，物联网、大数据、云计算、人工智能等新兴技术在物流领域推广应用，无车承运、甩挂运输、多式联运等先进运输组织方式加快发展，社会化、专业化物流服务水平和质量显著提升。根据世界银行发布的物流绩效指数（LPI），我国“物流服务质量和竞争力”指标排名由2014年的第35位上升至2018年的第27位，在同等收入水平的国家中名列前茅。

最后，物流行业在行业统计、标准制定等物流基础性工作方面也不断完善。首先体现在对物流行业人才的培养方面。全国多所高等院校开设物流相关专业，在职培训同步推进，人才培养体系不断完善。社会物流统计制度不断完善，定期发布社会物流总额、物流总费用、物流业总收入等数据，以及物流业景气指数、仓储指数、快递物流指数等。全国物流标准化技术委员会成立，基本构建起涵盖国家标准、行业标准、团体标准等物流标准体系。物流行业信用体系建设有序推进，运输物流行业严重违法失信市场主体及其有关人员联合惩戒机制顺利实施。

改革开放40多年来，物流业已经成为国民经济的支柱产业和重要的现代服务业。2017年，全国社会物流总额达到252.8万亿元。2017年，全国铁路货物发送36.89亿吨，公路货运量368.69亿吨，水路货运量66.78亿吨，民航货邮运输量705.80万吨。全国铁路货物周转量26962.2亿吨公里，公路货物周转量66771.5亿吨公里，水路货物周转量98611.3亿吨/公里，民航243.5亿吨/公里。规模以上港口货物吞吐量126.72亿吨，全国规模以上港口集装箱吞吐量为2.38亿TEU（标箱），全国规模以上快递服务企业业务量完成400.6亿件，快递日业务量突破10974万件。铁路货物发送量、铁路货物周转量、公路货运量、港口吞吐量、集装箱吞吐量、快递量均居世界前列，民航货运量居世界第二。

在规模快速扩展的同时，物流能力有很大提升。2017 年，全国铁路营业里程达到 12.7 万公里，其中高速铁路运营里程达到 2.5 万公里，居世界前列；全国公路总里程达到 477.35 万公里，其中高速公路通车里程 13.65 万公里，居世界前列；全国内河航道里程达到 12.7 万公里，其中高等级航道 1.25 万公里；全国规模以上港口万吨级泊位达 2366 个；全国民航机场达到 229 个。截至 2016 年年底，全国营业性通用（常温）仓库面积达近 10 亿平方米，各种类型的物流园区不断涌现。物流基础设施的大发展为物流能力的提升奠定了坚实的基础。

1.4 物流研究的主要方法——组合优化

物流科学是研究产品和服务在供应链中流动的学科。因此，整个供应链可以看成一个网络或者图，各种流在其中流动。同时，涉及一些约束条件和与成本函数相关的需要优化的目标函数。所以，大多数物流管理相关的决策过程可以通过数学优化来建模并进行求解。优化方法是数学中主要应用于运筹学和管理科学的一类方法。主要是在可行域中找到一个或多个最优解。最优化算法可以根据变量是连续或者离散分成两大类，其中离散变量对应的优化为组合优化。变量的离散本质使得这类问题求解起来更加困难，因为可行域中的解虽然有限但却量级很高，寻找全局最优解需要证明其优于所有其他可行解，但由于变量不连续，微积分中的求导技术并不能应用到组合优化中。适用于组合优化的一些简单方法主要基于穷举的思想，但是完全穷举耗时较长也不切实际。其他的方法还包括松弛问题求解、分解方法及切平面算法等。所谓的 NP - 难问题是指在多项式时间内算法无法找到并证明最优解的存在与否。多数组合优化问题为 NP - 难问题，因此需要研发和利用元启发式算法来对实际问题进行求解。

第二章　路径优化问题及其算法

2.1　路径优化问题

路径优化问题是组合优化中的一类经典问题，它的主要应用领域为交通运输和物流。但在其他很多领域中也有相应的应用。除了在物流领域中的应用，路径优化问题也在服务行业中有较为广泛的应用。在这个情境中，车辆是一个更为抽象的概念，指代通过访问不同的地点来完成指定任务的活动。因此，从更一般的意义上来讲，路径优化问题包括所有可以用图来表示的活动，其结果是通过访问不同的边或点组成一个或多个环。

路径优化问题（Vehicle Routing Problem）最早由 Danzig 和 Ramser 于 1959 年在其论文“The Truck Dispatching Problem”中提出。该问题是组合优化问题中的一个重要研究方向，并且在包括交通、物流、通信、生产和军事等领域都有极为重要的应用。经典的路径优化问题定义如下：在图 $G=(V, A)$ 中，$V=\{v_0, v_1, \cdots, v_n\}$ 代表图中点的集合，$A=\{(v_i, v_j): v_i, v_j \in V, i \neq j\}$ 为图中弧的集合。其中，点 v_0 表示车场（仓库），剩余的点代表不同的客户。对应弧的集合 A 我们定义一个成本集合（c_{ij}）和行驶时间矩阵（t_{ij}）。通常情况下，成本矩阵和行驶时间矩阵均为对称矩阵。因此，路径优化问题通常用无向图 $G=(V, E)$ 来定义，其中 $E=\{(v_i, v_j): v_i, v_j \in V, i \neq j\}$ 为图中边的集合。此外，每位客户的需求为 q_i（$q_i \neq 0$）。服务该客户的时间为 t_i。基本问题中通常假设服务车辆为同质车辆，即车队中有 m 辆完全相同的车辆。载重限制为 Q，服务车辆每天从车场出发开始每一天的工作，并于工作结束后返回车场。

经典路径优化问题一般需要满足以下约束条件：①每条路线从车场开始和结束；②每个客户每天由且仅由一辆车提供一次服务；③每条路线服务客户的总需求不超过载重限制 Q；④每条路线的总时间不超过工作时长限制 D。目标函数为最小化总成本，包括行驶时间成本和服务时间成本。

2.2 路径优化问题的经典算法

经典路径优化问题中一个最基本的变形为考虑服务时间窗的路径优化问题（Vehicle Routing Problem with Time Window），即访问每个客户的时间受到时间窗 $[a_i, b_i]$ 的约束，早于 a_i 晚于 b_i 均无法完成配送。自从 20 世纪 60 年代开始，大量学者开始对考虑服务时间窗的路径优化问题进行了深入研究。现有文献提出了各种精确求解算法（Exact Algorithm）、启发式算法（Heuristics）及元启发式算法（Metaheuristics）。然而，只有一部分小规模的考虑服务时间窗的路径优化问题可以通过精确算法进行求解，其中可以求解的最大规模问题包括 135 个客户。因此，这一问题较为活跃的方向为启发式算法和元启发式算法。接下来，将分别介绍求解考虑服务时间窗的路径优化问题的各类经典算法，主要包括：构造启发式算法、局部改进搜索算法、元启发式算法、并行和协同启发式算法。

1. 构造启发式算法

这一类算法旨在通过启发式算法逐步构造可行解及最优解，其最主要的特征是秉承了贪婪算法（Greedy Algorithm）的主要思想。以下将分别介绍 4 种经典的构造启发式算法：CW 算法、Sweep 算法、先排序后分配算法、先分配后排序算法。

（1）CW 算法。

Clarke 和 Wright 于 1964 年在其论文“Scheduling of Vehicles from a

Central Depot to a Number of Delivery Points” 中提出了经典的 CW 算法。该算法主要基于成本缩减的思想。由于其思想简单且易于实现，CW 算法已成为在实际应用中最为有效且简单的初始解构造算法。首先，为每个客户构造一条路线，即 $v_0—v_i—v_0$，其中 v_0 为车场，然后对已有线路进行合并。选取合并线路的标准为在保证合并后线路满足所有约束的前提下最大化成本缩减，即 $\max s_{ij} = c_{i0} + c_{j0} - c_{ij}$。该算法由于其思想简单且易于实现，一直被路径优化领域的后续文献大量引用和应用。之后的研究者也从不同角度对经典的 CW 算法进行了一系列改进。其中，Gaskell（1967）和 Yellow（1970）通过加入权重的方法对 s_{ij} 进行了改进，即 $\max s_{ij} = c_{i0} + c_{j0} - \lambda c_{ij}$。CW 算法的实现过程中存在平行和顺序两种实现方法。其中，平行实现方法中总是将产生最大成本缩减的两条路线进行合并，而在顺序实现过程中，算法关注于将其他路线与特定的一条路线进行不断合并，直到合并后的路线不可行为止。

总体来说，CW 算法思想简单、易于实现，并且算法速度较快。在经典算法中没有涉及任何参数，同时编程也相对容易。该算法的缺点是缺乏灵活性。虽然 CW 算法也可以求解考虑其他约束的路径优化问题，但所求得的解的质量会大大下降。其原因是该算法的贪婪思想，这使得合并后的路线不具有可逆性，无法将其他的约束条件更好地融入合并过程中。Solomon（1986）将 CW 算法应用于考虑服务时间窗的路径优化问题中去，但并未得到较好的求解效果。

其他改进算法则将较为复杂的数据结构和排序算法引入到经典的 CW 算法中，以期望能更好地度量成本缩减。还有一部分学者关注于对路线合并过程进行改进，他们多采用匹配（Matching）的方法。虽然这一方面的改进提高了求解质量，但是也牺牲了经典算法的简单易实现特性和较快的计算速度。

（2）Sweep 算法。

Sweep 算法最早由 Gillett 和 Miller 在其 1974 年的论文“A Heuristic Algorithm for the Vehicle - Dispatch Problem”中提出，但该算法的基本

思想则可以追溯到 Wren 和 Holliday 的论文“Computer Scheduling of Vehicles from One or More Depots to a Number of Delivery Points”。该算法主要应用于路径优化问题中的平面算例。该算法主要通过旋转一条从车场开始的射线从而将客户逐个添加到现有路线中来，直到该路线违反了如载重约束等限制为止。该方法重复执行以构造新的路线。Sweep 算法的思想也非常简单，但是在解的质量和计算速度方面不及 CW 算法。同时，跟 CW 算法一样，Sweep 算法并不够灵活，其贪婪算法的本质使其很难将其他约束融入路线构造过程中，尤其是平面结构的假设很大程度上限制了 Sweep 算法的应用范围。

有一部分启发式算法先构造一些可行路线（通常称为花瓣），然后利用集合划分问题对已有可行路线进行优化组合从而得到最终路径优化问题的解。例如，Foster 和 Ryan 提出的单花瓣算法和 Renard 等提出的双花瓣算法。在双花瓣算法中，可行解库中不仅包含单条路的可行解，还包括两条路的可行解。这些改进大大提高了算法的精确度。同时，计算速度也有一定的提升。但是由于需要产生大量的花瓣可行解，导致算法不再像基础的 Sweep 算法那样简单。就灵活性而言，花瓣算法可以适用于一系列不同约束的问题，但是都是以牺牲算法的简单性为前提。其实，这一类算法可以看成是列生成算法的删节版本。路径优化问题的本质是带有排序的分配问题，所以其解的构造过程包括两个主要元素：分配和排序。分配，即将客户分配到不同的车辆或路线上；排序，即每辆车或每条路线上的客户服务的先后顺序。CW 算法和 Sweep 算法的实施过程将分配和排序融合在一起。除此之外，还有一类算法将分配和排序这两个元素分离开来，分阶段实现。这类算法的两个主要分支为先排序后分配和先分配后排序。

（3）先排序后分配算法。

Newton 和 Thomas 于 1974 年在其论文“Bus Routing in a Multi－school System”中提出了先排序后分配的算法。具体来说，首先利用旅行商问题（Traveling Salesman Problem）的算法构造一条包含所有客户的环形路线，然后将该路线分成多条从车场出发的路线。这一部分可以利用求解最短路问题来进行求解。

（4）先分配后排序算法。

Fisher 和 Jaikumer 于 1981 年在其论文 "A Generalized Assignment Heuristic for Vehicle Routing" 中提出了先分配后排序的算法。具体来说，首先将客户按照地理位置进行聚类，然后对每一组客户利用求解旅行商问题的算法进行排序形成一系列路线。聚类问题的求解可以采用一般的分配问题（Assignment Problem）的求解方法。该方法跟实际中人工视觉路径优化方法很类似。由于该算法更加关注分配部分的决策，这使得该算法能够较好地解决约束相对严格且可行解较少的算例。因此，该算法与之前的算法的最大不同在于对载重等约束的处理不再是考虑地理因素的副产品，而是作为主要因素来考虑。

2. 局部改进搜索算法

局部改进搜索算法通常应用于基于序列的组合优化问题中，并且取得了较好的效果。给定一个初始解，局部改进搜索算法会对该初始解的某一邻域进行搜索，通常称之为对当前解 s 的扰动，以寻找更好的解 s′。在下一个迭代过程中，s′将取代 s 成为新的当前解。该算法的终止条件为：在该邻域内无法找到更好的解。这一过程可以找到该邻域内的一个局部最优解。由相邻关系这一属性相连接的解的集合称为搜索集。局部改进搜索算法每一次迭代所找到的解的集合称为搜索轨迹。现有路径优化问题的文献中定义了不同类型的邻域。接下来，我们将分别介绍几类常用的邻域及对应的局部改进搜索算法。

第一类邻域来自旅行商问题的文献，主要基于边的互换，从而对每条路线分别进行优化。Lin（1965）将 λ－opt 邻域定义为通过去除和插入 λ 条边而得到的解的集合，该邻域的规模为 $|N^{\lambda-opt}|$。文献中常见的此类邻域包括 2－opt、3－opt 和 Or－exchange，其中 Or－exchange 邻域是通过对多个有限长度的客户访问序列进行重新排序，从而组成一些 3－opt 邻域的子集。图 2－1 给出了 2－opt 和 Or－exchange 的一些

例子。

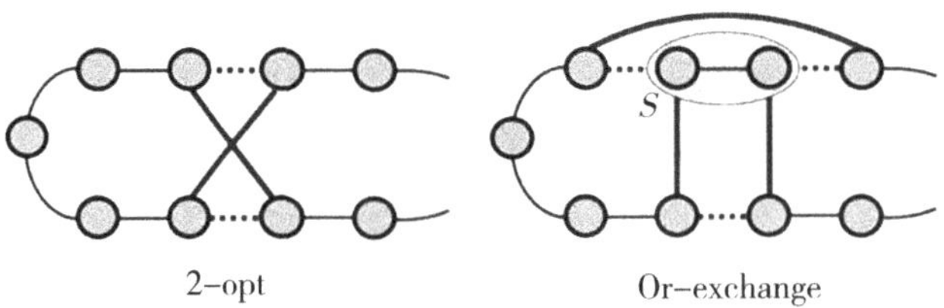

图 2-1 典型邻域（1）

其他的局部改进搜索算法则通过路线之间的边的互换或客户位置调整从而对多条线路同时进行改进。最常见的调整方式为将一条路线上的一个客户插入到另外一条路线中，这种方式所产生的邻域被称为插入邻域。而对调邻域则是互换两条路线上的两对客户位置。2-opt* 邻域是通过对两条路线上两对边的删除和重新插入而形成的。该邻域有时也被称为 cross 邻域。图 2-2 给出了以上三种邻域一些例子。以上三种邻域的规模为 O（n^2）。

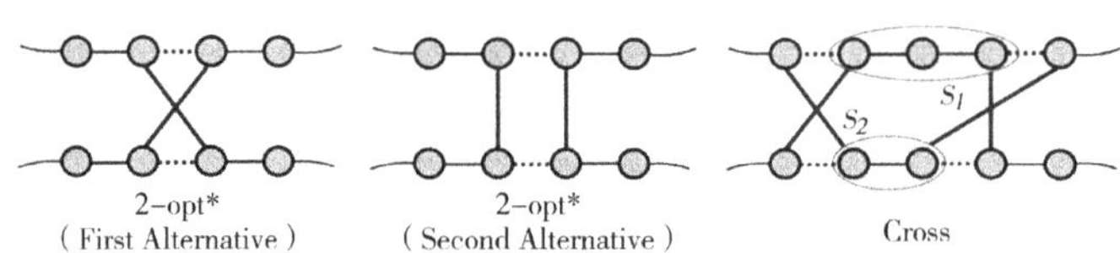

图 2-2 典型邻域（2）

最后一类邻域是交叉互换（Cross-exchange）邻域（Taillard 等，1997），主要通过将两组客户序列进行互换。这一邻域也可以看作插入、对调和 2-opt* 的一般形式。还可以对 s_1、s_2 两个客户序列进行逆序处理从而得到更大的邻域，该邻域称为 ICross 邻域（Braysy，2003）。Cross 和 ICross 邻域的规模为 O（n^4），所以搜索成本也相对较大。因此，在实际应用中，通常会将互换的客户序列限制为 L_{max}，这样整个邻域的规模也就变成 O（$L_{max}{}^2$ n^2）。由于都涉及将两条路上少于 λ 个客户的一组客户序列进行互换，Cross 和 ICross 邻域也可以看作是λ互换邻域（Osman，1993）的两个特例。图2－3给出了其他一些常用邻域的例子。其中，a为一点移动（One－point Move），即将现有的一个节点（客户）移动到一个新的位置；b为两点移动（Two－point Move），即互换两个节点（客户）的位置；c为2－opt；d为Or－opt；e为3－opt；f为三点移动（Three－point Move），即从当前路径中移除三条边，然后用新的三条边来代替；g为Cross互换。

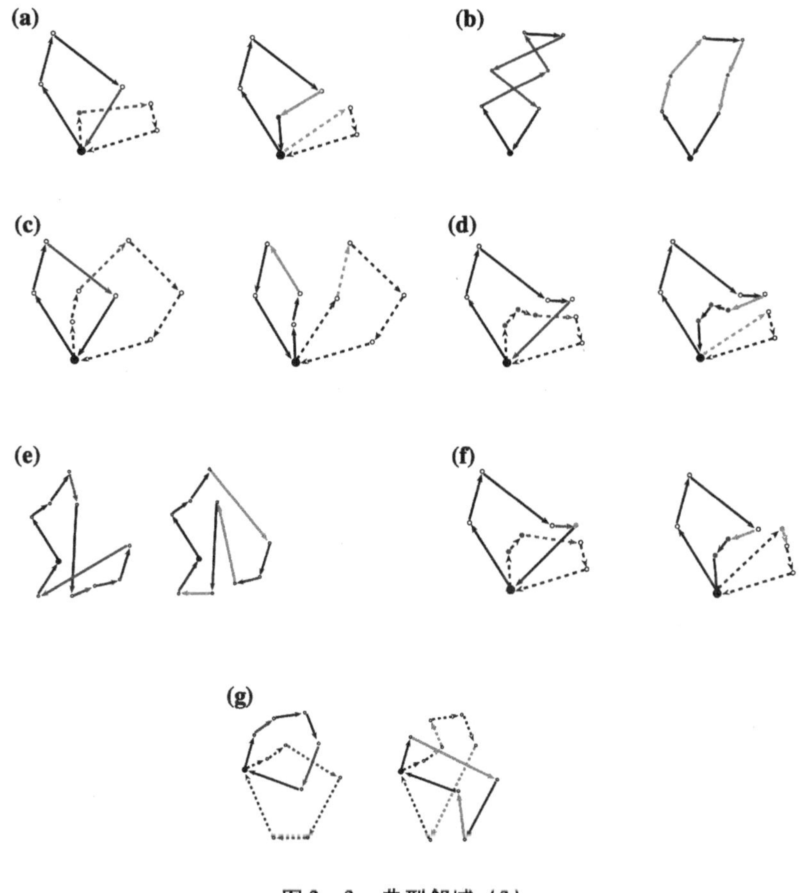

图2－3 典型邻域（3）

对于大规模路径优化问题而言，即使是对规模为O（n^2）的邻域进行评估也极为困难，因此现有文献通常会引入邻域的精简过程。常用的一种邻域精简方法是粒状搜索，即只对一组空间相关的邻域列表中的点进行计算，同时只考虑该邻域里表中各个点之间的位置改变（Move）（Gendreau 等，1992；Johnson 和 McGeoch，1997；Toth 和 Vigo，2003）。另外一种对邻域规模的限制方法是顺序搜索，最早由 Christofides 和 Eilon（1972）在旅行商问题文献中提出，并由 Irnich（2006）将其推广到考虑时间窗的路径优化问题中去。该方法的主要思想基于以下事实：所有改进的 λ - opt 邻域都可以分解为一系列边的互换（φ_1，φ_2，…，φ_k），与之对应的解的改进为（g_1，g_2，…，g_k）。其中，所有前 k（≤λ）个边的互换构成的子集都具有正向的改进。该方法可以迅速去除很多未来不会带来改进的解的邻域。

局部改进搜索算法中备受关注的问题就是位置改变（Move）、线路可行性和成本的评估，这也是多数局部改进搜索算法所面临的瓶颈问题。文献中也提出了一些减少 CPU 计算时间的技术方法，如可以将路线或客户的评估存储到列表和哈希表中。类似的方法常用来求解不同种类的多属性路径优化问题。

大规模邻域在现有文献中也有广泛的应用。Lin 和 Kernighan（1973）提出了解决旅行商问题的大规模邻域方法。Glover（1992、1996）提出的 Ejection Chain 的方法在考虑时间窗的路径优化问题中得到了广泛的应用。该方法的主要思想是通过将现有解中的一些边和其他的一些边交替构成一个闭环从而找到一个可行且比当前解更好的解。该方法可以看成是大规模 λ - opt 邻域。与此类似的方法是由 Thompson 和 Psaraftis（1993）提出的环形转移算法，主要通过对 b 条路中的 k 个客户进行环形转移来搜索更好的解。可以利用负成本环去除问题来求解改进邻域搜索问题。虽然负成本环去除问题也是 NP 难问题，但是可以通过现有的启发式算法有效求解。

其他破坏再重建邻域（Shaw，1998）主要通过删除序列中的部分客户并将其重新插入其他序列从而构成新的解。由于破坏和重建的方法不同，这种邻域的性质也有所不同。重建过程可以通过启发式算法、约束规划或整数规划来完成。De Franceschi 等（2006）和 Toth（2008）将 Sarvanov 和 Doroshko（1981）提出的求解旅行商问题的算法进行扩展，提出了一种通过固定部分客户，然后将其他客户插入到固定客户序列而产生的邻域，该邻域可以通过整数规划来求解。

3. 元启发式算法

元启发式算法最早由 Glover（1986）提出，指代所有在首次找到局部最优解后继续进行搜索的启发式算法的集合。简而言之，元启发式算法就是指导启发式算法进行搜索的启发式算法。从现有文献中可以看出，元启发式算法也已成为组合优化领域的一个核心研究方向。根据算法中新解产生的机制可以将元启发式算法分为三类：基于邻域的元启发式算法；基于群体的元启发式算法；混合元启发式算法。其中，基于邻域的算法主要通过不断探索某一局部最优解周围的邻域从而产生新的解；而基于群体的算法则通过现有解的不同组合进而产生新的解；混合算法则是将不同类型的元启发式算法进行综合利用。

（1）基于邻域的元启发式算法。

模拟退火算法（Simulated Annealing）最早由 Kirkpatrick 等（1983）和 Cerny（1985）提出。该算法的主要思想是通过按照一定概率来接受比当前解更差的解从而克服局部改进算法快速收敛于局部最优解的缺点。算法主要通过温度参数来控制新解被接受的概率。温度越高，差的解被接受的可能性越大。算法通过降温机制来调节温度参数。算法开始阶段，较高的温度有利于算法通过接受比当前解更差的解来搜索更广的邻域，逐渐降温使得算法更倾向于接受比当前解更好的新解，从而提高解的质量。对于考虑时间窗的路径优化问题，较为有效的算法是 Record - to - Record Travel（RTR）算法。该算法记录当前找到的最优解，同时在多样化阶段接受比当前解稍微差一些的解，但是拒绝那些差很多的解。

禁忌算法（Tabu Search）是最早由 Glover（1986）提出的一种局部搜索元启发式算法。算法的具体细节可以参考 Glover（1989）、Glover

(1990)、Herz 等(1987)、Glover 和 Lagure(1997),以及 Gendreau(2003)。禁忌算法通过在每一次迭代中从当解移动到邻域中最好的解来对解的空间进行搜索。与经典的下降算法不同的是,当前解可能会在迭代过程中变差。接受新的较差的解是为了避免重复搜索之前已经搜索过的解。这样就可以确保继续对新的区域进行搜索,从而避免算法停止于局部最优解,进而找到更理想的解。为了避免循环出现,最近搜索过程中发现的解的一些属性会被列入禁忌列表中作为禁忌属性。这些属性被列为禁忌属性的时间长度称为禁忌周期,它可以有多种变化。在某些条件满足时,禁忌状态可以被撤销,它被称为特赦准则。例如,当禁忌解比之前所有的解都好的时候。

禁忌算法的搜索轨迹是以高质量的邻域为基础,同时该算法具有短期、中期和长期记忆等学习能力,这一学习能力可以起到类似于其他算法中随机性的效果。禁忌算法的决策过程包括两种机制:一是通过短期记忆拒绝那些最近搜索过程中已经访问过的解的元素(禁忌元素),从而避免搜索过程中出现循环;二是接受新解的标准为目标函数最好或是包含某些特定元素。中期和长期记忆在强化阶段和多样化阶段都很关键。在强化阶段,通常会在高质量解的邻域进行搜索,并且主要关注那些具有高质量元素的解。而在多样化阶段,中长期记忆可以帮助算法探索很多未知邻域或是不常出现的元素所在的解。目前,强化阶段和多样化阶段的权衡仍是一个至关重要的问题。

禁忌搜索算法在考虑时间窗的路径优化问题中有较好的应用,并以此为基础出现了一系列有效的元启发式算法,包括禁忌路线(Gendreau 等,1994)、自适应记忆算法(Taillard,1993),以及联合禁忌搜索(Cordeau 等,1997)。禁忌路线和联合禁忌搜索算法主要通过经常出现在解中的元素进行惩罚和奖励来达到强化和多样化的效果。自适应记忆算法则是通过记忆不断指引算法去搜索包含高质量序列的新解附近的邻域。

此外,禁忌算法的思想也对其他元启发式算法具有一定的启示作用。导向性局部搜索由 Vondouris 和 Tsang（1999）提出，并应用到考虑时间窗的路径优化问题中。该算法就是利用长期记忆对经常出现的解的元素进行惩罚。在这种情况下，通过惩罚函数来改进搜索空间，避免算法收敛到局部最优解的一个有效方法。类似的有，特赦准则在基于属性的爬山法中也起到了至关重要的作用。

Garcia 等（1994）首先将禁忌算法应用到了考虑时间窗的路径优化问题中。作者展示了该算法的一种并行计算算法的实现。他们提出的禁忌算法相对简单。首先利用 Solomon 的 I1 插入式启发式算法来构造初始解，然后利用 2 – opt* 和 Or – opt 互换对初始解进行改进。自此之后，很多学者利用更为复杂的多样化和强化技术对禁忌算法进行改进，如研发更有效的最小化路径数量的策略，更为复杂的后期优化算法，与其他启发式算法（模拟退火算法和遗传算法）相结合，并行计算及允许不可行解出现等。

初始解通常利用成本最低插入式算法，常用的有 Solomon I1 插入式启发式算法。Chiang 和 Russell（1997）是一个例外，他们利用 Russell（1995）中的插入式启发式算法的平行版本来进行初始解的构造。De Backer 和 Furnon（1997）及 Sohulze 和 Fahle（1999）则利用 Clarke 和 Wright（1964）中的成本缩减算法来构建初始解。Tan 等（2000）应用改进的 Solomon 插入式启发式算法，Cordeau 等（2000）则应用由 Gillett 和 Miller（1974）最早提出的改进版的 Sweep 算法来构建初始解。Lan 等（2003）首次提出了 Holding – list 的概念，即一种存放未服务客户的数据结构。在算法开始时，所有的客户都在 Holding – list 中，然后利用简单的重置和互换操作将客户分配到不同的路线中去。

在构建初始解之后，则要通过一种或多种邻域结构及最好接受策略来对初始解进行改进。前面的介绍中已经提到了较为广泛和效果较好的邻域搜索算法。这样的算法包括：2 – opt、Or – opt、2 – opt*、重置、互换、以及 Cross –，GENI – 等。

为了降低搜索的复杂度，许多文献提出了限制搜索领域规模的特殊策略。例如，Garcia 等（1994）只允许在当前解一定距离内的边的互换操作。Taillard 等（1990）则利用每条线路中心对应极角，将当前解分解成一系列互斥的子线路。然后利用禁忌算法对子线路进行搜索。最后将利用禁忌算法找到的新解进行组合构成最终的解。另外一种可以提高搜索速度的方法就是在多个处理器上进行并行算法。例如，Badeau 等（1990）将 Taillard 等（1997）中的算法进行了两级并行计算，结果表明并行计算在不降低解的质量的前提下大大提高了运算速度。其他描述并行算法的例子可以参考 Garcia 等（1994）及 Sohulze 和 Fahle（1999）。另一方面，为了突破由于时间窗约束带来的邻域之间的壁垒，一些学者允许在搜索过程中接受不可行解。例如，Brandau（1999）、Cordeau 等（2001），以及 Lau 等（2003）都允许当前解违反各种约束，如载重、工作时长、时间窗约束。违反约束的程度在目标函数中作为惩罚函数出现，对应的惩罚参数则根据算法进程进行动态调整。

由于线路数量通常被认为是最重要的目标，一些学者则利用不同的策略来对路线数量进行优化。例如，Garcia 等（1994）和 Potvin 等（1996）中的算法都通过利用 Or - opt 互换将路线中的客户进行合并和整合。类似的，Sohulze 和 Fahle（1999）中的算法也试图将少于 3 个客户的路线中的客户移动到其他路线中从而减少路线数量。在 Lau 等（2003）中，作者在搜索过程中对路线数量设置了上限。

多数禁忌算法都利用特殊的多样化和强化策略来指导搜索。例如，Rochat 和 Taillard（1995）首先提出了“自适应记忆”的概念。自适应记忆是用来存储搜索过程中最优解的路线库。它的作用是从该库中选择一些路线并对其进行组合从而构造新的初始解。选择过程是依据概率进行的，一条线路被选到的概率与其对应的解的优劣程度成正比。之后将利用禁忌算法对被选中的线路进行改进。此后，Taillard 等（1997）利用相同的策略对将时间窗作为软约束的路径优化问题进行求解。在这个问题中，配送延迟是允许的。只是配送延迟程度会作为惩罚函数出现在目标函数中。Taillard 等（1997）也通过对经常出现的互换操作进行惩罚来对搜索进行多样化，并且通过 Solomon I1 插入式启发式算法对最优解中的客户顺序进行调整来对搜索进行强化。Chiang 和 Russell（1997）、Sohulze 和 Fahle（1999）及 Cordeau 等（2001）采用了相同的方法来进行多样化的搜索，但 Chiang 和 Russell（1997）中的强化阶段则是通过禁止某些客户移动到某些路线来降低等待时间。Sohulze 和 Fahle（1999）也提出了一种类似于自适应记忆的策略，即所有由禁忌算法产生的路线都被放到一个库中，然后在局部优化结束后，最差的解会被新解代替。而新解则是通过利用 Beasley（1990）中基于拉格朗日松弛算法的启发式算法对集合覆盖问题进行求解得到的。

Carlton（1995）、Chiang 和 Russell（1997）对一种互动式的禁忌算法进行了测试。该算法根据当前搜索状态，动态调整其中参数的取值，从而避免循环和过度限制的搜索路径。具体而言，如果相同的解频繁出现，则禁忌列表的长度要增加；而如果无法找到可行解，则禁忌列表的长度要减小。Tan 等（2000）在每次找到局部最优解后会通过一系列随机的 λ - 互换和 2 - opt* 算子对搜索进行多样化。同时，搜索过程中找的精英解会作为初始解重新开始新一轮的强化搜索。Lau 等（2001）讨论了一种基于约束的多样化技术，将带有时间窗约束的路径优化问题建模成为一个线性的约束模型，并通过简单的局部搜索进行求解。

最后，也有许多学者利用各种后期优化来进行求解。例如，Rochat 和 Taillard（1995）利用精确求解一个集合划分问题，将自适应记忆中的最优解进行整合从而得到最后的解。Taillard 等（1997）利用 GENIUS 启发式算法的一种变形算法来求解带时间窗的路径优化问题。类似的，在 Cordeau 等（2001）中，对于 n 次迭代之后得到的最优解，后期优化采用了对每条路线应用带有时间窗的旅行商问题的启发式算法。下表中总结了禁忌算法的主要特点，其中列出了初始解的启发式算法、邻域搜索算子及是否利用特殊策略对路线数量进行优化。

表 禁忌算法主要特点

作者	年份	初始解	邻域算子	最小化路线数量
Garcia 等	1994	Solomon I1 启发式	2 - opt*、Or - opt	是
Rochat 和 Tillard	1995	Solomon I1 启发式变形、2 - opt	2 - opt、重置	否
Carlton	1995	插入启发式	重置	否
Potvin 和 Bengio	1996	Solomon I1 启发式	2 - opt*、Or - opt	是
Tillard 等	1997	Solomon I1 启发式	Cross	否
Badeau 等	1997	Solomon I1 启发式	Cross	否
Chiang 等	1997	Rossell（1995）变形	λ - 互换	否
De Backer 和 Furnon	1997	成本缩减	互换、重置、2 - opt*、Or - opt	否
Brandao	1999	插入启发式	重置、互换、GENI	否
Schulze 和 Fahle	1999	Solomon I1、并行 I1、成本缩减	Ejection Chain、Or - opt	是
Tan 等	2000	插入启发式	λ - 互换、2 - opt*	否
Lau 等	2001	插入启发式	重置、互换	否
Cordeau 等	2001	Sweep 算法变形	重置、GENI	否
Lau 等	2003	Holding - list	重置、互换	是

变邻域搜索算法（Mladenovic 和 Hansen，1997）的理论基础是局部最优解与邻域之间的对应关系。因此，在搜索过程中改变邻域的性质，至少改变部分参数，就可以帮助找到更高质量的解。其中，邻域评估和解的接受准则既可以为确定性的也可以依据概率分布而产生。此外，额外的扰动机制和长期记忆在求解考虑时间窗的路径优化问题中也经常用到。因此，基于变邻域搜索算法的混合元启发式算法也极为常见。

由 Pisinger 和 Ropke（2007）提出的大规模邻域搜索算法通过破坏

再重建的方式利用不同邻域的优势进行求解。该算法根据搜索过程中的表现从而自适应调整不同邻域的使用频率。此外，迭代局部搜索算法交替进行局部改进搜索和扰动。局部改进搜索最终可以找到一个局部最优解；而扰动阶段可以使算法跳出局部最优解，探索更广的邻域而避免算法收敛到局部最优解。然而扰动的火候掌握对算法的成功至关重要。Prins（2009）将迭代局部搜索巧妙地应用到考虑时间窗的路径优化问题中并取得了较好的效果，其算法主要通过对当前解进行局部搜索和扰动得到更多的解，而其中最好的解将作为下一轮的当前解。

（2）基于群体的元启发式算法。

基于群体的元启发式算法多来源于自然界中一些演化机制。遗传算法和演化算法在 20 世纪 50 年代末提出，并由 Holland（1975）进一步发展。这一类算法通过优胜者选拔、交叉和变异等方式将自然法则和优胜劣汰的规则应用到解的产生过程。在演化算法中，搜索策略也常随着解的变化而发生演变。经典的遗传算法和演化算法计算速度较慢，因此会通过其他一些机制来改善计算速度，如局部搜索，这些机制也被称为“教育算子”。这样的混合算法被称为遗传局部搜索算法或是文化基因算法。

有些加强的遗传算法在考虑时间窗的路径优化问题基础算例中表现非常好。许多成功的遗传算法首先创建一条巨型路线，然后通过聚类算法将其划分成多条路线。该算法基于先排序后分配的构造算法，这样可以大大缩减可行域。同时，也可以利用简单的交叉对解进行扰动。在遗传算法的应用中，群体多样性是一个至关重要的问题。

其他的基于群体的算法包括路径重连算法和散射搜索算法（Glover，1977；Resende 等，2010）。这两种算法主要是利用解的重新组合。这两种算法的思想更倾向于在已有解的基础上进行重新组合而非随机扰动。同时，它们与遗传算法最大的不同在于候选解的数量和用来交叉的解的数量较小。路径重连算法通过初始解和导向解进行重新组合。其中，初始解和导向解都来自精英解库。这一过程使得导向解的属性不断被融合到初始解中，从而产生一条连接这两种解的轨迹，然后算法可以从该轨迹上寻找更好的解。而散射搜索算法则是将多个解进行重新组合而寻找更好的解。

蚁群优化算法的思想来源于蚂蚁觅食的群体行为。其中，蚂蚁的个体行为（即通过搜索历史来收集信息）用来进行初始解的构造。该类群优化算法同时也利用特定的学习机制，如神经网络和人工免疫系统等，有时也会与局部搜索相结合。

遗传算法是基于群体遗传学的一种适应性搜索启发式算法。这一算法真正应用于求解复杂的实际问题则是在 De Jone（1975）和 Goldberg（1999）中。具体的算法细节可以参考 Muhlenbein（1997）和 Alander（2000）。遗传算法通过一组个体组成的群体的演化，利用迭代来创造新一代的后代，直到特定的收敛条件满足时停止。这一类的条件可以是演化代数的数量或者是群体中相同个体的同质性。产生的染色体中最好的将被解码，从而得到相应的解。

新一代个体产生的过程通常包括 4 个阶段：表示阶段、选择阶段、重组阶段和变异阶段。对于解集的表示，主要包括将一个解的主要特征编码成染色体，以及对群体中的单个个体成员进行定义。选择阶段主要是随机从群体中选取两个父辈个体以进行组合。单个群体成员被选取的概率与其在保持遗传多样性前提下的遗传质量的适合程度成正比。这里，适合程度通常用来度量在搜索过程中的利润、效用，或是最优化的特性。重组阶段主要是利用所选取的父辈个体的基因来产生后代个体。而变异阶段主要是通过对新产生的后代个体的基因进行改进，从而进一步搜索解空间以保持遗传多样性。变异的概率是相对较小的。新一代个体的产生是通过重复进行选择、重组和变异过程，直到产生一组特定的新的染色体集合。新产生的染色体集合，以及将要被取代的染色体集合取决于选择策略及所应用的遗传算法的类型。有些情况下，所有的染色体都将被新的染色体集合所取代，而另外一些情况下，则会保留部分父辈群体中的染色体。因此，为了进行更有效的搜索，算法需要在遗传质量和群体多样性之间找到一个较好的平衡点。

Thangiah 等（1991）首先将遗传算法应用到带时间窗约束的路径优化问题中。其提出了一种利用遗传算法找到一些客户集合，然后利用先分类后路径优化的方法进行求解。首先利用成本最低插入式启发式算法进行初始解的构造，然后通过 λ－互换对初始解进行改进。此后，很多学者对于利用遗传算法来求解带时间窗约束的路径优化问题都进行了研究。几乎所有的文献都是将遗传算法与构造启发式算法、局部搜索算法，以及其他元启发式算法进行结合。

Homberger 和 Gehring（1999）利用两种演化算法对带时间窗约束的路径优化问题进行求解。遗传算法、演化编程和演化策略共同构成了一类演化算法。根据定义，这三种算法的差别在于表示阶段和变异阶段。在 Homberger 和 Gehring（1999）的演化策略中，个体的表示形式包括一个被称为“策略参数”的向量和一个解向量，而这两个组成部分都是通过重组和变异进行演化的。在带时间窗约束的路径优化问题的应用中，策略多数指的是选取的局部搜索算子的使用频率及指代最小化车辆数量和最小化距离的目标选择的 0－1 变量。在重组阶段，每一对父母只产生一个后代，这样，总共产生 λ＞μ 个后代，其中 μ 为群体规模参数。最后根据适合性选取 λ 个后代构成新的群体。

（3）混合元启发式算法。

混合元启发式算法通常将多种元启发式算法结合起来，利用每种算法的优点从而达到更好的求解效果。各种算法的混合形式多种多样，可以是多个算法顺序进行，也可以将一种算法的某种元素加入到另外一种算法中去。此外，混合元启发式算法也可以将多种元启发式算法和数学规划、约束规划及树搜索等方法结合起来。就像前面提到的元启发式算法本身就是指导其他启发式算法的启发式算法，其本质就是混合算法。而我们这里将混合元启发式算法单列出来，是想讨论一类可以利用不同算法的思想进行融合从而探索更为广泛的求解策略以找到更好的解的方法。许多算法将邻域搜索的概念与其他方法融合。最近的研究中常在邻域搜索算法中加入重新开始、依照概率接受较差解、变邻域搜索或是长期记忆等元素。基于群体的算法和基于邻域的算法也常常进行混合从而得到更好的算法。

（4）并行和协同启发式算法。

并行和协同启发式算法主要是通过利用多个处理器进行并行计算从而更有效地对问题进行求解。这对于求解路径优化问题而言非常有效。根据并行计算的机制不同、不同任务之间的沟通方式及全局搜索如何进行可以对并行算法进行分类。最简单的可以将其分为低层次和高层次的并行算法。低层次的并行算法通常是将问题分解为多个相对独立的部分，从而利用并行资源进行计算。为了提高算法效率，并行计算主要是针对计算中的瓶颈步骤。这通常是指对位置改变的评估等。而高层级的并行算法则包括将决策进行划分，从而将问题进行分解，或是对一个或多个搜索空间利用多个处理器进行并行搜索。后一类算法中最常见的是并行独立搜索算法，主要通过多个独立算法分别进行并行搜索，然后在所有最优解中找到最好的解。并行算法的优势除了可以将顺序求解变为并行作业外，更主要的是通过计算过程中的信息共享来建立合作算法。在更高阶的算法中，甚至可以利用数据交换从而得到新的信息以供算法进行利用。合作策略的主要特征包括共享信息的性质、信息沟通的频率及接受信息的利用率等。

2.3 路径优化问题中启发式算法的评估标准

对于任何启发式算法的评估都涉及对算法的表现等方面相关的一系列标准的比较。这些标准通常包括运行时间、最终解的质量、算法实现的难易程度、算法的稳定性，以及算法的灵活性（Barr 等，1995；Cordea 等，2002）。由于启发式算法最终的目的是用来求解实际运作当中所面临的问题，灵活性就成为一个非常重要的考量标准。一个较好的算法应该能够很好地应对实际运作中出现的种种变化，如不断出现的新的约束条件和目标函数。而算法的稳定性是指算法不应该对不同问题之间的特性差异过度敏感，也就是说算法对于所有的算例都应该表现出类似的作用，不能是在某一些算例中表现较好而在另外一些算例中表现较差。因此，一个好的算法需要在应用到每一个算例中都有较好的表现。这一点在路径优化算法中尤为重要，由于很多启发式算法是针对动态问题的，算法实现过程中涉及很多随机元素，如参数值的确定方法是随机的。因此，针对同一问题，算法在每次实现时其结果也是不相同的，这使得分析和判断结果的难度进一步增加。现有文献中，很多学者多采用所有实验结果中最好的结果，但这通常会对读者在算法优劣上的判断产生误导。因此，对于非确定性的启发式算法，我们一般应该采用所有实验结果的平均值作为比较不同的启发式算法的一个基准。同时，也需要报告实验结果中最差的情况。

在选择不同的启发式算法时，用来产生高质量的解的计算时间也是一个非常重要的评价标准。同样通常由目标函数的取值决定的最终解的质量，也是很重要的。由于启发式算法应用于那些通常不能用精确算法求解的大规模复杂问题，因此准确性度量是启发式算法所求解与最优解之间的差异。如果算法只是用来提供可行解的，那么启发式算法可以求得可行解的能力就是一个重要的衡量标准。

通常，计算时间和解的质量之间是此消彼长的关系，就像跷跷板的两头。因此，我们会在两者之间进行权衡。通常计算时间越长，启发式算法得到的最终解的质量也就越高。因此，我们的权衡结果应该是在一个较为合理的，并且可以接受的时间内找到一个质量较好的解。一般来说，计算时间和解的质量之间的权衡可以看成是多目标优化问题，即目标函数中包含两个相互矛盾的目标。较为直观的判断方式是通过在二维坐标系中进行描点来进行，其中横轴为启发式算法的计算时间，纵轴为解的质量。在这样的二维空间中，如果在两个维度上都不存在更好的点，那么现在的这个点就被称为帕累托最优（Pareto Optimal）。在多种启发式算法的选择过程中，帕累托最优的选择大多取决于决策者的偏好及对当前情况的判断。

当前，最为普遍的评估启发式算法中解的质量的方法是通过实证分析。其基本的思想是通过广泛的算例来对启发式算法进行全面的测试，从而得到一个对算法全面的评价。为了能够得到一个统计学上有意义的评价结果，实验设计需要能够覆盖不同类型的算例和算法的不同级别，从而能够对算法中参数的不同取值进行测试，并进行合理的比较。但是，在实际实现的过程中，我们可能会碰到各种各样的困难。其中，最重要的就是保证公平竞争。启发式算法实现所用的计算机不同将会导致不同的计算时间和解的质量。更加难以解决的问题是在编程过程中使用的不同技巧也将直接影响计算时间和解的质量。另一方面的困难就是我们前面提到的，通常作者会在文章中报告算法的最好结果。有些作者并不在文章中报告运行算法的次数及计算时间。在这些情况下，很难仅通过最好结果来判断启发式算法的效率和效果，从而也无法对多种启发式算法进行比较。

与多数启发式算法类似，求解路径优化问题的启发式算法的评价标准通常包括两个维度：准确性和速度。同时，文献中也经常把简单和灵活性作为评价路径优化问题启发式算法有效性的重要标准。下面分别对这 4 个属性进行分析。

1. 准确性

由于启发式算法通常应用于不能用精确算法求解的大规模复杂问题，因此准确性度量是启发式算法所求解与最优解之间的差异。在路径优化问题中经常无法求得全局最优解或是较为准确的下界，多数算法准确性的度量需要通过与现有文献中提供的最好的解进行比较。综观现有文献，学者们通常会在文章中报告所有参数组合中最好的结果，或是基于不同初始解的所有解中最好的结果。此外，由于结果进位方法的不同，结果之间的比较很难得到较为可靠的准确性。与此相关的一个问题是一致性。一般认为好的算法是在任何情况和算例中都可以得到比其他算法更好的结果，而不是只在部分算例中取得较好的结果。

2. 速度

计算速度对于路径优化问题的重要性主要取决于该问题所对应的决策层级，以及对于结果准确性的要求。一个极端的情况是像快递送取包裹或者救护车的路径优化等实际应用问题都要求算法较快的得出结果，甚至需要得到实时结果。Gendreau 等在其论文中描述了并行算法在救护车路径优化问题中的重要应用，因为这样的实际问题需要平均每 3 分钟求解一次。另一个极端情况是公司的长期计划中所涉及的决策，如车队规模。这样的决策通常每隔几个月才进行一次，这样我们就可以采用计算时间长达数小时甚至数天的算法。多数的实际应用介于这两种极端情况之间，一般来说，对于一个需要每天进行决策的问题投入 10 ~ 20 分钟的计算时间是较为合理的。

3. 简单

很多路径优化问题的启发式算法未得到广泛的应用和认可的一个重要原因是算法本身太复杂从而增大了理解和编程的难度。尽管要求文章提供算法所有的细节有些不切实际，但至少应该提供足够的信息使得程序员可以理解并对算法进行编程。但是很多算法的描述并不能提供足够的信息。经典的 CW 算法之所以得到较为广泛的实际应用主要由于其思想简单易懂且易于实现。因此，算法需要在保证较高质量结果的基础上尽量简单且易于理解和实现。

如果一个算法设计很多参数则不容易理解且不易被广泛利用。这是现有文献中的算法所存在的一个通病。为了获得更好的试验结果，学者们不断增加参数的数量，但有些参数并不是算法实现所必需的。因此，学界一直提出限制算法中参数的数量并且要求算法中的参数对终端客户有意义。例如，控制局部搜索改进算法迭代次数的参数是大家都较为容易理解的，而控制一个内部循环执行次数的参数则对终端客户意义不大。对于参数滥用问题有两个简单的解决方法：一是当算法中需要多次使用某一参数时，可以将参数设定为固定值；二是可以采用自适应的参数值设定方法。

4. 灵活性

一个好的路径优化启发式算法需要具有足够的灵活性来处理实际应用问题中所碰到的各种约束。文献中有些算法虽然主要是用来求解考虑时间窗的路径优化问题，但通常会对算法的扩展进行说明进而求解考虑其他约束的路径优化问题，然而所求得解的质量可能会由于其他约束的加入而大大下降。

对于多种约束的处理方法，通常可以将其作为惩罚项加到目标函数中。原本的目标函数 F（x）为行驶成本，而新的目标函数 F′(x) 为 F（x）和约束惩罚项之和。例如，Q（x）和 D（x）分别为当前解 x 所对应的载重和路线总时长违反约束的程度，则新的目标函数可以定义为 $F'(x) = F(x) + \alpha Q(x) + \beta D(x)$，其中 α 和 β 为自适应惩罚系数。α 和 β 的初始值设定为 1，随着搜索算法的进行，α 和 β 的值会根据解的状态（可行与否）周期性地增加或减少。这样的算法设计使得搜索过程既包含可行解也包含不可行解，从而大大降低了最终收敛到局部最优解的可能性。同时，也使得我们可以采用较为简单的位置改变，如将一条路线上的一名客户从该条线路删除并添加到另外一条线路上。如果算法需要确保搜索过程中所有的解都可行，则会限制我们应用简单的位置改变，尤其是在其他附加约束较为严格的情况下。可行解的要求会迫使我们采用较为复杂的位置改变。从这个意义上来讲，简单的算法设计可以帮助我们达到更好的算法灵活性。

2.4 多属性路径优化问题

在过去的几十年中，由于路径优化问题在实际问题中的广泛应用，基于经典路径优化问题的各种变形和扩展问题引起了学界的重视。这一类问题通常是在经典路径优化问题的基础上引入一些更加贴近现实的约束条件或是针对某类实际问题的特点。这些附加元素统称为属性（Attributes)。从而，这些路径优化问题的变形和扩展都可以归为多属性路径优化问题（Vehicle Routing Problem with Multiple Attributes），有时也被称为复杂路径优化问题（Rich Vehicle Routing Problem）。

多属性路径优化问题旨在更好地刻画系统中较高层次的运作细节或是决策过程，包括更加丰富的系统结构（多个车场、车队属性和商品属性）、客户诉求（如多周期访问）、车辆运行法规（工作时间限制、载重限制、司机劳动法规），以及决策环境（如交通堵塞）。这些属性的引入极大拓展了路径优化问题的研究领域。由于多种属性的引入，原本复杂的路径优化问题的复杂度进一步加大。原有的精确求解方法多数已不再适用，启发式算法也需要进行改良以适应多属性路径优化问题。

虽然不同属性之间存在一定的差异，但由于其共同特点，一些启发式算法也可以适用于多种不同的多属性路径优化问题。因此，在设计适用于一般的多属性路径优化问题的有效算法时，找到各种属性之间的共性尤为关键。

路径优化问题中的各类属性通常来源于实际问题中的应用，现有文献中所涉及的属性大致可以分为三类：客户和路线的资源分配、排序决策、固定序列的评估。这一分类方式与求解方法有着密切的关系。因为以上三类属性所涉及的多属性路径优化问题需要采用完全不同的求解方法。

（1）客户和路线的资源分配。

该类属性主要涉及将有限的资源（如车辆、车辆种类、车场、服务周期）分配给客户和路线的问题。路径优化问题中属于该类属性的包括：多车场、异质车队、多周期、订单拆分、访问地点附属特性、库存、选址和利润获取。此外，我们需要区分该类属性中的两个亚类。其中一部分属性，如多车场或异质车队，涉及将有限的资源分配到各条路线上。这种情况下，算法需要对整条路线进行调整。而另外一些情况下，如多周期路径优化问题或是库存路径优化问题，多涉及将有限资源分配给客户。此时，如果对整条路线进行调整将导致问题无可行解，因此需要针对每个客户进行调整从而改进求解效果。

（2）排序决策。

这一类属性将直接影响路线的性质和结构，如在考虑回程的路径优化问题中，路线是由去程和回程两类客户序列组成的。在考虑多车场或中转场所的路径优化问题中，路线需要多次经过车场，而在一般路径优化问题中，客户按照一定的标准进行分组，然后司机只需访问每组一次即可。

（3）固定序列的评价。

该类属性将影响路线行程过程中各类约束检测和评估问题，包括其他变量，如服务时间、空闲时间、速度选择、货物摆放的路径优化问题。涉及这一类属性的多属性路径优化问题在现有文献中讨论的较多。较为常见的有：时间窗、分时段路径时长/成本、载重限制、开放路径和工作法规的约束。多数评估类的属性隶属于独立的路径，因此，路线的评估在路径优化问题中是可以独立进行的。当然也有一些连接性的评估属性，如系统协同，需要对多条线路进行协同评价和优化。

下面我们分别从不同的属性维度来分析一下多属性路径优化问题。

（1）客户需求。

路径优化问题中出现的客户需求多种多样。首先，时间窗是各种客户需求属性中最为重要的。时间窗的约束可能是由于客户需求提出的（例如，生产厂商最早可以完成生产的时间，或是客户最晚需要获得商品的时间），也可能是由客户所在的地理位置所限制的（营业时间等）。通常，时间窗包含一个或多个互斥的时间段组合（上下午分别的营业时间）。此外，时间窗也可能取决于送货的运输工具，如大型车辆在进入城市中心区域的时间段是受到限制的。

其次，匹配和先后顺序是另外一个重要的方面。如果某一客户需求包括从一个地点收揽货物，然后去另外一个地点进行配送，并且中间不允许转运的话，同一运输工具需要访问这两个地点。更为复杂的需求场景包含多个收揽和配送业务。因此，路线设计需要满足每个收揽业务都要在其对应的配送业务之前完成。

再次，是配送车辆—司机—客户需求的匹配。根据配送车辆的属性，我们需要选取具有一定驾驶水平的司机进行驾驶，并不是所有的配送车辆和司机都能够对所有的客户需求进行服务。这其中需要多方面技能和属性的精准匹配。

其他的属性包括可选客户需求（该需求不一定必须要满足，但是完成配送可以得到额外的收益）、周期性客户需求（有些客户需求是在一个计划周期内的某些时间段内重复发生，如两周一次而不是每天都有需求）、预期需求（根据历史数据预测的客户可能发生的需求）。此外，利用多种方式来满足同一个客户需求也是实际问题中常见的一个属性。这通常是指将一个客户需求分到多个运输工具上进行配送。这种属性经常出现在多式联运中。

最后，还有一方面的属性是配送车辆的行程依赖于客户需求。这类属性通常是指运输车辆的配送路径由所配送的货物决定。因此，客户需求决定了配送距离和行驶时间。例如，一辆卡车空载时可以通过有限高的桥洞，但是当这辆卡车载满货物时则无法通过这个桥洞。类似的如，一辆载有汽油的货车无法通过水域保护区域，而空载时则可以。

（2）车队。

车队通常指代为完成客户需求所需的资源，这些资源包括各种类型的运输工具和司机。

①运输工具。根据不同的标准，我们可以对运输工具进行分类。主要的标准包括成本、载货限制、行驶速度、当前是否可用、在计划周期开始和结束时的实际和预期位置，以及是否可以访问或通过某条路线。相关的成本分类通常包括使用运输工具的固定成本和与距离、时间、停车相关的可变成本。与距离相关的成本主要指高速公路费；与时间相关的成本可以是线性的也可以是非线性的，通常包括每日付给司机的工资和加班费用。此外，成本通常是根据价格表进行计算的。在优化问题中，惩罚成本通常作为软约束存在，这样可以在搜索过程中允许不可行

解的出现。

在货物运输中较为常见的车载限制包括载重、体积和数量等，并且多种约束可以同时存在。行驶速度可以是相同的或者是根据车辆的类型存在差异。行驶速度可能由于载重不同而不同，载重越大，速度越慢。此外，行驶速度可以在整个计划周期保持不变，也可能由于所处时间段不同而发生变化。这对于在城市内部发生的短途运输尤为重要，通常上下班高峰时段的行驶速度较慢。运输工具当前的可用性也会受到各种因素的限制，如定期维修或是周日禁止重型车辆进入城市。

在具体的运作层面，尤其是短期计划中，车辆的初始位置通常是给定的，但在策略层面，即中期计划中，决定一个合适的出发地点是很重要的。而对于计划周期结束时车辆的位置通常没有限制。对于车辆类型及所配备的技术设备，通常有不同的标准来判断车辆是否可以完成某个客户需求。这些标准包括车辆类型（卡车、火车等），车辆的长度和载重也会影响其所能配送的路线。同时，尾气排放现在也对配送路径的选择有所影响。各种类型和级别的车辆数量也是至关重要的。在实际情况下，各类车辆的数量是有限的。但对于优化问题而言，在中期计划中，车队规模和构成通常认为是没有限制的。

②司机。对于司机而言，其资质在一定程度上限制了司机与车辆及司机与客户需求的匹配。这些资质通常包括：驾驶执照的类型、是否经过特殊培训（如运输危险货物），以及对特定地区和客户的了解程度。另外一个极为重要的方面是与司机相关的法律经验。在欧盟和其他一些地区，有大量对司机工作和休息时间的限制。车载监控设备可以实时监测司机的状态，从而判断其是否遵守这些法律法规。除了强制性法律法规外，欧盟还颁布了一些可选择的司机规则。但这些都使得路径优化问题的建模更加复杂。

（3）路线结构。

一部分路线结构仅仅针对单条路线，而另外一些路线结构则是关注路线之间的相互关系。对于单条路线而言，标准形式是封闭路线，即路线从同一地点开始和结束。但有些情况下，开放型路线，即路线可以在任意地点结束，也会在实际中得到应用。例如，在长途运输中，通常运输车辆整个星期都在路上，但路径安排是每天进行的；而对于短途运输也可以对多条线路进行规划。

此前的假设是路线之间相互独立，即一个路线的可行与否并不影响其他线路。但有些情况下，多条路线之间存在相互关系，需要各个路线之间的协同。在这种情况下，一条路线的可行与否就会对其他路线产生影响。多线路协同通常跟空间、时间、载重，以及一些稀有资源相关。一个典型的例子就是“视觉吸引”路线计划，即路线之间不能存在交叉。路线协同通常发生在多层级城市物流配送系统中。例如，第一层级的大型车辆需要在分销中心将货物分装到多个小型车辆，从而运送到城市中心的终端客户。另外一个例子是对司机和运输车辆的匹配。在计划周期中，一辆车可能由多个司机轮流驾驶进行配送服务，或者一个司机按顺序驾驶多辆车进行配送。这都可以在一定程度上提高运输车辆和司机的利用率。

此外，在存在转运的情况下，多条线路之间存在相互关系。这包括货物的分配和整合，以及多种模式的运输系统。同时，路线之间的资源约束，如车辆的容量和协同要求，也是一个需要考虑的因素。最后，路线之间工作量的平衡也是实际中的一个因素，这包括各条路线的距离、时长、服务客户数量和成本等。

（4）目标函数。

目标函数可以是单一的，也可以是多方面的。常见的单一目标函数包括使用车辆数量最小化，总行驶距离最短，总成本最小等。如果并不需要服务完所有客户，则目标函数也可以是最大化总收益。

当目标函数包含多个维度时，通常我们考虑对其进行加权平均，即根据各个维度的优先级别对其进行分配权重，或是通过帕累托最优来求解多目标优化问题。有一个值得注意的问题是，前面提到的约束可以分为硬约束和软约束。通常硬约束不可以违反，如逻辑约束或者法律约束。而违反软约束则依然可以得到可行解，但通常将其违反程度作为惩罚函数加入到目标函数中去，违反程度越大，惩罚越大。如果违反程度超过某一阈值，则将变为硬约束，从而导致解不可行。时间窗的约束通常被看作是软约束。

第三章　强化学习算法在路径优化问题中的应用

近年来，随着实际问题规模的不断增加及现实路径优化问题中属性和约束类别的丰富，传统的精确算法和启发式算法已经无法完全满足实际物流和运输问题中路径优化的求解需求。而随着计算机技术和大数据的普及，基于数据驱动的强化学习算法已经成为求解路径优化问题的一种新方法。

3.1　强化学习

强化学习（Reinforcement Learning，RL）旨在学习如何做，即如何根据情况采取动作，从而实现数值奖励信号最大化。学习者不会接到动作指令，而是必须自行尝试去发现回报最高的动作方案。强化学习（RL）已成功地训练计算机程序在游戏中击败全球最厉害的人类玩家。在状态和动作空间较大、环境信息不完善并且短期动作的长期回报不确定的游戏中，这些程序可以找出最佳动作。

从广义上而言，控制系统的目标是确定生成期望的系统行为的正确系统输入（动作）。在反馈控制系统中，控制器使用状态观测提高性能并修正随机干扰。工程师运用反馈信号，以及描述被控对象和环境的模型，设计控制器，从而满足系统需求。以上概念表述十分简单，但若系统难以建模、高度非线性或者状态和动作空间较大，则很难实现控制目标。

为了理解此类难题对控制设计问题造成的进一步后果，不妨设想一下开发步行机器人控制系统的场景。要控制机器人（即系统），可能需要指挥数十台电机操控四肢的各个关节。每一项命令是一个可执行的动作。系统状态观测量有多种来源，包括摄像机视觉传感器、加速度计、陀螺仪及各电机的编码器。控制器必须满足多项要求：确定适当的电机扭矩组合，确保机器人正常步行并保持躯体平衡；在需要避开多种随机障碍物的环境下操作；抗干扰，如阵风。控制系统设计不仅要满足上述要求，还需满足其他附加条件，如在陡峭的山坡或冰块上行走时保持平衡。通常，解决此类问题的最佳方法是将问题分解成为若干部分，逐个击破。例如，可以构建一个提取摄像机图像特征的流程。比方说，障碍物的位置和类型，或者机器人在全局参照系中所处的位置。综合运用这些状态与其他传感器传回的处理后的观测值，完成全状态估测。估算的状态值和参考值将馈送至控制器，其中很可能包含多个嵌套控制回路。外部环路负责管理高级机器人行为（如保持平衡），内部环路用于管理低级行为和各个作动器。

各环路之间相互交互，使得设计和调优变得异常困难。同时，确定最佳的环路构造和问题分解也并不轻松。不是尝试单独设计每一个组件，而是设想一下将其全部塞进一个函数里，由该函数负责接收所有观察结果并直接输出低级动作。毋庸置疑，这可以简化系统方块图，但这个函数会是怎样的结构？该如何设计这个函数？强化学习则是达成这一目标的重要方法。

强化学习是机器学习的 3 个大类之一。理解强化学习与无监督学习和监督式学习的区别是非常重要的。监督学习用于确定尚未被分类或标注的数据集的模式或隐藏结构。假设我们收集了 10 万种动物的生理特征和社会倾向性信息，则可以使用无监督学习进行动物分组或总结相似特征，可以根据腿数进行分组，也可以根据不太显著的模式进行分组，如之前并不知道的生理特性和社会行为之间的关联性；或者使用监督式学习训练计算机为给定输入加上标签。例如，如果动物特征数据集的其中一列是物种，则可以将物种作为标签，其余数据作为数学模型的输入。我们可以使用监督式学习训练模型，使其能够根据每一组动物的特征正确标记数据集。先由模型推断物种，再由机器学习算法系统性地调整模型。运用足够的训练数据获得可靠的模型后，再输入未标注的新动物的特征，经过训练的模型即能给出对应最有可能的物种标签。

强化学习是一种截然不同的方法。不同于另外两种采用静态数据集的学习框架，强化学习采用动态环境数据。其目标并不是对数据进行分类或标注，而是确定生成最优结果的最佳动作序列。为了解决这个问题，强化学习通过一个软件（即所谓的代理）来探索环境、与环境交互并从环境中学习。代理中有一个函数可接收状态观测量（输入），并将其映射到动作集（输出）。也就是前面讨论过的单一函数，它将取代控制系统的所有独立子组件。在强化学习命名法中，此函数称之为策略。策略根据一组给定的观测量决定要采取的动作。以步行机器人为例，观察结果是指每个关节的角度、机器人躯干的加速度和角速度，以及视觉传感器采集的成千上万个像素点。策略将根据所有这些观测量，输出电机指令，使机器人移动四肢。接着，环境将生成奖励，向代理反映特定作动器指令组合的效果。如果机器人能够保持直立并继续行走，则对应的奖励将高于机器人摔倒时的奖励。

如果可以设计出一项完美的策略，针对观察到的每一种状态向适当的作动器发出适当的指令，那么目标就达成了。当然，大多数情况下并非如此。即便真的找到了完美的策略，环境也可能不断变化，因而静态映射不再是最优方案。正因为如此，强化学习算法应运而生。它可以根据已采取的动作、环境状态观测量，以及获得的奖励值来改变策略。代理的目标是使用强化学习算法学习最佳环境交互策略，这样一来，无论在任何状态下，代理都能始终采取最优动作，即长期奖励最丰厚的动作。

为了理解机器如何学习，请思考一下策略的含义：一个由逻辑和可调参数构成的函数。倘若已有一套完善的策略结构（逻辑结构），对应有一组参数可生成最优策略，即可产生最丰厚的长期奖励的状态——动作的映射。学习是指系统性调整这些参数以收敛到最优策略的过程。这样，我们就可以专注于设置适当的策略结构，而无须手动调整函数来获取确切的参数。

强化学习的目标与控制问题相似，只不过方法不同，使用不同的术语表示相同的概念。通过这两种方法，我们希望确定正确的系统输入，以让系统产生期望的行为。目的在于判断如何设计策略（或控制器），从而将环境（或被控对象）的状态观测量映射到最佳动作（作动器指令）。状态反馈信号是指环境观察结果，参考信号则内置到奖励函数和环境观测量中。

一般来说，强化学习涉及 5 个方面：建立环境、奖励、策略、训练和部署问题。环境是指存在于代理之外的一切元素，它既是代理动作产生作用的地方，又能生成奖励和观测量。从控制的角度而言，这个定义可能令人费解，因为人们普遍将环境视为影响控制系统的干扰。然而，在强化学习的术语中，环境是指除代理以外的一切元素，包括系统动态特性。因此，控制系统的一大部分实际上都属于环境。代理只不过是通过学习生成动作及更新策略的一个软件而已。

强化学习之所以功能强大，原因之一在于代理不需要对该环境有任何了解，但仍可学习如何与该环境交互。例如，代理不需要了解步行机器人的动力学或运动学原理，不必了解关节移动或附肢长度，却仍能确定如何获得最多的奖励。这就是所谓的无模型强化学习。在无模型强化学习中，我们可以将采用强化学习的代理内置到任何系统，代理将能够学习最优策略（假设已给策略访问观测量、奖励、动作及足够的内部状态的权限）。

无模型强化学习面临一个问题：如果代理不了解环境，那么必须探索状态空间的所有区域，以确定如何获得最多的奖励。这意味着，代理需要在学习过程中投入一些时间探索低奖励区域。但是，状态空间的某些区域不值得探索。通过提供整个环境或部分环境的模型，将已知的信息提供给代理。代理可以使用模型探索环境的某些部分，而无须采取实际的动作。模型可以补足学习过程，使其避开已知的无益区域，而集中探索剩余部分。

基于模型的强化学习可以缩短学习最优策略所需的时间，因为我们能够使用模型指导代理远离已知的低奖励状态空间区域。首先，我们不希望代理进入这些低奖励状态，所以无须学习低奖励状态下的最佳动作。其次，在基于模型的强化学习中，不需要了解整个环境模型。只需为代理提供自己了解的那部分环境。最后，无模型强化学习应用更广泛。现阶段，无模型强化学习更受欢迎，因为人们希望通过它来解决一些难以开发模型（甚至是简单模型）的问题。例如，通过像素观测来控制汽车或机器人。在大多数情况下，像素强度与汽车或机器人动作之间的关系并不明显。

3.2　马尔可夫决策过程

如果有足够的假设条件，马尔可夫决策过程（Markov Decision Process）是解决随机动态规划问题的一种很好的方法。首先，假设问题具有离散状态集 S = （1，2，…，| S |），且状态集数量小到可以遍历。其次，假设决策集也相对较小，而且可以计算给定状态和决策情况下的成本函数。最后，假设转移函数矩阵已知，即如果当前系统处于状态 S_t 同时采取策略 a_t，则系统将转移到状态 S_{t+1} 的概率。但在实际问题中，以上的假设都不能同时成立。例如，许多问题涉及连续状态或是状态变量为向量，这种情况下状态集很大且不可能遍历。进而，一步转移概率矩阵就很难计算甚至是无法计算。既然上述假设在实际问题中并不能都成立，为什么还要研究这些理论上的问题呢？首先，实际中确实存在一些小规模的问题满足以上假设。其次，马尔可夫决策可以帮助我们

识别问题的结构特点从而大大降低算法的计算量。当然，更为重要的是马尔可夫决策过程是近似动态规划的基础，这一部分的内容将为我们之后讨论和研究近似动态规划奠定基础。

3.2.1 最优方程

多数随机问题可以通过以下目标函数来建模：$\sum_{\pi}E^{\pi}\{\sum_{t=0}^{T}\gamma^{t}C_{t}^{\pi}(S_t, A_t^{\pi}(S_t))\}$。而对于大多数问题而言，求解这一方程的计算量巨大，但该方程却是识别最优解性质、求解和比较最优解的基础。仔细观察我们可以发现，其实并不需要一次完成整个求解。例如，我们在求解确定性最短路问题时，状态S_t为当前所在的节点，并且选择下一个节点。如果当前状态$S_t = i$，采取行动$a_t = j$，通过转移函数$S_{\{t+1\}} = S^{M}(S_t, a_t)$就可以得到下一个状态$S_{\{t+1\}} = j$。如果值函数$V_{\{t+1\}}(S_{\{t+1\}})$已知的话，我们就可以通过比较$C_t(S_t, a_t) + V_{\{t+1\}}(S_{\{t+1\}})$来进行决策并选择在状态$S_t$时的最优化行动方案。通常未来周期的成本或收益都是用货币来度量，我们需要对未来的成本或收益进行折现，即求解以下最优方程

$$a_t^*(S_t) = \underset{a_t \in A_t}{\operatorname{argmax}}(C_t(S_t, a_t) + \gamma V_{t+1}(S_{t+1}))$$

在研究随机问题时，我们需要意识到新的外生信息是在我们采取行动a_t之后，因此在计算收益或成本及确定下一个状态时这部分信息是不确定的。但是如果我们知道外生信息所服从的概率分布，就可以推断出转移概率$P(S_{t+1} \mid S_t, a_t)$，即给定状态和策略的前提下，系统转移到$S_{\{t+1\}}$的概率。进而，最优方程为

$$V_t(S_t) = \max_{a_t \in A_t}(C_t(S_t, a_t) + \gamma \sum_{s' \in S} P(S_{t+1} = s' \mid S_t, a_t) V_{t+1}(s'))$$

该方程也称为贝尔曼方程的标准形式。这种形式在动态规划中常用，而在近似动态规划中，更为常用的是贝尔曼方程的期望形式，即

$$V_t(S_t) = \max_{a_t \in A_t}(C_t(S_t, a_t) + \gamma E\{V_{t+1}(S_{t+1}(S_t, a_t, W_{t+1})) \mid S_t\})$$

3.2.2　计算转移概率矩阵

在随机动态规划中通常会假设一步转移概率矩阵P^{π}已知。在实际中，我们可以假设转移函数$S^{M}(S_t, a_t, W_{\{t+1\}})$已知，从而进一步推导出一步转移概率。假设在时刻 t 和 t+1 之间产生的外生随机信息$\omega_{\{t+1\}}$独立于所有之前的历史信息。$\Omega_{\{t+1\}}$是$\omega_{\{t+1\}}$所有可能出现的结果，$P(\omega_{\{t+1\}})$为结果$\omega_{\{t+1\}}$发生的概率。同时，定义以下指标函数。

$$I_{\{X\}}=\begin{cases}1 & \text{if the statement “X” is true,}\\ 0 & \text{otherwise.}\end{cases}$$

我们可以将一步转移概率 $P(S_{t+1} \mid S_t, a_t)$ 写成

$$P_t(S_{t+1} \mid S_t, a_t)=E1_{\{s'=S^{M}(S_t,a_t,W_{t+1})\}}=\sum_{\omega_{t+1}\in\Omega_{t+1}}P(\omega_{t+1})1_{\{s'=S^{M}(S_t,a_t,\omega_{t+1})\}}$$

因此，构造一步转移概率只需从一个特定的状态－行为对(S_t, a_t)到状态$S_{\{t+1\}}$的所有概率加起来即可。有的情况下，以上的计算很简单，但另外一些情况下，计算基本不可能。例如，$\omega_{\{t+1\}}$可以是价格或需求的一个向量，这样$\Omega_{\{t+1\}}$就会大到无法进行遍历。当然，我们可以从统计的角度对转移概率矩阵进行估计。

3.2.3 随机贡献

在许多实际应用中，当前周期的贡献函数为S_t和a_t的确定性函数。因此，通常我们会将贡献函数写成确定性函数$C_t(S_t, a_t)$，但也有例外。例如，一辆车在一个随机交通网络中行驶，它可能会选择从 i 到 j，但这一段路的成本是在做出决策后才可以知道，这样的话贡献函数就是随机的了。

3.2.4　有限周期问题

有限周期问题通常分为两种情形：首先，许多实际问题本身就有一个确定的计划周期。比如，美国期权定价问题，由于资产必须在 $t\leq T$

卖出，T 是期权执行日期。这个问题中计划周期就是有限的。另一个例子是航空公司机票定价问题，同样决策日期受航班时间的影响为有限周期问题。其次，某些问题虽然实际上是无限周期，但求解的目的是研究系统某一段时间的变化。例如，物流公司将司机与货物分配的问题，该问题当期的决策势必会影响未来周期的决策，因此只考虑有限计划周期 T。

而对有限周期问题，我们通常假设$V_T(S_t, a_t)$已知，多数情况下为了简便将其设为零。因为我们关注的是当期应该做什么样的决策，以及这之后每一个周期对应的决策。如果计划周期 T 足够大，我们可以假设每个周期对应的决策是足够好的。求解有限周期问题相对简单。我们只需从最后一个周期开始，计算每个状态对应的值函数，然后逐个周期逆向求解。这就是所谓的逆向动态规划。这一算法的关键点在于要对所有状态求解值函数。最简单的逆向动态规划是决策树。

3.2.5 无限周期问题

当所研究的问题中关于贡献函数、转移函数和控制外生信息产生过程的参数都不随时间变化，尽管有时具有周期性时，我们通常会利用无限周期问题来求解，如太阳能的能量取决于所处时间段。同时，我们主要希望研究的是该问题的稳定状态，更为重要的是无限周期问题可以帮助我们发现问题和算法的性质，并为该类问题提供有效的理论基础。无限周期问题可以帮助我们更好地了解较为复杂的非稳态问题。

稳态问题可以看成一个没有时间维度的问题，即 $V(S)=\lim_{t\to\infty}V_t(S_t)$，则稳态最优方程为

$$V(s)=\max_{a\in A}\left(C(s,a)+\gamma\sum_{s'\in S}P(s'\mid s,a)V(s')\right)$$

该方程等同于求解以下无限周期问题

$$\max_{\pi\in\Pi}E\left\{\sum_{t=0}^{\infty}\gamma^t C_t\left(S_t, A_t^\pi(S_t)\right)\right\}$$

令$P^{\pi,t}$ = t 步转移矩阵 $=\Pi_{t'=0}^{t-1}$，$P^{\{\pi,0\}}$ 为单位矩阵，$C_t^\pi(s)=C_t$

$(s, A^{\pi}(s))$ 为给定状态 s 和行动a_t的前提下系统的期望收益，行动a_t从 t 时刻开始的无限周期折现值为

$$v_t^{\pi} = \sum_{t'=t}^{\infty} \gamma^{t'-t} P^{\pi, t'-t} c_{t'}^{\pi}$$

假设初始策略为π_0，接下来的行动都相同，即$\pi_1 = \pi_2 = \cdots = \pi$，上式可以写成

$$v^{\pi_0} = c^{\pi_0} + \sum_{t'=1}^{\infty} \gamma^{t'} P^{\pi, t'} c_{t'}^{\pi} = c^{\pi_0} + \sum_{t'=1}^{\infty} \gamma^{t'} \left(\Pi_{t''=0}^{t'-1} P_{t''}^{\pi} \right) c_{t'}^{\pi}$$

求解无限周期问题的方法很多，其中值函数迭代是应用较为广泛的一种，它主要是通过不断对值函数进行逼近，每一次迭代的值函数逼近值决定了将要采取的行动，进而构成策略。第二种方法是策略迭代，即根据某一策略，可以确定该策略对应的值函数值。从以上的描述可以发现，以上两种方法可以看成一类特殊的策略和值函数迭代方法。最后一种主要的方法则将值函数看成一类特殊结构的线性规划问题进行求解。

3.3　近似动态规划

3.3.1　动态规划面临的挑战

多周期优化问题在现实世界中随处可见，小到个人的学习计划，大到一个经济体的管理，还包括航班排期、新设备采购、库存管理、车辆调度和投资等问题，都属于多周期优化问题，甚至是下棋和打羽毛球这种我们日常的游戏也可以看成是多周期优化问题。这些问题通常都遵循这样一个流程：决策—信息获取—进一步决策—进一步信息获取，这一循环不断迭代，直到计划周期结束。我们把这样一类问题称为顺序决策问题。从以上的描述可以看出，顺序决策问题的建模不难，但是求解起来却是充满了挑战。

动态规划在科学研究中的多个领域都有应用。在工程和经济领域，

研究的动态规划问题是基于连续状态和决策，决策变量多为地点、速度和温度等物理变量。而运筹学和人工智能领域遇到的多是离散状态和决策的动态规划问题。连续状态和决策的问题通常利用控制理论进行求解，而离散状态和决策的问题则是利用马尔可夫过程进行求解。这两种方法的思想都是通过建立迭代方程，并利用状态变量来搜集历史信息进行求解。有些高维问题，如资源分配问题，也可以用数学规划的方法来求解。大部分研究集中于确定性问题，通常利用线性规划、非线性规划，或是整数规划来求解，而那些涉及不确定因素的多周期优化问题则被称为随机规划问题。

3.3.2 动态规划问题的建模框架

接下来我们先介绍一下动态规划模型所包含的元素。

（1）状态变量：主要包括决策所需的所有信息，以及用来描述系统随时间推移而演变的信息。

（2）决策变量：决策/行为，也就是我们如何控制系统的整个过程。

（3）外生信息：外生信息通常在每个决策周期期初可以观察到，如产品需求、购买或出售产品的价格，同时我们需要知道系统的初始状态。

（4）转移函数：该函数决定了系统在给定第 t 期决策和第 t 期到第 $t+1$ 期之间的外生信息时如何从状态 S_t 演化到 S_{t+1}。

（5）目标函数：该函数通常为计划周期内成本最小或是收益最大。

动态规划问题一般利用贝尔曼最优方程进行逆向递归求解。但面对很多实际问题时，由于问题规模较大，我们很难通过贝尔曼最优方程进行精确求解。由于问题规模大而造成的动态规划问题求解困难存在于三个方面，称为维数灾，主要包括由于问题规模扩大而导致的状态集变大和决策集变大，以及求解未来周期成本函数的期望值也变得困难。

近似动态规划方法则是解决传统动态规划算法所面临的维数灾问题

的一种方法。当然，近似动态规划方法在其他领域也有广泛的应用。在动态规划模型中，如果缺少对信息过程的有效描述，则模型的转移函数未知，即使是规模不大的问题也不容易解决。例如，我们可以观察某种资产的价格变化，但却无法建立一个有效的数学模型，又或是下棋时我们可以观察对方的行为，但却无法描述他做决策的整个思维过程。这些情况下，我们就无法计算值函数的期望值。另外一个例子，假设我们试图研究一个国家的经济状况与国际货币基金贷款之间的关系，如果我们无法获取该国经济情况与贷款数量之间的关系，则无法确切知道整个系统的转移函数。同时，很多问题无法精确求解的原因就是规模较大。假设一个多技能呼叫中心可以处理有关个人电脑的一些问题，客户打电话来，通过键盘号码选择所需的服务类型，进而呼叫中心根据这一信息将客户分配到擅长这一方面问题的接线员。这就是一个随机的动态分配问题，该问题由于包括多属性资源从而状态集巨大。

3.3.3　基本思想

近似动态规划的基本思想是随时间前向推进的算法策略，因此也被称为前向动态规划。如果我们采用传统的动态规划方法求解，则需要计算每一个状态S_t对应的值函数V_t（S_t），然后从中选出使得值函数最大的行动策略$a_t \in A_t$。大规模的问题无法用传统的动态规划方法求解，主要因为需要对所有的状态进行计算然后比较，这在时间成本方面不切实际。与之不同的是，近似动态规划算法前向推进，从而对整个系统随时间的演化过程进行仿真。但为了达到这一目的，我们需要解决两个问题：一是随机产生一组状态样本，即系统将来可能发生的状态；二是进行决策。下面我们先来分析决策相关的问题，然后来解决随机信息的方针问题。

1．决策制定（近似的）

前面提到过在精确动态规划中，算法随时间逆向推进，对所有状态对应的值函数进行计算，并用来求解最优决策。而在前向推进的近似动态规划中，我们并没有计算值函数，因此不能精确计算得到最优决策，而需要通过近似方法进行决策。$\bar{V}_t$（S_t）表示值函数的近似形式。最易于理解的方式是假设$\bar{V}_t$（S_t）是对应每个状态的值函数近似形式，但正是由于它是近似值，我们可以选择任何形式的函数，这就导致选取合适的近似函数形式较为困难。

近似动态规划通过迭代计算近似函数$\bar{V}_t$（S_t）进而前向推进。假设初始近似值函数$\bar{V}_t^0$已知（通常情况下赋值为零），$\bar{V}_t^{n-1}$为迭代 n－1 次之后所得的值函数近似值，下面我们来分析第 n 次迭代的情况。我们从 t＝0 及初始状态S_0开始，决策a_0可以通过以下公式求解。

$$a_0 = \underset{a \in A_0}{\operatorname{argmax}}(C(S_0, a) + \gamma E\{\bar{V}_t(S_t) \mid S_0\})$$
$$= \underset{a \in A_0}{\operatorname{argmax}}(C(S_0, a) + \gamma \sum_{s' \in S} P_0(s' \mid S_0, a) \bar{V}_t(s'))$$

2. 前向推进算法

给定决策S_0，算法则在状态S_0前向推进到S_1，这一过程首先是采取a_0这一行动，然后我们需要知道在 t＝0 和 t＝1 之间的外生信息。在 t＝0 时刻，外生信息未知，因此是随机的。我们的策略是随机产生一组外生信息的样本，这一过程通常被称为蒙特卡洛仿真（Monte Carlo Simulation）。它是一种实践中常用的产生随机信息的方法，主要利用一种人工过程从群体中选取随机样本。举个例子，如果一种商品的价格在 60～70 元，服从均匀分布，我们则可以通过很多软件的随机数生成器生成一组随机价格。给定随机生成的外部信息，算法可以计算下一个访问的状态S_1。这里有一个前提是我们知道系统的转移函数。由于我们已知每个决策周期的值函数估计值，算法可以通过进一步迭代求解a_1。算法将一直进行迭代直到计划周期结束。由于决策过程是基于我们对值函数的估计，因此我们称之为贪婪策略。近似动态规划算法的根本是生成样本路径，它是指一个特定的外生信息序列。

3. 随机变量取样

近似动态规划依赖于随机变量的样本序列，而如何获取这些样本取决于问题的设置。通常情况下，获取随机样本的方法有以下 3 种。

（1）从现实世界中获取：有些外部信息可以直接从现实物理进程中获取。比如，我们可以利用真实的需求序列来估计平均需求，其他的变量如价格、成本、行驶时间等也都可以通过对真实世界的观察得到。

（2）计算机仿真实验：可以通过计算机对复杂过程进行仿真从而计算出一组随机变量的样本。仿真对象可以是供应链或是资产分配模型。

（3）根据已有概率分布取样：这是最为简单的一种随机取样方法，利用多数软件自带的随机数生成工具就可以从标准概率分布中生成随机样本。这样的方法可以在短时间内产生大量样本。

3.3.4　近似动态规划算法及其实现

前向算法如果只针对一组抽样样本路径进行当然没有太大意义，因此我们需要对大量的样本路径重复进行前向算法，这也是采用值函数逼近的一个代价。在算法迭代过程中，n 表示当前迭代次数，相应的ω^n则是第 n 次迭代中用到的随机外生信息。在周期 t，系统状态处于S_t，通过第 n－1 期迭代的值函数逼近值$\bar{V}^{n-1}$可以得到第 n 次迭代的决策a_t^n，需要指出的是$\bar{V}^{n-1}$的上标表示该值函数逼近值是由前 n－1 次迭代的信息计算所得。给定a_t^n，我们可以获得第 t＋1 期的外生信息，系统从而进入到下一个状态S_{t+1}^n，直到计划周期结束，然后算法进入下一个迭代循环继续进行。基本的近似动态规划算法如下。

第 0 步：初始化

0a. 对所有状态S_t的值函数$\bar{V}_t^0$（S_t）进行初始化。

0b. 选择一个初始状态S_0^1。

0c. 令 n＝1。

第 1 步：选择一个样本路径ω^n。

第 2 步：For t = 0，1，2，…，T do。

2a. 求解

$$\bar{v}_t^n = \max_{a_t \in A_t^n} \left(C_t(S_t^n, a_t) + \gamma \sum_{s' \in S} P(s' | S_t^n, a_t) \bar{V}_{t+1}^{n-1}(s') \right),$$

设a_t^n为以上最大化问题的解。

2b. 利用

$$\bar{V}_t^n(S_t) = \begin{cases} \hat{v}_t^n, & S_t = S_t^n \\ \bar{V}_t^{n-1}(S_t), & \text{其他} \end{cases}$$

对$\bar{V}_t^{n-1}(S_t)$进行更新。

2c. 计算$S_{t+1}^n = S^M(S_t^n, a_t^n, W_{t+1}(\omega^n))$。

第 3 步：令 $n = n + 1$，如果 $n < N$，回到第一步。

除了前向推进之外，近似动态规划算法跟逆向动态规划算法很类似。虽然这一算法不需要遍历所有系统状态，但同样也面临着以下一系列新的挑战。

（1）虽然避免了遍历所有可能的系统状态，但由于需要一步转移概率矩阵，计算量同样很大。

（2）前向推进造成算法仅对访问过的状态所对应的值函数进行更新，但我们同样需要对那些未访问的状态对应的值函数进行估计。

（3）由于利用值函数逼近值来进行前向推进，算法有可能会陷入一个循环而永远无法访问那些看起来差但实际对应较好值函数值的状态。

（4）以上的基础算法具有一般性，但却未能提供一些针对具体问题结构性质的算法机制。

策略是动态规划中应用较为广泛的一个术语，其定义为：给定状态S_t的相关信息时，决定其最优决策的规则（或函数）。从以上的定义可以看出，这一概念的问题在于它可以是任何用来确定某一状态下决策的方法，所以对于不同的问题及不同的计算时间要求，需要不同的方法来确定对应的策略。因此，为了能够有效解决隶属于动态规划范畴内的各种各样的问题，我们需要对策略的种类进行划分。同时，也需要研究如何确定每种决策对应的最佳策略。通常情况下，我们可以把策略分成以下 4 类。

（1）近视策略：这是最基础的一类策略。这一类策略仅对当前周期的成本/收益进行最优化，并不考虑任何形式未来周期的信息。虽然简单，但是通过不断的参数调整，该方法在一些情况下也可以取得较好的效果。

（2）展望策略：比起近视策略，展望策略会利用一部分未来周期的信息，并通过对未来周期未知信息的近似从而对当前周期进行决策。

（3）策略函数逼近：这一函数直接给出对应当前状态的行动/决策，并不依赖于任何优化或是直接应用对未来周期信息的预测。

（4）值函数逼近：这一类策略也被称为贪婪策略，它主要依赖于基于当前周期策略对未来周期状态对应的值函数进行逼近。当前周期策略对未来周期的影响主要通过当前周期决策导致的未来周期状态所对应的值函数来刻画。

首先，我们简单来了解一下前两类算法的本质属性。由于它不考虑任何形式的未来周期信息，近视策略最为简单。展望策略通过对未来周期的未知信息进行逼近从而对当期决策进行最优化计算。因此，展望策略可能会有较大的计算量。针对这一问题，很多研究专注于研发更好的逼近方法，较为普遍的是对应决策前和决策后状态（Post - state Decision）的值函数逼近。

算法无论是要对值函数进行逼近还是对策略函数进行逼近，我们都需要了解以下 3 类逼近算法。

（1）查表法：也称表格函数，是指每一个离散状态 S 都对应一个离散的值函数值。

（2）有参数的表示：通常指带参数的显性解析函数，用在近似值函数或者策略函数中。

（3）无参数表示：通常指某一类较为复杂且具有一般性的函数。

接下来，我们将介绍一些主要的近似动态规划算法。首先我们将关注点放在表格法的值函数逼近算法，即对应每一个状态储存一个值函数的值，然后通过查表的方法进行求解。接下来将分别讨论这类方法中的4种算法。

（1）Q－学习算法：该方法主要针对状态集和策略集较小且不能通过数学模型来描绘系统随时间变化的问题。

（2）实时动态规划算法：该算法为基础算法的一个变形，但可以证明该算法的收敛性。

（3）近似值迭代算法：在这一算法中我们不用假设一步转移概率矩阵就可以计算。

（4）决策后状态变量的近似迭代算法：我们将首先介绍决策后状态变量的概念，然后阐述其如何简化算法计算。

① Q－学习算法。

Q－学习算法是强化学习领域最古老的算法之一，由其变量Q（s，a）而得名。其中，Q（s，a）为在状态s下采取行动a时的值函数逼近值。SARSA基于Q－学习算法进行了优化，二者不仅是近似动态规划的入门级算法，更为我们了解探索的重要作用提供了一个很好的机制。

Q－学习算法：$\bar{Q}^n$是Q（s，a）在n次迭代之后的统计估计值。假设系统处于状态S^n，通过求解$a^n = \arg\max_{a \in A} \bar{Q}^{n-1}(S^n, a)$，进而可以得到所需采取的行动$a^n$。在第n次迭代中，算法利用第n－1次迭代中的估计值$\bar{Q}^{n-1}(s^n, a^n)$。Q－学习算法的一个主要特点是在通过近似贝尔曼最优方程计算行动时，算法既不需要计算期望值也不需要对未来下游状态对应的值函数进行估计。许多物理系统十分复杂以至于很难用数学模型对其进行描述，但是可以直接观察系统的行为。这一类应用来源于实际运作场景，即生产模型中我们可以观察到系统外生结果和状态转移，而不是利用数学公式对其进行刻画。动态规划中有3个方面的数学模型。在工程界，第一种模型指的是转移函数，无模型动态规划指的是没有显性转移函数的问题。在这一类问题中，我们做出决策然后需要从物理过程中观察决策的结果。第二种模型指的是外生信息过程。对于这一类过程并没有一个概率分布可以对其结果进行描述。这将无法计算一步转移概率矩阵，甚至由于无法知道每种结果对应的概率而无法进行仿真。在这种情况下，我们假设拥有一个外生结果产生过程。第三种模型为成本/贡献函数。例如，在一个系统中，人通过决策来最大化一个未知的效用函数，我们可以通过一个系统来观察这个人的行为，同时推测在该状态下他将采取什么行动。

在强化学习领域，模型通常指一步转移概率矩阵，计算一步转移概率矩阵不仅意味着转移函数和外生信息概率分布已知，同时也需要状态集离散且数量小。选择行动a^n，假设可以观察到贡献$C(S^n, a^n)$及下一个状态S^{n+1}，然后可以计算在状态S^n采取行动a^n的值函数值$\bar{q}^n = C(S^n, a^n) + \gamma \max_{a' \in A} \bar{Q}^{n-1}(s^{n+1}, a')$，进而对Q因子进行更新$\bar{Q}_t^n(s^n, a^n) = (1-\alpha_{n-1})\bar{Q}^{n-1}(s^n, a^n) + \alpha_{n-1}\bar{q}^n$，其中$\alpha$为[0，1]上的步长。常用是固定步长或是衰退法则，如$\frac{a}{a+n-1}$。给定一系列Q因子，可以计算在状态s的逼近值$\bar{V}^n(s) = \max_{a \in A} \bar{Q}^n(s, a)$。与一般的近似动态规划算法作比较可以看出，在近似动态规划算法中，我们需要计算行动a_t对应的未来下游状态的期望函数值，从而找到$\hat{v}_t^n$。而Q－学习算法则主要依赖于对外生过程的观察，并不需要转移函数S^M。

如果利用近似贝尔曼最优方程来选择行动可能算法并不一定能找到最优解，问题在于$\bar{Q}^n(s, a)$可能会低估一些状态－行动所对应的值。而算法中的行动并不能使我们访问这些状态，从而忽略了那些可以得到更好结果的行动。因此，需要通过探索更多状态来找到那些看起来并不好但却有可能使系统转移到更好状态的状态。一种有效的方法是使用ϵ－贪婪策略，该策略按ϵ的概率在策略集中随机选择一个策略，按$1-\epsilon$的概率用近似贝尔曼最优方程选择策略。通过这种方法我们可以探索状态集中更多的不经常被访问的状态。ϵ－贪婪策略简单且易于理解，同时也保证算法可以无限次访问每个状态。当然，对于状态集和策略集较大的问题Q－学习算法就不适用了，但它的价值在于可以在没有模型的情况下求解问题。

SARSA的命名来源于该算法的具体实施过程：首先系统处于状态s，选择行动a，之后观测到收益r，进而转移到下一个状态s′，从而选择行动a′，序列s，a，r，s′，a′则构成了该算法的名字。SARSA是一种针对一个固定策略对应的值函数数值进行学习的算法，该算法需要确保所有行动都被无限次的检验。根据算法的构造，所有的行动会按照一个由策略确定的频率被检验。同时，从状态S^n到S^{n+1}，我们需要保证按照策略所决定的正确分布来对状态进行抽样。但该算法不是要寻找最优（或是更好）的策略，而只是对一个策略对应的值函数进行估计。尽管如此，该算法依然在策略迭代算法中扮演着重要的角色。

Q－学习算法和SARSA算法为我们介绍离线算法和在线算法做了很好的铺垫。SARSA算法在给定状态S^n，选择行动a^n时和到达未来状态选择行动$a' = A^{\pi}(S^{\{n+1\}})$时用的是同一个策略$A^{\pi}(S)$。只要我们的策略可以确保所有的行动可以被无限次选择，就能保证Q－因子会收敛到正确的状态对应的值函数数值，并且根据策略$A^{\pi}(S)$选择行动。同时，沿着状态S^n到$S^{n+1} = S^M(S^n, A^{\pi}(S), W^{n+1})$的轨迹，我们可以确保按照策略所决定的比例对状态进行抽样。与之相对的，Q－学习算法则按照ϵ－贪婪算法来选择行动，而在下游状态时，利用$\max_a\{Q^{n-1}(S^{n+1}, a)\}$来选择之后的行动。也就是说，使用一种策略来选择哪一个行动需要评估，而使用另外一种策略来选择未来周期的行动。

在近似动态规划中，我们经常会选择当前状态下我们认为最好的行动，一旦某个策略看起来最好，我们将对其进行评估；但如果算法这么做，就可能困在一小部分看起来不错的状态，而忽略了那些看起来不好的状态，最终可能得不到很好的结果。要解决这个问题，我们可以引入类似ϵ－贪婪算法等的探索策略，但这也意味着我们利用一种不同的策略来强行进行探索，而却对另外一种不同的策略进行评估。用来决定选择哪种行动，并使系统状态转移到下一个状态的策略被称为行为策略，这是用来刻画一个物理系统如何表现的。如果在一个线上系统中，行为策略是用来描述系统的行动，而在仿真实验中，我们则是用这种策略来控制状态抽样的过程。在这种情况下，该策略被称为抽样策略。在强化学习领域，可以决定看起来最好的行动的策略称为靶向策略，或是更形象的被称为学习策略。虽然我们应用抽样策略来确保能够访问每个状态足够多的次数，但最终的目的是改进靶向策略。当学习策略和抽样策略一致时（就像 SARSA 算法一样），该算法为在线策略学习，而当学习策略和抽样策略不同时，我们称之为离线策略学习。

在近似动态规划和强化学习中的一个重要问题是关于在线策略学习和离线策略学习的选择。在线策略学习并不能确保抽样过程使得状态集中的所有状态有足够的访问次数进而对其对应的值函数进行准确估计。而离线策略学习可能会影响我们对学习策略对应的值函数数值的学习效果。

② 实时动态规划。实时动态规划基于一个重要的假设，即一步转移概率可以计算，但是算法对这一假设进行了微小调整使得我们可以确保算法最终收敛于最优策略。我们先从较为容易理解的确定版的实时动态规划——A^*算法讲起。A^*算法是一类最短路算法。我们来考虑一个确定性的网络，边（i，j）对应确定性的贡献 c（i，j）。我们从起点 q 出发到达终点 r，目标是最大化总贡献。假设，已知 v 是对从 i 到 r 的贡献的乐观估计值。当前在点 i，选择边（i，j）使得$c_{ij}+v_j$最大，如果$(i,\ j^*)$是最好的选择，则$v_i=c_{\{i,j*\}}+v_j^*$，并重复这一过程。这一算法从起点 q 开始，每当到达 r 时重新从 q 开始。如果一开始我们对每个点的估计都是乐观的，就可以保证每次迭代我们的估计值后，改进的估计值也是乐观的。如果在点 i 并没有选择边（i，j），即使 v（j）并不正确，我们也可以确保选择的是更好的一条路。

实时动态规划是随机版的A^*算法，假设 V（s）是对状态 s 的值函

数的一个乐观估计值。如果采取行动 a，假设从 s 到 s′的转移概率 P（s′| s，a）已知。在状态S^n，选择a^n，则通过求解 $\hat{v}^n = \max_{a \in A^n}(C(S^n, a) + \gamma \sum_{s'} P(s' | S^n, a) V^{n-1}(s'))$ 即可得到a^n为最优行动，更新$V^n(S^n) = \hat{v}^n$，而其他状态对应的估计值不变，下一个状态为$S^n = S^M(S^n, a^n, W^{n+1})$，具体算法如下所示。

第 0 步：初始化。

0a. 对所有状态 s 的值函数$\bar{V}_t^0(s)$进行初始化。

0b. 选择一个初始状态S^1。

0c. 令 n = 1。

第 1 步：选择一个样本路径ω^n。

第 2 步：For t = 0，1，2，…，T do。

2a. 求解

$$\bar{v}_t^n = \max_{a_t \in A^n}(C(S^n, a) + \gamma \sum_{s' \in S} P(s' | (S^n, a)) \bar{V}^{n-1}(s')),$$

设a^n为以上最大化问题的解。

2b. 利用

$$\bar{V}^n(S) = \begin{cases} \hat{v}^n, & S = S^n \\ \bar{V}^{n-1}(S), & \text{其他} \end{cases}$$

对$\bar{V}^{n-1}(S)$进行更新。

2c. 计算$S^n = S^M(S^n, a^n, W(\omega^n))$。

第 3 步：令 n = n + 1，如果 n < N，回到第一步。

就像A^*算法，如果$V^{n-1}(s)$是乐观估计，就可以确保$V^n(s)$也是乐观估计。只要所有的估计值都是乐观的，算法就可以探索所有看起来最好的行动。乐观估计可以确保如果算法没有选择这一行动，则我们就可以安全的忽略这一行动。而如果选择了一个行动就是因为下游状态对应的值是乐观的，从而这些值都得到正确的更新。但为了得到收敛的保证，算法也需要付出一些代价。首先，算法需要计算一步转移概率矩阵进而精确计算期望值。其次，应用乐观估计就要对每个状态进行多次访问，这对于状态集巨大的问题是一个挑战。

③ 近似值迭代算法。与实时动态规划相比，近似值迭代算法并不需要一步转移概率就可以计算。在这一假设下，一种策略是在每次迭代时随机生成一个外生信息的结果样本，$P^n(\omega)$为这一样本结果的概率。如果算法选取 N 个观测值，则$P^n(\omega)=\frac{1}{N}$，进而我们可以对期望值进行近似 $E\bar{V}^{n-1}(S^M(S^n, a, W))\approx\sum_{\hat{\omega}\in\hat{\Omega}^n}P^n(\hat{\omega})\bar{V}^{n-1}(S^M(S^n, a, W))$ 及状态S^n对应的值函数估计$\hat{v}^n=\max_{a\in A}(C(S^n, a)+\gamma\sum_{\hat{\omega}\in\hat{\Omega}^n}P^n(\hat{\omega})\bar{V}^{n-1}(S^M(S^n, a, W)))$，最后对其进行更新 $\bar{V}^n(S^n)=(1-\alpha_{n-1})\bar{V}^{n-1}(S^n)+\alpha_{n-1}\hat{v}^n$。以上方法是在近似动态规划中常用的一种操作，被称为平滑、线性过滤，或是随机近似。有时选取确定步长（0 或 1），或是确定的公式（如$\alpha_n=\frac{1}{n}$），又或是自适应的方法。以上这些方法的目的都是利用带噪数据$\hat{v}^n$的观测值来近似实际观测值概率分布的均值。$\bar{V}^n(s^n)$是 n 次迭代后状态s^n对应的值函数的最佳估计值。平滑这一步骤主要是出于我们对期望值的近似方法所导致的$\hat{v}^n$的随机性，具体算法如下所示。与之前提到的算法相比，该算法已完全不需要对状态集所有状态进行循环。理论上来讲，该算法可以解决状态集任意大的问题。

第 0 步：初始化。

0a. 对所有状态 s 的值函数$\bar{V}^0(s)$进行初始化。

0b. 选择一个初始状态S_0^1。

0c. 令 $n=1$。

第 1 步：选择在 t 和 t+1 之间所产生信息结果的一个随机样本$\hat{\Omega}^n\subset\Omega$。

第 2 步：求解。

$$\hat{v}_t^n = \in \max_{a \in A^n} \left(C(S^n, a) + \gamma \sum_{\hat{\omega} \in \hat{\Omega}^n} p^n(\hat{\omega}) \bar{V}^{n-1}\left(S^M(S^n, a^n, W(\omega^n))\right)\right),$$

设a^n为以上最大化问题的解。

第 3 步：利用

$$\bar{V}^n(S) = \begin{cases} (1-\alpha_{n-1}) \bar{V}^{n-1} + \alpha_{n-1}\hat{v}^n, & S = S^n \\ \bar{V}^{n-1}(S), & \text{其他} \end{cases}$$

对$\bar{V}^{n-1}(S^n)$进行更新。

第 4 步：计算$S^{n+1} = S^M(S^n, a^n, W(\omega^n))$。

第 5 步：令 $n = n+1$，如果 $n < N$，回到第一步。

④ 决策后状态变量。

对于多数实际问题来说，有一种简单且易于理解的方法可以避免近似期望值这个繁杂的步骤——决策后状态变量。它是在系统进行决策后但在新的外生信息产生前的一个系统状态。在多数问题中，决策后状态都比决策前状态简单。事实上，决策后状态为我们求解决策变量为向量形式的问题提供了有效的方法。

对于许多问题而言，可以将状态变量中受决策影响的部分和受外生信息影响的部分分开。例如，在库存问题中，转移函数为$R_{t+1} = \max\{R_t + a_t + \hat{D}_{t+1}, 0\}$，分成两个部分为$R_t^a = R_t + a_t$和$R_{t+1} = \max\{R_t^a + \hat{D}_{t+1}, 0\}$。其中，$R_t^a$刻画的是订货$a_t$这一行动的影响，而$R_{t+1}$则是刻画了观测到需求$\hat{D}_{t+1}$的影响。因此，一般来讲，我们可以把原来的转移函数$S_{t+1}^M = S^M(S_t, a_t, W_{t+1})$分成两部分$S_t^a = S^{M,a}(S_t, a_t)$和$S_{t+1} = S^{M,W}(S_t^a, W_{t+1})$，其中$S_t$是决策前的系统状态，$S_t^a$为决策后状态变量。最为直观的例子就是决策树了。从近似贝尔曼最优方程中我们可以看到，在决策点的信息为决策前状态，而在结果点的信息为决策后变量。转移函数$S^{M,a}(S_t, a_t)$刻画的是从决策点（决策前状态）到结果点（决策后状态）的变化，而转移函数$S^{M,W}(S_t^a, W_{t+1})$刻画的是从结果点到决策点的变化。决定是否采用决策后状态变量的方法比较简单，如果值函数的期望值 $E V_{t+1}$（S_{t+1}）很容易计算，则应选择决策前状态变量，相反则要考虑是否可以识别出一个较好的决策后状态变量。如果可以利用问题的结构特点精确计算期望值，则可以得到比蒙特卡洛仿真更为可靠的结果。

假设我们找到了决策后变量S_t^a处的值函数值$\bar{V}_t$（S_t^a），算法将迭代进行。假设算法处于第 n 次迭代，在时刻 t 系统处于状态S_t^n，优化问题可以写成$\hat{v}_t^n = \max_{a_t \in A_t^n}$（$C_t(S_t^n, a_t) + \bar{V}_t^{n-1}$（$S^M$（$S_t^n$, a_t）））。最为关键的是我们发现这一问题其实是一个确定性问题。我们并不需要直接计算期望值甚至是对其进行近似。这对于大规模问题而言是至关重要的。接下来要对值函数近似值进行更新，$\hat{v}^n$为状态S_t^n值函数值的一个抽样，这样就可以利用以下方法进行更新$\bar{V}_t^n(S_t^n) = (1-\alpha_{n-1})\bar{V}_t^{n-1}(S_t^n) + \alpha_{n-1}\hat{v}_t^n$。这是我们之前利用决策前状态变量的更新公式。如果换成决策后状态则为$\bar{V}_{t-1}^n(S_{t-1}^{a,n}) = (1-\alpha_{n-1})\bar{V}_{t-1}^{n-1}(S_{t-1}^{a,n}) + \alpha_{n-1}\hat{v}_t^n$。对应的贝尔曼方程为$V_t(S_t) = \max_{a_t} C_t(S_t, a_t) + V_t^a$（$S_t^a$），从这里可以看到利用决策后状态变量我们就避免了对期望值的精确计算或是近似计算，具体算法如下所示。

第 0 步：初始化。

0a. 对所有值函数$\bar{V}_t^0$，$t \in T$ 进行初始化。

0b. 令 $n = 1$。

0c. 选择一个初始状态S_0^1。

第 1 步：选择一个样本路径ω^n。

第 2 步：Do for $t = 0, 1, 2, \cdots, T$。

2a. 求解。

$$\bar{v}_t^n = \max_{a_t \in A_t^n} \left(C_t(S_t^n, a_t) + \bar{V}_t^{n-1} \left(S^{M,a} (S_t^n, a_t) \right) \right),$$

设a_t^n为以上最大化问题的解。

2b. 如果 $t>0$，利用

$$\bar{V}_{t-1}^{n}(S_{t-1}^{a,n}) = (1-\alpha_{n-1})\bar{V}_{t-1}^{n-1}(S_{t-1}^{a,n}) + \alpha_{n-1}\bar{v}_{t}^{n}$$

对$\bar{V}_{t-1}^{n-1}$进行更新。

2c. 计算决策后状态$S_t^{a,n}=S^{M,a}(S_t^n, a_t^n)$及下一个决策前状态$S_{t+1}^n=S^M(S_t^n, a_t^n, W_{t+1}(\omega^n))$。

第 3 步：令 $n=n+1$，如果 $n<N$，回到第一步。

第 4 步：返回值函数$(\bar{V}_{t-1}^n)_{t=0}^T$。

利用决策后状态变量进行前向动态规划更加简洁有效是由于它不用对优化问题中的期望值进行近似计算。同时，这一算法也为我们提供了一个有效的工具。由于决策方程可以直接观测到值函数 $\bar{V}_t(S_t^a)$（而不是通过期望值的近似计算间接得到），我们可以对值函数的结构进行控制。这一特性对于那些单期问题为特殊结构的整数规划、复杂的线性或非线性规划尤为有效。该算法可以为大规模解决实际问题提供高质量的模型。前向算法利用了所有经典的仿真工具，这可以帮助我们对问题中方方面面的细节进行有效的仿真。而算法能够提供高质量决策的一个关键就是可以构造能够准确刻画当前决策对未来影响的值函数近似形式。对于那些具有高维决策变量的优化问题，我们需要通过数学规划的方法进行求解。而求解的关键就是能够识别出那些能够帮助我们更好地进行值函数近似构造的性质。

3.3.5 值函数的降维表示方法

经典的动态规划通常假设值函数的表示形式是离散的，即对应每一个状态 $s\in S$，我们需要估计一个值函数值。前向动态规划可以避免对所有系统状态进行循环，但并不能完全解决状态集的维数灾问题。前向动态规划算法主要关注实际访问过的状态，但同时也需要对那些可能会访问的状态有一定的了解。近似规划算法中基本上所有大规模的问题都关注如何通过一小部分参数对值函数进行近似计算。为达成目的，我们需要利用蒙特卡洛抽样，而这一方法的主要问题是统计误差。在实际中，对值函数进行近似计算需要了解问题的基本结构。聚类算法是对离散变量问题进行值函数逼近的一种主要方法。在动态规划发展的早期，聚类算法被看作是利用一小部分状态进行有效近似的一个方法。但当时存在的一个问题是需要针对聚类的状态集求解整个问题。而在近似动态规划中，我们仅需要利用聚类的方法对值函数进行近似计算。而对于转移函数、贡献函数和约束的计算，我们仍然保留了所有系统状态。这一点非常有价值。在近似动态规划领域，聚类提供了一个降低统计误差的机制，因此，虽然聚类可能会引入结构性误差，但却可以通过提高统计鲁棒性而使模型更加准确。对于那些状态的维度是分类而且非熟知的问题，由于没有其他的结构性质需要探索，聚类方法是极为有效的。

同时，近似策略的设计还面临两个方面的挑战。首先，我们需要利用问题的结构特性来对值函数进行近似计算，同时确保近似形式可以简化单期问题的求解，即单期问题可以在一个合理的时间内找到最优解。如果需要通过遍历所有决策而进行选择，这当然不是问题，但如果a_t是一个向量，这就很难能达到简化计算的目的。如果单期问题是线性或非线性规划，则不会考虑用表格法来进行值函数的近似计算。如果单期问题是连续可导且凹的，非凹值函数就不会是一个好的选择。如果单期问题是一个离散的排期问题且可以通过搜索启发式算法求解，这样表格法就可以适用。确定好值函数的结构之后，我们需要确定一个更新策略。值函数本质上来说是利用经典统计方法进行更新的统计模型，而最方便的方法是通过迭代的方式进行更新，利用多个参数和大量观测值的回归方法并不适用。

3.3.6　多面近似动态规划

近似动态规划可以从 4 个方面来解读：根据所求解的问题不同，近似动态规划可以帮助改进可观测的实体过程；它是求解复杂动态规划问题的一种有效算法；它使得经典的仿真过程更加智能；它是大规模数学规划问题的一种分解技术。

1. 强化学习

近似动态规划作为强化学习的一个分支，一直以来都是通过对状态－行动对进行学习而提高求解质量的一种方法。从这个角度来看，如果一个实体过程可以观测状态之间的转移，在当前状态下，根据策略选择行动，然后学习求得对应的收益，这样就可以利用多种求解的方法来对策略进行更新和改进。

2. 作为求解复杂动态规划的方法

在学界，近似动态规划主要用来求解那些存在维数灾困难的动态规划问题，而对求解贝尔曼最优方程的挑战，当状态集很大时，我们需要克服计算值函数的困难。同时，当决策集很大且无法遍历，甚至是计算期望值也很困难时，我们都需要近似动态规划来帮忙。

3. 近似动态规划作为一个优化的仿真器

近似动态规划的另一个作用就是可以看作是具有更加智能决策法则的经典仿真器。所有的近似动态算法都包括两个主要部分：优化，即进行决策；仿真，即刻画随机信息的影响。从这个角度来看，近似动态规划就是一个优化的仿真器。由转移函数所刻画的状态变量及其所在的实体过程的复杂性实际上是没有限制的。但我们仅将其限制在值函数逼近的复杂度之内。如果系统状态过于复杂，我们则需要设计可以利用最重要特性的有效的近似动态规划方法。在实际应用中最为重要的一个方面是我们并不简化那些用于计算转移函数的状态变量。

4. 探索－利用困境

探索－利用困境是近似动态规划中一个重要的问题。它们就像跷跷板的两端此消彼长，需要很好的权衡才能发挥最佳效果。探索是指通过访问系统状态而获取更多的关于该状态的信息，并不考虑该状态所对应的值函数是否是最好的。利用则是根据对贡献函数和值函数的最佳估计，以及现有的所有信息做出最好的决策。探索主要通过两种途径：一种方法是在更新当前状态的值函数后，我们可以随机选择下一个访问状态（不论下一个状态是否已经访问过）；另一种方法是随机选择一个行为（即使不是最好的）从而使系统进入下一个随机的状态。后一种方法的价值在于它可以将我们搜索的状态限定于从当前状态可以合理到达的范围内，避免出现不可行的状态。但对于决策集和状态集中的变量都是多维向量形式的问题，随机抽样的状态和行动的选择帮助不大。

通过探索来获取状态信息和利用值函数来访问那些看起来收益较好的状态之间的权衡问题是近似动态规划中至今未能完全解决的一个难题。如果只是根据当前对值函数的估计来访问那些看起来收益最大的状态（纯利用策略），我们将面临最终收敛于局部最优解的风险。有些方法可以帮助我们跳出这一困境，但付出的代价就是算法收敛速度慢。只有通过利用具体问题的结构特点才能设计出收敛速度相对合理的算法。

3.4　值函数逼近

值函数逼近是近似动态规划中一种非常有效但实现难度较大的方法。它主要是通过对当前状态所对应的值函数进行逼近从而寻找最优策略。如果状态S_t对应的近似值函数为$\bar{V}_t$（S_t），则通过求解$a_t = \arg\max_{a_t \in A_t}$（$C(S_t, a_t) + \gamma E\ \bar{V}_{t+1}$（$S_{t+1}$））进行决策，其中$S_{t+1} = S^M$（$S_t$，$a_t$，$W_{t+1}$）。因此，该方法最大的挑战在于选取值函数的近似形式。

选取值函数近似形式的方法主要有三种：表格法、有参数的模型和无参数模型。其中，表格法经常跟聚类的方法一起使用，而聚类方法是学者们多年来一直用来对算法进行降维，从而应对维数灾困境的一种方法。其主要思想是对原来的问题进行聚类处理，然后精确求解，最后再将其还原从而得到问题的近似解。这样的聚类方法不论值函数还是一步转移概率矩阵所对应的状态集都会变小。而事实上，一部转移概率矩阵的简化要比值函数的简化要重要。在近似动态规划中的聚类方法仅应用在值函数逼近这一步。当我们选择了行动a_t后，通过转移函数而进入到下一个状态的这个过程所应用的还是原来的状态集，这样做可以更有效的对原问题进行建模。

3.4.1 近似动态规划和聚类

近似动态规划中最关键的一个特点是聚类思想的应用并没有简化系统状态，即转移函数$S_{t+1}=S^M(S_t, a_t, W_{t+1})$一直都是对应原来非聚类的状态向量，而聚类的思想仅在值函数近似时应用。例如，在卡车司机的任务分配问题中，状态信息包括：地点、车辆类型、设备类型、当日工作时长、过去一周每日工作时长及距上次离家的天数等。在前向动态规划算法中这些状态信息都会用到，而在值函数近似时可能只会用到地点和车辆类型这两个信息。总而言之，算法简化的是如何进行值函数近似计算而非问题本身的表现形式。如果原问题的状态向量为S_t，转移函数为$S_{t+1}=S^M(S_t, a_t, W_{t+1})$可能会代表较高层次的状态向量。而决策问题$a_t=\arg\max_{a_t\in A_t}(C(S_t, a_t)+\gamma E\bar{V}_{t+1}(S_{t+1}))$中用到的值函数为$\bar{V}_{t+1}(G(S_{t+1}))$，其中G（·）为聚类函数，它将原来的状态映射到一组简化的状态。聚类函数通常会忽略某一维度的状态，将连续变量离散化，或是利用各种方法将其状态向量的取值范围缩小。通过聚类也可以相应的减少算法需要估计的参数的数量。以下是一些聚类中常见的方法举例。

（1）空间聚类：状态中地点的表示方法之一是利用六位邮政编码进行区分，而聚类的思想则可以利用邮编的前四位或是前三位以达到缩小状态集的效果。

（2）时间聚类：资产的价值通常对应的时间状态为连续的时间点，而聚类的思想则是将时间状态离散为每天、每周、每月等。

（3）连续变量：对于连续变量的聚类可以采用将其离散化为区间。

（4）层次分类：如果状态对应不同公司的分类，在聚类中则可以采用对应不同的行业或是国家。

另外，聚类算法中容易出现的一个问题就是两个不同的状态（S_1，S_2）可能会由于聚类的作用有相同的表现或行为，尽管实际上它们是完全不同的两个状态，应该对应不同的表现或行为。这样的现象被称为状态混淆。在近似动态规划中，当算法随时间前向推进时并不会对状态进行聚类。聚类的作用仅应用于值函数的近似计算中。这种情况下，如果位于状态S_i，采取行动a_i，系统将转移至S_i'，其中$S_1' \neq S_2'$，而由于聚类作用，可能会出现$\bar{V}(S_1') = \bar{V}(S_2')$。因此，即使位于不同的系统状态也有可能做出同样的决策。

3.4.2　有参数模型

前面提到的表格法和聚类方法，它们最大的优势在于不用花费时间去探索具体问题中状态变量的结构特点，而这也正是其缺点所在，即不能很好地利用具体问题的结构特征来对算法进行简化。利用回归的方法对值函数进行逼近一直以来都是学界关注的问题。线性回归主要通过对参数向量 θ 进行估计从而找到一个合适的模型。通过该模型和一组观测值x_i来预测 y。通常模型可以表示为 $y = \theta_0 + \sum_{i=1}^{I} \theta_i x_i + \varepsilon$。在近似动态规划领域，我们将自变量 x 称为基底函数，它的作用是将数量较大的状态集映射到一组简单的属性上。因此，近似动态规划中的模型则为 $\bar{V}(S \mid \theta) = \sum_{f \in F} \theta_f \varphi_f(S)$，其中$\varphi_f(S)$为基底函数，f 为属性。

3.4.3　无参数模型

有参数模型的优点在于可以利用具体问题的结构特点来对算法进行简化，而这恰恰是其缺点所在。因为寻找具体问题的结构特点本身是一个很有挑战的问题。而无参数模型则可以避免这一问题。无参数的方法主要通过观测值来对值函数进行逼近而非利用函数形式进行近似。现有文献中有很多对连续函数进行近似计算的方法。这些实际问题通常来源于工程和经济领域。它们需要利用近似方法对一系列不同类型的函数进行近似计算，如插值法、正交多项式、傅立叶近似等都是较好的方法。通常这些方法被用来近似计算最优化方程中的期望值。

3.4.4 值函数近似的学习算法

所谓值函数近似的学习方法其实就是各种计算 $\hat{v}n$ 的方法，然后利用这一信息对固定策略对应的值函数值进行估计。其中，迭代最小二乘方法是针对线性模型较为有效的一种方法。针对某一类特定问题类型，线性回归方法在值函数逼近方面极为有效，因此它在近似动态规划算法中有着举足轻重的作用。线性回归方法最好的一个特性就是可以较为容易的进行迭代。迭代方法在统计和机器学习领域有很广泛的应用，而这些领域主要关注批量算法。在近似动态规划领域中，迭代统计方法在算法进行过程中用来对值函数或是策略函数的更新。

第四章　城市物流系统

城市物流是在考虑交通对城市拥挤、安全和环境的负面影响的前提下寻找城市内有效的货物运输途径。城市物流最大的特点就是意识到货物运输对城市人群的生活所产生的负面影响。城市物流也被称为城市配送、最后一公里物流等。随着时代的发展，城市物流所面临的挑战也不断变化，从而促使最后一公里物流面临更多的挑战。同时，随着城市化进程的不断推进，城市人口越来越多，如果不能很好地解决城市物流所面临的挑战，将会造成很多不必要的交通拥挤、温室效应排放，从而对城市居民的生活质量产生更多的负面影响。值得我们注意的是地理、经济、社会和文化等多方面的因素都将影响城市物流，以及人们对城市物流相关问题的理解。例如，不同国家和地区对于城市物流的态度和观点就存在很大差异。

4.1　影响城市物流的发展趋势

这一节我们将探讨一些改变城市物流的主要推手，主要从以下几个方面来分析：城市人口的增长、电子商务的发展、供应链的增速、共享经济的兴起、可持续发展意识的增长。

4.1.1　城市人口的增长

《联合国世界城镇化发展展望》中 2017 年的数据显示，约有 41

亿人居住在城市，即 55% 的世界人口为城镇人口。全球 80% 的 GDP 来自城市人口。在 1960 年，只 1/3 的世界人口居住在城市，但预计到 2050 年城市人口的比例将达到全球人口的 66%，到 2100 年约有 85% 的人口居住在城市。但城镇化进程在各个国家和地区的表现也各不相同（UN2014）。其中，北美（82%）、加勒比海地区（80%）及欧洲（73%）、拉丁美洲都具有较高的城镇化水平。非洲和亚洲地区的城镇化水平仅为 40% 左右，并将于 2050 年增长到 60% 左右。因此，在这些国家和地区，大量的农村人口正在快速涌入城市或特大城市。联合国 2014 年的报告显示，每 8 个人中就有 1 个人居住在特大城市。同时，也发现那些快速增长的大中型城市多数都在亚洲和非洲。城市化进程的加快，以及城市人口的迅速增长无疑对城市物流提出了更多的挑战。

4.1.2 电子商务的发展

电子商务的日益发展大大增加了零售商的销量，同时各种各样新的商业模式应运而生。有数据显示全球 B2C 电子商务的销售额在 2014 年已达到 19 亿美元，是 2011 年的两倍。随着网络、移动通信及其他技术的覆盖率不断增加，电子商务在过去 10 年中呈现出较大规模的增长。同样，电子商务的发展在各个国家和地区也表现出很大的差异。2014 年的数据显示，欧洲和北美洲的增长率在 12%~14%，而亚太地区则出现了超过 40% 的增长率。在绝对增长数值方面，中国在 2014 年的全年流水为 5000 亿美元，超过美国和英国而位居世界前列。更为重要的是，终端消费者更多地参与到电子物流中来，消费者可以选择在价格、质量、时间、环保程度等方面适合自己的物流方式。正像 DHL2014 中提到的那样，物流消费者正在更有力地影响着最后一公里物流的组织和运作。一方面这大大提升了消费者的消费体验，另一方面也为物流提供商提出了更高的要求。由于 B2C 的兴起，运送货物直接到客户的服务大大增加了城市物流运送次数，而运送货物的体积也在减小。这同样也对城市物流提出了一些考验。

4.1.3 供应链的增速

近年来，随着线上线下模式（O2O）的兴起，许多电子商务平台开始提供隔日达或是当日达的物流配送服务，许多生鲜电商平台及外卖电商平台更是相继推出了 1 小时达甚至是 30 分钟达的服务。这一现象的背后是电商平台通过提高配送速度，使平台消费者也能体验到和在实体店消费者一样的即时满足感。虽然终端客户对配送速度的要求越来越高，但却不愿意为此付出额外的代价。因此对于电子商务平台来说，能够降低成本的方式就是配送的密度足够大，即某个配送区域内的客户数量足够多从而达到规模效益。从这个角度来看，那些本来就拥有很多实体店的商家可以利用实体店的优势进行网上销售，这也促使了多渠道销售的兴起。

连锁超市巨头沃尔玛将这一概念继续深入，提出了众包的运输配送方式，即利用到实体店消费的客户对其在网上销售的产品进行配送，如亚马逊等电商平台也采取了类似的方式。从城市物流的角度来看，给消费者提供越来越多的物流配送选择为配送到家的服务提出了更多的挑战。

4.1.4 共享经济的兴起

共享经济在物流领域主要体现在两个方面：合作消费和协同商业模式。前者关注于客户到客户的 C2C 网络，后者则专注于公司到客户的 B2C 模式。合作消费指的是在互联网和移动技术的支持下，所有参与者共享产品和服务渠道的一类经济组织形式。HSU（2015）将合作消费定义为通过基于社区的线上服务，获取、提供及共享商品和服务渠道的活动。数据显示，共享经济在 2013 年的价值超过 35 亿美元，增长率超过 25%。这也使得大量的热钱涌入到一些共享经济的创业公司。

协作商业模式是指与竞争者共享物流基础设施和服务。在线上和电子商务共享平台的推动下，也为物流供应商提供了新的商业模式，促使公司主动共享自己的资产和产能，尤其是那些需要巨大投资的资产。共享资产和产能将带来企业间更好的合作和更高的产能利用率，也可以帮助物流提供商减少运输次数、车队规模及空驶次数。

4.1.5 可持续发展意识的增长

城市中的运输流动的增加导致严重的城市交通拥挤、空气和噪声污染、交通事故，以及温室气体排放。综合环境、社会和经济等可持续发展方面的因素我们需要确保城市交通运输最终并不会降低城市生活质量、对城市人口身体健康和全球气候产生太大影响。尽管城市交通运输有时会对城市产生负面影响，但对于确保城市正常运作、保证工业和商业活动及促进企业的竞争力方面却是不可或缺的。因此，我们需要在保证交通运输功能不被削弱的前提下尽可能地降低货物和服务配送活动对城市生活的负面影响。随着城市化过程和电子商务的发展，城市生活对于交通运输的需求越来越大，然而交通运输对城市生活最大的负面影响就是空气污染。在欧洲，交通运输所带来的尾气排放不断增加，城市所面临的一大挑战就是改善空气质量。1997—2007 年，欧洲由交通运输产生的二氧化碳排放增加了 29%。另一个问题就是交通拥挤，它造成欧洲每年约 1000 亿欧元，即 1% 的 GDP 的损失。交通运输产生的尾气排放和噪声污染对人们的身体健康都有着严重的危害。在美国，2013 年交通产生的尾气排放占全国温室气体排放的 27%，预计到 2030 年由交通拥挤所产生的累积成本将达到 28 万亿美元。随着公众对于可持续发展的愈发关注，未来城市物流解决方案和决策支持系统也将发生重大的改变。认真考虑其对人类和环境的影响势在必行。这样就是说在交通系统设计、规划和执行的过程中需要考虑多目标甚至是相互矛盾的多方面目标函数。最立竿见影的方法就是通过法律法规来强制减少城市物流活动所带来的尾气排放。

4.2　科技发展

以上所提到的城市发展的趋势都是城市物流产生负面影响的诱因，同时也为城市物流提出了更多的挑战。而科技发展则会推动城市物流的创新，并且在一定程度上帮助减少其在交通拥堵、安全和环境等方面的负面影响。

当今时代，数据无处不在。与此同时，随着网络信息技术的发展，实时数据的规模、速度和多样性也在不断增强。如何迅速地将数据转化为决策成为城市物流系统不断发展的技术关键。数据和通信革命为城市物流的转变奠定了基础。来自多种渠道的丰富的实时信息数据，包括交通基础设施传感器、车载自动定位系统、物流供应商的信息系统及快递员等的信息，都可以提高城市物流系统的可靠性、运营效率和可视性。与此同时，越来越多的开放数据及消费者通过移动设备和网络平台进行数据共享都为城市物流的发展提供了良好的契机。但也要意识到我们依然面临着很多挑战。

对海量的信息进行实时提取和分析需要先进的数据分析方法，如优化方法。同时，信息决策系统如何有效地利用高质量的信息来进行决策是一个关键问题。最终，实时数据、监管和优化都将不断提升系统的自动化程度。未来的决策系统可以更加智能的利用先进的算法对实时数据进行优化决策。对于城市物流而言，这一系列的先进技术将使其达到可以利用实时交通路况及实时订单信息和对未来订单的预测信息进行路线规划和路线调整的决策，也就是可以将实时数据同步转化为运营决策。

随着科技的不断发展，城市发展可以分为以下几个阶段。

（1）传统城市：城市交通系统以交通基础设施的建设和维护为重点，在此基础上政府主导建设交通基础设施运营体系。城市交通的管理、决策大量依赖人工，数据采集缺乏硬件层面的支持。城市交通基础设施的建立和运营成为连接城市的重要纽带，通过运送人流和物流来促进生产要素的流动，进而推动城市发展。

（2）信息城市：在城市交通基础设施之上，更多关注运营体系的优化和信息系统的建设。注重存量基础设施资源的充分高效利用。交通基础设施基本实现信息化，但数据采集多为单点，各个数据平台间相对孤立。由于缺乏全局性数据支持，城市交通的管理和决策仍较为粗放。交通信息系统的建立作为城市基础设施数字化的重要一环，实现运输信息的有效收集、储存和初步分析，指导城市管理交通基础设施运营的优化提升了存量基础设施的运输效率，支持城市的稳健高速发展。

（3）智慧城市：各交通信息平台互联互通，形成统一的数据底盘，涵盖城市交通全局信息。结合5G、物联网等技术，实现交通系统联网联控、人车路协同，交通系统在区域、城市甚至更大的时空范围具备感知、互联、分析、预测、控制等能力。城市交通管理和决策均基于实时、全域数据分析，同时精准推送至交通参与者，变管理为服务。在城市管理上，依托全域数据对城市交通进行精细化管理，最优化分配资源，同时对风险进行预判与预防，实现主动防控。在城市决策上，通过技术化手段进行辅助，变“经验决策”为“智慧决策”。

4.3 机遇

从本质上来讲，物流和供应链管理都致力于研究如何利用尽可能少的成本提供尽可能优质的服务，即将对的商品和服务在对的时间送到对的地方。就像前面提到的一样，由于复杂性、动态性和不确定性的存在，城市物流越来越难达到这个目标。由于城市空间有限，扩大运输产能的成本较高，通过不断投资扩大运输产能也不能从根本上解决城市物流所面临的困境。因此，想要达成较低成本提供较好服务的目标就需要对物品和服务流进行协调，对运输规模进行整合，同时也需要组织间的协同合作。与此同时，我们也需要在系统设计、运作计划和实时执行等方面进行不断创新。这对于交通运输科学和物流领域的学者而言是一个很好的机会。

4.4　城市物流系统建模

货物的运输是城市中各项经济和社会活动的主要推动力。对于城市居民而言，货物运输不仅为商店、工作和娱乐场所提供了供给，同时也可以将所需要的商品配送到家。而对于城市里的企业来说，货物运输是连接供应商和客户的主要纽带。因此，城市中很少有活动不需要货物运输的支持。与此同时，货物运输也对城市生活产生了一定的负面影响（OECD，2003）。

首先，货物运输通常与城市公共交通竞争有限的城市道路资源。其次，货物运输也在一定程度上加重了交通拥堵和环境污染的程度，如尾气排放和噪声污染。例如，在法国的几大城市中，货物运输占用了超过30%的城市街道，其中，2/3是用来配送和取货的停车位。在美国的13个城市中，货物运输占总行驶里程的10%，而这个数字在3个法国城市中为13%~20%。尾气排放的数据同样让人惊骇，OECD的一份报告显示，43%的二氧化硫和61%的PM2.5的排放由货物运输造成，而氧化氮的排放比例在伦敦达到了58%，布拉格为50%，东京为77%。以上这些都对城市居民的生活和工作，以及城市中的企业及其所在供应链的生产力造成了巨大的负面影响。同时，这一问题并不可能很快得到解决。实际上，近年来企业越来越多地崇尚低库存和即时配送的生产和销售理念，与此同时，B2C的电子商务活动也在激增，这都无形中推动了个人配送业务的数量增长。因此，城市中货物运输也在逐渐增加。更重要的是在全球范围内，城市化进程不断深入，大量乡镇居民涌入城市。

近年来，各国都在采取各项措施来试图解决这一问题，从而更好地理解和控制城市中的货物运输，主要是在不影响城市经济和社会活动的前提下，减少货物运输在交通拥挤、尾气排放及空气污染等方面的负面影响。更准确地说，主要是想减少和控制城市中货物运输的数量和维度，提高货物运输的效率，降低空驶里程。其根本目的是不再以单个企业、车辆及运单进行独立计划，而是将这些作为一个整合的物流系统来进行统一规划。现代物流的目标是对多个参与者的价值网络中货物流和信息流的整合及合作进行管理、计划和分析。从这个角度来看，城市物流的概念就是强调不同货物运输者之间的整合及城中货物流动的协同。

网络效应的本质是相对于工业时代比较传统的封闭的供应链管理体系，整个社会用一种多角色、大规模实时的社会化协同方式，基于网络来创造新的价值，这种价值创造就是协同效应。过去，我们一直在提智能商业，网络协同和数据智能是其重要的组成部分，网络协同是用社会化分工和合作的方法，是一种新的创新机制，创造的核心价值是协同效应，它所形成的协同网络就是生态。生态就是针对某个特定商业目的的全新的社会化协同网络，所以网络协同是一种新的合作机制。未来网络要创造更大的价值需要有更复杂的协同，所以工业时代如果追求的是规模，经济追求的则是大规模流水线生产产生的低成本，互联网时代在过去的 20 年追求的是网络效应，但是在接下来的 20 年，会聚焦在什么样的企业能创造巨大的协同效应。

协同效应会创造巨大价值，会对传统的规模效应形成降维打击。因为有 3 个根本性的特征：① 信息的分享从串联走向了并联，传统的供应链信息是单项的，一对 N 的串联线性的传播途径，互联网可以并发处理海量信息。② 从相对封闭的供应链体系走向开放。③ 从原来的控制管理走向分工、合作和协同。最大的价值是一种网络化的协同，可以做到实时动态的全局优化，可以实现个性化、低成本、快速度的全新价值组合。物流如果想更进一步必须改变传统的运营方式，从自己的管控方式走向社会化网络协同，骨干物流网则是沉淀下来的共享的基础设施。

整个社会的经济最核心的方式也将从工业时代的工厂开始转变，第一次工业革命工厂打破了手工作坊的工作形式，第二次工业革命由于信息技术和管理技术的发展形成了复杂的科层制的公司管理模式，但是在过去20年互联网的发展，生态会成为未来商业最核心的组织形态，所有的传统产业都会逐步改造为智能生态。协同效应的核心价值在于打破传统管理的效率瓶颈，管理的人数从千到万变动时效率也在下降。

协同就是互动、连接、沟通，所有的合作基础都是基于沟通和合作。互联网技术可以实现双向和多方互动连接，技术打开了社会化合作的闸门。例如，打车虽然有很好的网络效应，但仅局限在一个城市，更重要的是它是一个简单的任务，决策简单包括乘客、司机、目的地、上车点、价格，对于一个简单的互动，网络很难去成长和扩张，网络协同效应不明显，只有简单的网络效应。淘宝在过去的发展中，有卖家和买家及各种各样的支持，形成多元复杂的协同网，也带动了生态的急剧膨胀。从卖家来说，通过APP软件互动接口，从导购、拍摄、网站建设等形成一个非常复杂的协同网络。复杂的协同网络创造了巨大的协同价值成就了今天的淘宝，也进一步推动支付宝、菜鸟这样的全球协同网络发展。

目前已经有越来越多的协同网络涌现，云集是一家社会化电商，利用微信朋友圈，通过400万个店主的社交网络触达到几千万用户，同时他又利用淘宝这些年所创造的社会化的服务网络，把内容、客服、IT系统、培训和仓配这些社会化服务整合成云服务，变成一个标准化的平台，去支持品牌商和店主之间的有效连接和互动。所以云集其实就是一个新型的社会化的协同网络，完成了社交电商这样一种新型模式的创立。所以我们可以看到，有越来越多的协同网络涌现。而生态其实就是针对一个特定商业目的的一个协同网络，它是平台和多元物种的集合。那么，平台的价值就在于它在一个生态中提供了非常重要的匹配服务，这就是市场的价值。它也提供了基础设施服务，如云计算。同时，也提供了公共服务，如信用。所以，通过这样一些共享服务的提供，平台极大地提升了整个网络的协同效应，推动了生态的整体发展。

随着一轮又一轮的技术变革，从互联网到移动互联网，再到IoT（物联网），再到AI、AR这些技术的发展，技术改造传统行业最本质的就是把传统工业时代的供应链管理重构成基于互联网的网络协同，变成一种新型的社会化分工合作的关系。这是对传统工业时代管理模式的一个突破。毫无疑问，这是一条艰难漫长的道路。过去几年对产业互联网的跟踪，无论是大家感兴趣的新物流、新零售，还是大健康、新制造，每一个传统行业转型升级成社会化的协同网络都是一个艰难的重构过程。通过社会化协同创造新的价值是下一轮创新的难点，也是关键。比如，“最后一公里”的网络会怎样形成，它会被谁所共享，谁最有机会建成，这样一个“最后一公里”的网络倒过来会对整个的物流网络有什么样的影响？自动驾驶技术发展又会对物流行业产生什么样的影响？所有的这些技术变革，不仅仅是对其中一个环节、一个步骤的改变，最终的趋势是推动整个产业从一个封闭的供应链体系走向一个开放的社会化协同体系而是重点在于怎样通过提升互动的广度、深度和密度，逐步的创造更大的协同效应，创造更大的社会价值，也创造更大的企业价值。

城市物流对城市管理者、企业及居民与货物运输的关系提出了新的挑战，同时也引入了新的商业运作模式，这都需要公众和个人的理解、合作及创新精神。对于运筹学和管理科学领域而言，城市物流在算法研发和实际的社会影响方面既是一个挑战也是一个机遇。

4.4.1 城市物流的基本概念和研究简史

从历史上来看，20 世纪 70 年代有一段时期，人们对于城市货物运输问题的探讨较为密集。这一时期产生了许多交通法规来禁止城市中的大型运输车辆进入，从而限制货物运输对城市区域的影响。但在 1975—1980 年，此类活动就很少发生，日益严重的交通问题及公众对此的关注在 1990 年左右卷土重来。这一时期，人们开始进行交通问卷及数据收集等活动。这些活动现在依然在延续，主要出现在欧盟和日本等国家和地区。这些问卷帮助我们将很多交通问题进行了量化，如车辆平均载重低及空驶里程高等问题。同时，这些数据也说明了一个事实，即交通和停车法规并不能有效地解决城市货物运输问题。地下城市交通系统的建造曾被看作解决城市货物运输的一个方法，但由于其投资成本大而被舍弃。在很多关于城市物流的文献中我们发现只有通过对物流运输活动进行统一的整合和精简才是解决问题的关键。对同类运输工具中的不同运货上的货物进行整合，以及不同企业之间的协同是城市物流发展的关键。利用绿色运输工具及公共交通设施的融合可以增强城市物流系统，从而进一步降低卡车运输及相应的尾气排放。总而言之，整合和协同是城市物流发展的根本要素。

整合活动通常发生在城市分销中心（CDC）。来自其他城市的长途货物运输车辆会在城市分销中心将货物卸载。这些货物再进行分类和整合，进而装载到小型运输工具上进行配送。城市分销中心的概念类似于多模式物流平台，提供不同运输工具之间的货物转换，同时对货物进行储存、分类、整合或分销等活动。他们可以是城市边缘或高速公路旁的独立设施，也可以是机场、火车站或者码头的一部分。因此，城市分销中心可以看成是城市中具有更多功能来提供整合及有效的货物运输的物流模式转换平台。从而，城市物流中心成了城市货物运输走向更好的组织形式的重要步骤。当然，城市物流系统还需要解决城市中的逆向物流问题，即从城市内部出发发往城市外部的货物及城市内部的货物运输。但由于货物进出城市的不平衡，多数研究关注于从外部进入城市的货物流。

单层级城市物流系统在一个层级上进行分销活动的整合。分销从城市分销中心开始然后直接配送到终端客户。起初欧盟和日本的城市物流方案都是基于单层级的概念，正常只包括一个城市分销中心和有限数量的货物运输商。其后德国提出的城市物流的概念也采用了对多个货物运输商进行整合和协同的思想。这一概念在瑞士的一些城市也得到了使用。这些举措多数是由私有企业自主发起的，很少有政府的参与。但参与者在短期内都取得了一定的收益。荷兰的做法有些不同，中央政府和地方政府在城市物流系统中扮演了重要的决策角色，他们对进入城市的车辆载重、数量和时间都做了严格的限制，同时也对配送时间进行了延长。这也导致货物运输商们自发地对其货物和运单进行整合。摩洛哥提出将城市货物运输作为公共服务的一部分，大型卡车禁止进入城市中心，需要把货物运输到城市分销中心，然后由一个统一的运输服务商利用特殊车队负责货物的终端配送。

虽然荷兰的做法并没有在其他国家盛行，但是由于地方和中央政府的参与，其城市物流方案在本地取得了成功并得以延续。而德国的城市物流系统方案则喜忧参半。许多城市在使用完欧盟给的资金之后就不再继续了。事实上，在城市分销中心对货物进行整合会造成成本增加和配送时间延迟，这对政府和关注短期利益的商界来说都不是一个很好的选择。

城市物流这一领域不断发展，新的计划和方案也在全球范围内层出不穷。城市分销中心仍然是这一系统的核心，由于以上提到的各种不同的元素，更多方案也被广泛地研究和采用。政府的参与及政府和商界的合作都比之前的力度更大。同时，私有部门推动的城市物流计划的数量也在逐年增多。从 2000 年开始，大家逐渐意识到了信息和决策技术的重要性，将智能交通系统和技术融合到城市物流中成了发展的趋势。

有文献发现中小城市中的物流系统取得成功的概率远远大于大城市。在中小城市中，通常采用单层级的城市物流系统。此外，需要控制的中心区域较小且离城郊距离较短。这使得摩洛哥式的方案更易于执行，即一个统一的运输商负责所有的终端配送。但这类方案在大城市中鲜有作用。其失败的原因有以下两点：① 由于城市规模大，需要控制的中心地区也很大，并且离城郊的城市配送中心距离较远；② 许多大城市的中心区域人口密度大，建筑物的密度也很大，造成道路狭窄，交通拥挤，停车位稀缺导致更加严格的法律法规来控制车辆的规模。而从城市物流中心到终端客户的配送路程长，这最终将导致两种同样糟糕的结果：第一种选择，如果采用大型车辆进行配送，则只有满载的情况下才能利用单位成本低的优势，但由于车程长导致客户服务的时效性差，同时对于车辆的利用率也较低，多数时间车辆处于低载重。即使大型车辆可以进入中心地区，但这本身将对城市居民的工作和生活造成严重的负面影响。第二种选择是更加适用于中心区域交通情况的小型运输车辆，但这将需要大规模的车队，从而导致较高的运作和人力成本，当然对于城市交通拥堵的“贡献”是不可忽略的。

对于大城市而言，我们需要更加复杂的城市物流系统。这包括更多的层级，通常我们的城市物流系统为两级框架（整合与分销）。在两级城市物流系统中，货物首先在城市分销中心被整合到一个大型运输车辆上，并配送到离城市较近的类似于城市分销中心的地方，这是第一层级的运输。之后，货物被分装到更适用于城市中心的小型运输车辆上，并被配送到终端客户手中，这是第二层级的运输。多数提出的方案都可以利用城市公共交通基础设施，如轻轨、公共停车场等。

CityCargo 系统就是这一形式的代表案例。它将卡车和轻轨相结合，从而构建了阿姆斯特丹的两级城市物流配送系统。货物在城市边缘被整合，然后配送到特殊的轻轨车站，最后由小型电动车辆配送到终端客户手中。这一试点项目运行结果较为成功，于 2009 年上半年开始正式运营，起初包括 1 个城市分销中心、5 个轻轨站和 47 辆电动卡车，最终发展为包括 2 个城市分销中心、42 个轻轨站和 611 辆电动卡车的系统。法国很多城市采用的 Chronopost International 系统是一个简单的两级城市快递配送系统。货物通常由一辆卡车运输到城市中心，然后再由一些小型电动汽车配送到终端客户手中。

4.4.2　决策问题

跟其他复杂的交通物流系统一样，城市物流系统需要包括战略、策略及运营等各个层次的决策和计划方案。战略层面的决策包括系统的设计与评估。其中，系统的评估包括在各种情境下对系统的行为、表现及运营的效果进行全面的评估。同时，它也强调对内部各个子系统及整体系统进行持续的分析，并对其演进过程进行评估。例如，在系统结构的选择上（单层级或多层级）就需要基于成本收益分析的战略决策。这一问题的主要组成部分包括三点：① 对供给进行建模，从而展示物流基础设施和货物的运营特点及其经济、服务和表现等方面的度量标准；② 对需求进行建模来刻画产品的定义，从而识别生产商、运输商和中间商，进而描述生产、消费及点到点的运输量和对特定市场和客户的运输模式的选择；③ 多种货物流与多模式网络的匹配问题，这一过程对运输系统的行为及产出形式进行了很好的仿真。

对于城市中货物运输需求研究模型较少，多数都是基于大量的问卷结果的描述性模型。这些模型中包括代表城市布局、交通法规、物流链，以及运输线路的基本元素。对于供给方面的建模需要对单层级或多层级系统中城市分销中心的数量、选址及特点等问题进行决策，同时还要选择适当的城市物流网络。在匹配问题中，需要对物流系统在各种组织、经济、社会、法规等条件下的不同情景的行为进行仿真。动态交通仿真是一个很好的工具。城市物流仿真器需要提供一定的方法对各种情境下车辆和货物流如何在城市中运动，以及物流系统的基础设施与服务如何应用进行描绘。

在运营层面，决策问题涉及司机和终端工作人员的排班，以及在系统中对车辆和终端的运营进行动态监控和调整。城市物流交通系统的关键要素是整合。基于整合的物流系统中的策略层面的决策旨在建立一个在满足运输需求前提下可以提供有效运营及资源利用的运输计划。这一问题在城市物流系统中也需要解决，但计划周期较短，因为其需求每天都会有波动。策略层面的决策包括：出发时间、路径优化、车辆载重，以及如何利用第二层级的系统进行整合和分销。策略层面的模型可以协助资源的分配及运营层面的计划，并对系统内的实时活动进行指导。同时，它也是城市物流系统从开始到运营及政策层面进行评估的一个重要组成部分。

4.4.3　城市物流系统模型

值得注意的问题是，现实生活中的城市物流问题并不能够完全符合文献中确定性或是静态问题的模型。我们需要将实际问题中存在的动态、随机性和不确定性的成分考虑进来，因而用已有的方法求解可能并不是最优的。我们主要探讨机遇的两个方面：一是从包裹到客户（P2C）；二是从客户到包裹（C2P）。前者专注于配送到客户的系统设计和优化模型，而后者则是关注于配送到中转点且有客户参与的系统设计和优化模型。同时，也会探讨相关的多渠道物流、公共交通和商业物流相结合、横向和纵向合作及可持续发展等问题。

（1）多级网络。城市物流网络设计中较为常见的是多级网络，即为了减少进入城市内部的运输车辆，通常会在城市边界处建设配送中心。这样来自城市以外的货物就可以通过规模/载重较大的车辆送到配送中心，进而根据城市的大小和结构可以设立卫星接驳点，城市内部的货物配送主要是利用环保且规模较小的车辆进行从配送中心/卫星接驳点到终端客户的配送。这些城市内部的配送特点是规模小、次数多。具体的多级网络设计方案很大程度上由配送中心的位置和特点、城市物流政策，以及经过配送中心的货物量而决定。现有文献中研究的基本上都是两级城市物流模型。在 Cuda 等（2015）的综述文章中，两级物流系统如下图所示。三角形代表位于城市边界的配送中心，方形代表卫星接驳点，圆圈代表终端客户。由这三类参与者组成的城市物流系统存在两种不同类型的配送：一是由配送中心到卫星接驳点，二是由卫星接驳点到终端客户。这两种配送由于其特点不同所采用的配送车辆和配送方式也不相同。同时，从综述文章来看，由于对两级城市物流系统的研究还不是很深入，大多数文章都只讨论了基本的物流配送模型，对于实际运营中出现的一些具体问题并没有很好地在模型中体现，如时间窗、协调问题、多种类配送、各级产能约束、揽收和配送联合决策，易腐产品、选址和库存结合问题及异质车队等。

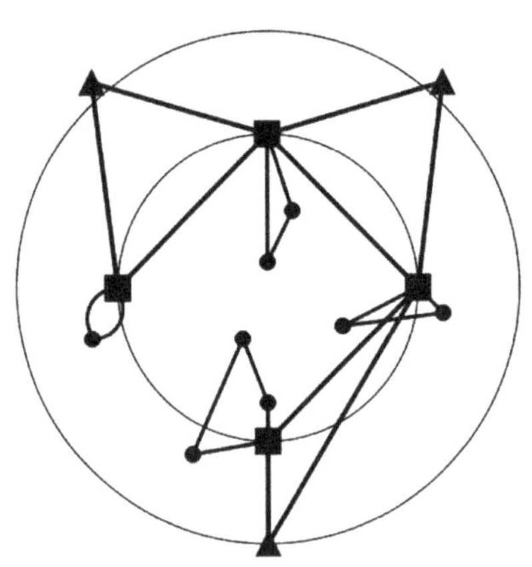

图 两级城市物流系统

除了在不同层级利用更多不同类型的环保车辆外，城市物流系统也可以通过将多个送往同一个终端客户的配送进行整合以降低其负面影响，类似于一站式购物。一站式配送可以大大减少零售商到客户的配送活动，这是一种多赢的配送方案：供应商可以享受更低的物流成本，商家可以减少配送次数，环境也因为尾气排放的减少而得到改善。配送整合是城市联合配送系统的一个核心环节。因此，对于一站式配送中涉及的计划和协同机制需要进一步的研究。同时，与此相关的库存管理问题也是新的研究课题。

（2）动态物流配送系统。不论是城际间的大规模运输还是城市内部的配送，许多商家推出的当日达服务都对物流配送优化问题提出了新的挑战。其中，较为重要的是对当日达配送问题中动态配送的研究。现有文献中有很多关于动态路径优化问题的研究。这些文献中的需求可以指代收揽的订单、待收揽和配送的订单，以及待完成的服务。当需求为待配送的订单时，动态路径优化问题的结构就发生了改变，因为当配送车辆离开车场后就很难通过现有路径调整来接受动态客户需求（由于配送车辆需要返回车场进行取货再进行配送）。因此，研发能够有效处理动态到达订单的路径优化问题算法面临着的巨大挑战。其中，有两方面需要控制：一是配送车辆离开的时间，二是配送路径中客户的先后顺序。例如，设计多条较短的配送路线，其中每条路线配送少量订单的策略会比一条配送大量订单的策略要好，原因是前者更有可能通过调整接收未来可能到达的动态订单。每条路线上订单的先后顺序也是控制的一个方面，如将离出发点距离近的订单安排在同一条路上，就为这辆配送车辆及时返回出发点接收新的订单创造了机会。

当日达问题有两个基本变形：一是所有订单必须在当天结束工作前完成配送，二是所有订单需要在接受订单后一段时间内完成配送。前者主要是针对一些家具家电行业的策略，后者则是针对餐饮行业的策略。当然，关键的决策都包括配送车辆何时出发、每辆车的订单分配及订单的先后顺序。如果配送车辆在出发点的等待时间延长就有可能接到更多的订单进行配送，但等待时间的延长也会减少配送时间，有可能会不能完成所有订单的配送。

在沃尔玛提出的众包情境下，这一问题更加突出。众包的主要思想是通过到店消费的顾客作为临时配送员帮助完成线上的订单配送。通常情况下，沃尔玛并不会将一个线上订单立刻分配给刚到店的临时配送员，留一部分等待时间一方面可以为当前订单寻找更合适的临时配送员，另一方面可以为临时配送员寻找更合适的网上订单。因此，在众包情境下的动态路径优化问题更具有研究价值，不仅网上订单的需求是随机的，临时配送员的到达也是随机的。这就使得问题的复杂性进一步加强。应对动态需求和供给的一个主要方法就是进行有效的预测，从而降低未来的不确定性。在沃尔玛众包的案例中，我们可以通过利用先进的技术对网上订单和临时配送员的具体情况进行预测。大数据革命，即对海量数据进行有效的分析将其转化为决策，将帮助提升预测的质量。大规模动态配送系统将在未来成为常态，因此，研发可以应对规模大且存在不确定性的动态因素，并能够进行有效预测的算法才是关键。

沃尔玛众包配送的案例中另外一个值得注意的方面是当日达的问题。由于沃尔玛需要保证所有网上订单当日配送完毕，所以除了到店消费的临时配送员外，还需要雇佣物流公司的司机进行配送。在这个案例中，各种复杂的因素都需要考虑进来，即使是确定性/静态问题本身也很难求解。例如，物流公司的司机数量比临时配送员的数量多很多，而临时配送员完成配送后不需要回到车场，临时配送员的成本远低于雇佣司机的成本，这些因素共同构成了一类新的问题，即考虑临时配送员的路径优化问题。这一方面的研究显示，对于临时配送员的补偿机制将直接决定众包这一模式的成功与否。

(3) 多渠道物流。生产商和经销商都渐渐意识到电子商务和网络销售是接触消费者的一个新渠道，这也催生了多渠道策略，如通过多种多样的销售和配送渠道来接触消费者。多渠道策略可以帮助提升消费体验及增加市场份额，但同样也面临着一些挑战。因为多渠道增加了营销和配送的难度。多渠道策略意味着公司需要对一个更加复杂的需求组合进行管理，同时也需要利用交叉补货来进行多点库存。电商渠道大大缩短了供应链的长度，因为生产厂商可以直接面对终端客户，而不是通过传统的分销中心和批发商等中间环节。供应链的缩短可以大大降低成本和配送的缺货时间，但其他的渠道也需要同时进行管理。多渠道策略的广泛应用对于城市物流也有多种不同的影响。一方面，直接配送到客户将增加配送次数，对城市环境和交通都有负面影响；另一方面，利用实体店的库存来满足线上客户的需求缩短了配送路程，对城市环境和交通的负面影响又有一定的抵消作用。

(4) 取货点网络。取货点即为终端客户可以自行领取配送包裹的地点，可以是无人取货柜或是蜂巢驿站等。货物的大小和数量，以及服务的种类取决于取货柜的属性和驿站的布局。缺货的网络为降低直接配送到客户所带来的负面影响提供了一种较好的配送机制，它可以减少直接配送带来的交通拥堵和环境污染，同时也可以大大增加首次配送成功率，进而更好地进行配送路径优化，因此在经济方面也是有好处的。取货点网络的设计问题既有意义又充满了挑战，主要包括取货柜和驿站的数量及比例分配，还有地点分布等问题。取货点的选址需要根据潜在使用者经常访问的地点来进行选择，如地铁站或者写字楼等。取货点网络的应用情况也存在国家和地区间的差异，如在中国和欧洲，取货柜和驿站已经被广泛应用，而在美国却不是很普遍。

（5）城市物流中的合作。协同合作是进行货物运输整合的一个有效方法，它将大大提高物流资源的有效利用率。合作可以分为横向和纵向两个维度。纵向合作通常是供应链中的参与者之间协同合作（供应商、生产商、第三方物流、物流服务提供商和客户），而横向合作是指在供应链中位于同一层级的企业之间的合作，如多家物流公司组成的合作组织。通过公司间的密切合作，它们可以提高生产力，如通过优化车载水平降低空载里程，消减非核心的行政费用来提高自身的竞争力。为促进这种合作，我们需要通过研究更好地了解物流行业中合作的优势和劣势，例如，如何收益共享、风险共担。这需要合作，以及非合作博弈论等理论在运输和物流领域的应用研究。物流行业合作模式中成本和收益的分配问题也是至关重要的。

4.5　两级城市物流系统中的路径优化问题

货物运输贯穿整个供应链，从货物的起点（如供应商、生产厂商）到货物的终点（如批发商、零售商或者终端消费者）。在供应链中不同阶段之间发生的货物运输构成了物流配送网络的不同层级。由于货物运输直接影响着生产成本和客户的消费体验，物流网络已经成为公司发展的一个重要推动力。Chopra 和 Meindl 中的数据显示配送相关的成本占美国经济总值的 10.5%，占生产成本的 20% 左右。因此，多层次城市物流系统的优化模型及相应的求解方法一直以来都是学界研究的终点。

根据是否存在一个或多个中转点，城市物流中的货物运输大致分为两类。直接配送是指运输从起点直接到达终点，而间接配送是指全部或部分货物在到达运输终点前需要经过一个或多个中转点（如分销中心等）。其中，两级物流配送系统是多级配送系统的一种特殊形式。在两级物流配送系统中，货物在离开起点后将首先被配送到中转点，在此进行储存和转运等程序，之后将从中转点运输到最终目的地。在这样一个配送系统中，每一层级中的货物流并不是独立运行的，必须进行有效的协同才能使系统正常运行。因此，两级城市物流配送系统中的路径优化问题并不能简单的分成两个子问题而分别求解。研究如何在两级城市物流配送系统中进行路径优化的问题称为两级路径优化问题。这类问题主要包括以下两个不同子类的问题。

（1）战略计划决策。这类问题包括物流网络的基础设施布局，如中转点的数量和选址。

（2）策略计划决策。这类问题包括货物在物流网络中的路径优化，以及客户与中转点的分配问题。

在两级城市物流配送系统中，来自不同起点的货物需要通过到达中转点然后送到各自不同的终点，而这些中转点被称为卫星中转点。车场和卫星中转点的启用都会产生固定成本，而车场和卫星中转点的选取是来自一些可选地址的集合。因此，我们将涉及战略计划决策和策略计划决策两个层级的物流网络问题称为两级物流选址路径优化问题（2E－LPRs）。而那些仅涉及策略计划决策的问题称为两级物流系统路径优化问题（2E－VRPs）。在这一类问题中，车场和卫星中转点的位置已经给定，因此它们的启用并不会产生任何成本和费用。

两级物流系统在实际中的应用很广，主要包括：城市物流、多模式运输、快递包裹配送及生鲜食品配送等。其中，城市物流是该问题应用最广的一个领域。Crainic 在论文中指出，城市物流旨在降低城市中货物运输的负面影响的同时促进城市的经济和社会发展。城市中的货物运输确实是城市中交通拥堵、尾气排放和噪声污染的主要源头。而两级物流系统路径优化问题的研究将帮助解决城市物流中产生的这些负面影响，使物流更好地发挥其促进城市经济和社会发展的作用。在两级物流系统中，车场和卫星中转点通常设立在城市边界处，在这里，来自城市之外的货车可以进入，而且发往城市各处的货物在此进行装载、分类及合并，然后货物被分装到小型环保车辆上进行配送并发往终端消费者。

对于两级选址及路径优化问题，我们考虑这样一个两级城市物流配送系统，它包括三个不相交的点的集合，分别对应潜在的车场（起点）、潜在卫星中转点（中转点）和终端客户（终点）。其中，终端客户的地址已知且固定，而车场和卫星中转点的地址待定。这样一个城市物流配送系统可以分成两级：第一级由连接车场和卫星中转点的边，以及连接卫星中转点的边构成；第二级由连接卫星中转点和终端客户的边，以及连接终端客户的边构成。实际使用的车场和卫星中转点存在启用成本。每个终端客户对应一定的需求，需要通过来自一个或多个车场的货物进行满足，而货物的运输必须经过卫星中转点。在这个物流配送系统中的货物运输主要由两种不同的交通工具完成，每个层级对应一种交通工具，其中第一层网络使用的交通工具称为主要交通工具，而第二层使用的交通工具称为次要交通工具。在这样的一个物流配送系统中，两级选址和路径优化问题旨在通过车场和卫星中转点的选址及两级系统中的路径优化从而最小化系统总成本。

现有文献对两级选址和路径优化问题的分类多是根据 Laporte 和 Crainic 等提出的表示符号定义：$\lambda/M_1/M_2.../M_{\lambda-1}$。其中，λ 表示系统中的阶段/层级总数，$M_i$ 代表从层级 i 到 i+1 采用的配送方式类型。如果层级 i 到 i+1 之间只有往返配送，则 $M_i=R$；如果从层级 i 离开的配送可以进行多点配送，则 $M_i=T$。此外，如果层级 i 同时也需要进行选址决策，则利用配送模式加上横线来表示，即$\bar{R}$或者$\bar{T}$。两级选址和路径优化问题中最基本的问题是考虑产能限制的两级选址和路径优化问题，也是被众多学者广泛研究的。在这一类问题中，主要运输工具和次要运输工具都有载重限制。在同一层级上车队是同质的，且使用每一辆车都会产生固定成本。车队规模没有限制。车场和卫星中转点也有产能限制，即每个地点可以处理的货物数量有上限。一辆车只能访问一个开启的卫星中转点，每个客户仅由一个从卫星中转点出发的次要运输工具提供配送服务。考虑产能限制的两级选址和路径优化问题旨在求解最优的车场和卫星中转点选址，以及路径优化以满足所有终端客户的需求及载重和产能限制。目标为最小化包括车场和卫星中转点固定成本、车辆使用固定成本，以及行驶成本在内的总成本。

4.6 城市物流的未来发展方向

根据 DHL 和德勤等咨询公司近些年对物流行业及城市物流方面的研究，我们可以发现以下 4 个方面的未来发展方向。

4.6.1 绿色物流

物流行业正在努力成为一个零排放行业。全球各国政府以及各行各业都在身体力行地为降低二氧化碳排放量和垃圾水平做出各种努力，包括法国、德国、印度、芬兰、挪威和英国在内的多个国家正致力于制定政策，在未来 10～20 年的时间内停止以汽油和柴油为动力的汽车的生产和销售。汽车生产厂商也认为只有可持续利用的能源才是未来汽车的唯一选择。像沃尔沃这样的公司已经决定只致力于研发环保车型，而不再开发任何新型的汽油、柴油汽车。此外，在减少垃圾方面的创新举措也日益增多，欧盟将于 2030 年彻底禁止塑料包装袋的使用，取而代之的是更加环保的材料。

在过去的两年中，物流行业也在减少碳排放、运输和厂房对环境的负面影响方面采取了大胆的举措，如 DHL 旨在 2050 年成为一个零排放的物流公司，同时也通过生产和销售自有品牌的电动车在绿色节能物流方面做出了自己的努力。现在 DHL 已有 5000 辆自有品牌电动车进行物流配送工作，并计划每年生产 20000 辆。这一电动配送车队将大大加速物流业的绿色转型。可持续发展的势在必行和城镇化进程的不断加深也孕育了新型配送基础设施的发展，它们将致力于解决城市物流中的交通拥堵和碳排放问题。在不久的将来，我们现有的标准集装箱将变成智能集装箱，它们采用模块化控制，能够更有效地进行装载。

4.6.2 科技物流

随着传感技术成本的降低，互联网的普及，预测技术不断发展及计算速度不断提升，越来越多的新技术在物流行业开始发挥作用，进而提升了整个供应链的速度、柔性及智能化水平，从而变得更具预测性。数据分析专家、数据驱动决策及物联网带来的新服务，这些先进的科技因素将为物流行业带来约 1900 亿美元的新商机。智能库房、实时运输信息和配送预测将是物流行业物联网的主要发展方向。但由于实现成本和安全等方面的问题及缺乏一个统一的行业标准，只有很小一部分物联网技术在物流行业得到广泛应用。进一步推动这些先进技术在物流行业广泛应用的推动力将是下一代无线网络解决方案。在未来几年，包括 5G、WiFi 和蓝牙 5.0 在内的一些无线技术革命将大幅提升网络和数据的可获得性，同时也将扩大无线网络的覆盖范围。在技术相对成熟的市场，无线技术的发展将带来更加丰富的消费内容、更少的信号延迟及实时处理，并且可以通过云端对应用进行管理。而对于那些现在还没有网络覆盖的国家，联通将不再是一个问题，他们将得益于移动互联网及较小的基础设施投入。

对于物流行业影响更大的是人工智能，它已经从实验室的理论一跃成为我们生活中不可或缺的技术，我们有时候甚至都没有意识到人工智能对我们生活产生的影响。随着人工智能技术从消费市场到企业的广泛应用，在物流行业的主要应用在办公智能化、供应量预测及人工智能助力的客户新体验。在不远的未来，更多的尖端配送技术将广泛应用到物流行业，如利用区块链技术来消除全球供应链中的复杂性。尽管区块链还处于发展初期，能够成功应用还有待检验，但可以通过增强供应链中各方的信任和透明度，以及提升物流配送中各个环节的自动化程度，进而提升整个行业的价值。

4.6.3 冷链物流

随着科技的发展及人们生活需求的变化，越来越多的网上平台提供包括生鲜食品和药物的配送服务。这样的新型配送服务对物流业提出了更高的要求，无论是生鲜食品还是药物对于配送时效和配送环境的要求都高于标准配送。最关键的一点就是在配送全程（取货、包装和运输）需要对温度进行控制。因此，冷链配送需要企业研发特殊的流程，创新冷链包装技术，打造更加快速的配送网络并对基础设施进行优化。美国的数据显示，已有超过半数的消费者选择在网上购买生鲜食品。这一趋势将随着网上快销产品的增长而持续增长，预计到 2025 年这一部分的销售额将达到 1700 亿美元。随着大众对购物便利性的需求不断提高，如何有效的配送对时效和温度要求都很高的生鲜食品和药品是物流企业面临的一个挑战。物流供应商需要通过对供应链中包装、定位和冷链配送等技术的创新而不断改进。需求导向的生鲜食品配送正在重塑客户和零售商之间的关系。平台更加关注如何为消费者提供便捷的支付方式和配送服务。随着物流网络的开放与共享，特殊物品配送正通过各个平台和企业的合作进行整合，进而达到更加快速且低成本的配送目的。

4.6.4 银丝物流

随着全球人口老龄化的不断深入，银丝物流——针对老年人群体的物流——需要面对来自人口结构变化的挑战，尤其是像药品配送等新服务类型的出现。这将催生专门针对老年人群体的物流与药物配送，以及预防性护理网络相融合的新型服务。

在接下来的几十年中，人口老龄化问题是一个主要的社会问题。全球超过 60 岁的人口比例将从 13% 激增到 2050 年的 22% 。在城市和农村生活的老年人将需要配送/提供特殊家庭医疗服务的新渠道并将进一步加重劳动力短缺的局面，尤其是物流行业。展望未来，那些为满足老年人群体的特殊需求而提供的专门服务，如恒温药物配送到家等服务，将成为必需品。对于那些经常利用互联网购买服务的老年人来说，直接配送到家的医疗服务将会为他们日常生活提供更多的便利。到 2025 年，美国网上药店市场的销售额将增加到 1280 亿美元。获得许可的网上医疗服务平台将更有利于配送到家的订单，并进一步促进处方和取药的电子化进程。当然，这也需要更多的冷链配送网络的支持。一系列新的“最后一公里”增值业务将为老年人群体提供更好的医疗等服务，如定期访问、上门清洁或交通服务、技术支持等，甚至是简单的健康检查。在未来，随着技术和网络的不断发展，各种物品的自动补货服务将变得越来越简单。

银丝劳动者——选择在 60 岁以后继续工作的老年人——需要更加灵活的人力资源条件的支持以更好的应对未来可能出现的劳动力短缺问题，如兼职或者弹性工作时间。这对于物流行业尤为重要，因为美国物流配送司机的平均年龄已经达到 49 岁。

随着大众对于物流服务提出了透明公开和灵活性的要求，电子物流中介平台应运而生。该平台主要是有效对接各种各样的物流需求与供给。这些集中管理的物流平台可以提供不同物流提供商的信息、收费标准及服务类型等，同时也可以为每位顾客量身定做适合他们的物流解决方案。尽管物流信息平台存在已有 10 年，但近些年涌现出来的更多是数字化平台，利用云计算对供给和需求进行更好、更及时的匹配。这些因素都将促进包括洽谈、签约、配送，以及付款在内的整个物流过程的电子化。物流提供商可以通过积极参与到这些平台中来以确保自身的竞争力水平。

第五章　强化学习算法在路径优化问题及城市物流系统中的应用实例

5.1　考虑基于经验水平的服务时间的路径优化问题

家居服务行业在全球范围内都是一个快速发展的行业。美国的数据显示，空调行业的收入从 2012—2017 年的年均增长率为 5.9%，并在 2017 年达到 25 亿美元。家居服务行业的企业如果想要保持这样高速的增长，所面临的一个最大挑战就是如何有效地管理好企业昂贵而有限的人力资源。从我们日常的生活和工作中可以观察到，员工用来提供高水平服务的时间取决于自身的经验水平。而更重要的是经验水平会随着服务更多的客户而不断积累，从而降低服务时间。因此，如果可以将员工的经验水平和相关的学习效应融入人力资源决策中来，公司管理层可以有效地利用经验水平带来的潜在产能，从而提高公司运营效率，促进未来更高水平的增长。

由于行业的不同，服务行业内员工的具体头衔各不相同，在我们的研究中将其统称为技能型员工，因为他们都需要在各自的服务领域内具有一定的技能水平才能完成工作任务。因此，这一部分的研究内容可以看成是技能型员工的路径优化与调度联合决策问题的一个变形。这一经典问题最早由 Dutot 在其论文“Technicians and Interventions Scheduling for Telecommunications”中提出。技能型员工的路径优化与调度联合决策的基本问题是如何将一组技能型员工与一组随机客户所需的服务进行匹配。技能型员工的路径优化与调度联合决策问题和传统的路径优化问题最大的不同在于，在技能型员工的路径优化与调度联合决策问题中，客户是通过所需要的服务类型加以区分的，而不同的服务类型所需要的服务时间也不相同。在我们的研究中，除了服务类型之外，技能型员工在每一类服务上的经验水平也将影响服务时间。因此，服务时间的不同反映了服务类型和技能型员工经验水平的不同。

在我们的研究中，还考虑了多周期的技能型员工的路径优化与调度联合决策问题。因此，我们将技能型员工随着经验积累而带来的生产力提升的过程也融入模型和算法中。而这样一种随着时间推移，通过经验水平积累而降低服务时间的过程正是学习效应的一种集中体现。根据已有的关于学习效应的文献，我们假设技能型员工用来完成某类服务的时间由员工在这一类服务上已经具有的经验水平和他的学习速率共同决定。我们考虑一个异质员工团队，即员工在经验水平和学习速率这两方面都存在普遍差异。其中，学习速率和初始经验水平已知。而对于我们所研究的这个问题，经验水平由员工已经完成某类服务的次数来计算。每一个决策周期的客户需求在周期开始之初才能观测到。每一天，技能型员工将为已知的客户提供服务。我们的目标是最小化有限计划周期内每天最晚工作时间的总和，其中每天最晚工作结束时间包括服务时间和行驶时间。这样一个目标函数可以很好地刻画公司利用潜在产能来促进未来企业发展的愿望。我们将这一具体问题命名为“考虑基于经验水平的服务时间的路径优化问题”。

为了求解这样一个动态随机的多周期问题，我们利用滚动周期的思想，在进行路径优化和调度的过程中并没有考虑未来周期的需求。在这样一个框架下，我们的目标函数可以简化为最小化每天的最晚工作结束时间。为了更好地求解单期路径优化问题，我们对 Record – to – Record

Travel（RTR）算法进行了改进，该算法最早由 Li 在其论文“Very Large - scale Vehicle Routing：New Test Problems，Algorithms，and Results”中提出。每天结束，我们需要根据当天的决策对每一个技能型员工的经验水平进行更新。作为率先将基于经验水平的服务时间融入路径优化问题模型中的研究，我们对现有文献有以下几个方面的贡献。

（1）相比同质团队和静态生产力的假设，考虑异质员工团队和学习效应可以得到更好的路径优化和调度解决方案。

（2）考虑异质团队和学习效应可以更好地挖掘学习速率快的技能型员工的潜在产能，从而更好地进行人力资源调度。

（3）在不同的学习速率下，经验水平低的员工相对于经验水平高的员工专业化水平更高。

此外，我们的研究结果还显示，加入学习效应和对应的生产力水平使得调度和路径优化解决方案中呈现出服务时间和行驶时间的权衡。我们也为不同类型的技能型员工提出了调度和分配的指导方案。

5.1.1 文献综述

1. 学习效应相关研究

个人学习效应，是指当一个人重复地生产某一产品时，由于动作逐渐熟练，生产一件产品所需的直接劳动时间会随劳动产品积累数量的增加而减少。学习效应在生产计划中的应用主要涉及综合生产计划、物料需求计划、能力规划等方面（Ebert，1976；Chand 等，2008；Hiller 等，1983）。其中，Keachie 等（1966）率先考虑学习效应研究批量优化问题。

考虑个人学习效应和异质人力资源构成的文献充分说明了学习效应在建模中的重要性。Buzacott（2002）的研究表明单纯考虑异质人力资源构成本身就可以有效提高系统的生产力。作为以上工作的延伸，Shafer 等（2001）研究了异质学习和遗忘曲线对生产线系统生产力的影响。此外，学习效应的影响还体现在呼叫中心（Gans 等，2001）、部门工作指派（Sayin 等，2007）、机器调度（Biskup，1999）、项目选择（Gutjahr 等，2008；Gutjahr，2011）和交通工具路线设计（Zhong 等，2007）等各个方面。

2. 人力资源及服务车辆调度问题相关研究

现有文献囊括了一系列与人力资源及服务车辆调度相关问题的研究。其中 Chen 等（2016）提供了与此相关的文献综述。Dutot 等（2007）研究的人力资源调度问题中，员工被分成多个小组去完成不同的任务，每个任务所需技能水平各不相同。2007 年，法国运筹学协会在该论文的基础上组织了一次以解决电信公司员工调度问题为主题的竞赛，并由此产生了一系列相关论文（Hurkens，2009；Cordeau 等，2010；Hashimoto 等，2011；Firat 等，2012）。然而，以上论文所研究的问题都是确定性的，并且没有考虑学习效应和多周期问题。

在运输调度问题中，现有文献（Tsang 等，2013；Xu 等，2001；Alsheddy 等，2011；Kovacs 等，2012；Pillac 等，2013）主要研究了其不同确定性变形。有一部分学者则考虑了该问题的动态组成部分。例如，Souyris 等（2013）专注于研究服务时间的不确定性，而 Binart 等（2016）则研究运输时间的随机性。还有许多文章考虑了动态随机服务需求（Weintraub 等，1999；Bosetel 等，2008；Pillac 等，2012）。

5.1.2　问题描述、模型和算法

在这一节中，我们首先将对所研究的问题进行描述，其次利用马尔可夫决策过程对其进行建模，最后将研发相应的求解算法。

1. 问题描述

在考虑基于经验水平的服务时间的路径优化问题中，我们假设计划周期为 T 天，集合 T = {1, 2, …, T} 为计划周期内的时间序号集合。集合 K = {1, 2, …, K} 为技能型员工的集合，K 并不随着时间变化，即员工团队在整个计划周期内保持不变。集合 R = {1, 2, …, R} 为所有可能出现的服务类型集合。每位客户所需服务类型需要所分

配的技能型员工具备这类服务的经验。每位技能型员工具有相应的学习速率和经验水平。d_r^0 为具有最低经验水平的技能型员工完成 r 类服务所需要的时间。D_k^r 为技能型员工 k 完成 r 类任务的稳态时间。个人学习参数 L_r^k 代表技能型员工 k 在 r 类服务上的学习速率。以上这些参数都可以通过实证数据进行估计。

在计划周期中的每一天 t，R 维向量 P_t^k = （p_{rt}^k）代表技能型员工 k 的经验水平，其中 p_{rt}^k 表示技能型员工 k 在 r 类服务上的经验水平。P_0^k 代表计划周期之初技能型员工 k 的初始经验水平。每类服务 r 对应的服务时间 d_{rt}^k 表示技能型员工 k 在第 t 天完成 r 类服务的时间。服务时间与员工经验水平的反向变化关系由以下 De - Jong 学习曲线来描述：$d_{rt}^k = D_r^k + d_{r0}\left(p_{rt}^k\right)^{-L_r^k}$。采用这一学习曲线的原因是它不仅很好的描绘了学习效应对服务时间的影响，同时也避免了服务时间无限减少的状况。因此，服务时间可以分成两部分。第一部分代表不可减少的稳态服务时间，而第二部分则是可以通过学习效应和经验积累而降低的服务时间。在第 t 天开始，我们可以观测到客户需求 $C_t = \{1, 2, \cdots, C_t\}$。每位客户需要具有对应技能的员工提供一种指定类型的服务。每名技能型员工都需要从车场出发开始一天的工作，并在工作结束后返回车场。出发时车场表示为零，而结束时车场表示为 $C_t + 1$。边（i，j）代表客户集合 $C_t \cup \{0, C_t + 1\}$ 中任意两点的连线。每条边对应的行驶时间为 τ_{ij}。员工在车场不提供任何服务，因此服务时间为零。问题的目标函数为最小化计划周期内每天最晚工作结束时间之和。

2. 马尔可夫决策过程模型

以上所描述的问题本质上是一个随机顺序决策问题。因此，可以利用马尔可夫决策过程进行建模。以下将具体对该模型进行分析。

（1）状态集。在计划周期内每天开始时需要进行当期决策。因此，在第 t 天开始的系统状态包括进行路径优化决策所需要的全部系统信息。对于我们所研究的问题而言，系统状态包括所有技能型员工在各种服务类型上的经验水平及第 t 天的客户需求。令 Q_t 为技能型员工在各种服务类型上的经验水平。$W_t = \{lat_{ct}, long_{ct}, r_{ct}\}$ 用来刻画第 t 天每位客户的具体信息，其中 lat_{ct} 和 $long_{ct}$ 分别代表客户所在地点的经纬度，r_{ct} 为客户所需服务类型。因此，第 t 天的系统状态为 $s_t = \{Q_t, W_t\}$。

（2）行动集。给定状态 s_t，行动即为第 t 天所有客户提供服务的路线集合，因此，第 t 天的行动 $a_t(s_t) = \{x_{ijt}^k: i \in C_t \cup \{0\}, j \in C_t \cup \{C_t+1\}, k \in K\}$，其中 $x_{ijt}^k=1$ 代表员工 k 在第 t 天经过边（i，j）。可行的行动需要满足以下约束条件：

$$\sum_{i \in C_t \cup (0)} \sum_{k \in K} x_{ijt}^k = 1, \quad \forall j \in C_t, \tag{1}$$

$$\sum_{j \in C_t \cup (C_t+1)} x_{0jt}^k = 1, \quad \forall \kappa \in K, \tag{2}$$

$$\sum_{i \in C_t \cup (0)} x_{i(C_t+1)t}^k = 1, \quad \forall \kappa \in K, \tag{3}$$

$$\sum_{i \in C_t \cup (0)} x_{ijt}^k - \sum_{j \in C_t \cup (C_t+1)} x_{ijt}^k = 0, \quad \forall i \in C_t, \quad \forall k \in K, \tag{4}$$

$$d_{rt}^k = D_r^k + d_{ro}(q_{rt}^k)^{-L_r^k}, \quad \forall r \in R, \quad \forall t \in T, \quad \forall k \in K, \tag{5}$$

$$B_j \geqslant \sum_{k \in K} (B_i + \sum_{r \in R} z_{ir} d_{rt}^k + \tau_{ij}) x_{ijt}^k, \quad \forall i \in C_t \cup (0), \quad \forall j \in C_t, \tag{6}$$

$$x_i^k jt \in (0, 1), \quad \forall i \in C_t \cup (0), \quad \forall j \in C_t \cup (C_t+1), \quad \forall k \in K, \tag{7}$$

$$Bi \geqslant 0, \quad \forall i \in C \cup (0, C_t+1) \tag{8}$$

约束（1）保证一名客户每一天由且仅由一名员工提供服务，约束（2）和约束（3）保证员工工作开始和结束都在车场，约束（4）确保如果员工为该客户提供服务则需要到达并离开该客户，约束（5）刻画了服务时间与经验水平的反向变化关系，约束（6）刻画了每名员工所服务的两位连续客户之间的先后关系，约束（7）和约束（8）为整数和非负约束。令 $A_t(s_t)$ 为第 t 天可行行为的集合，即所有可行服务路线集合的集合。

（3）转移函数。我们将转移函数分为两部分来考虑。首先，由于选择了行动 a_t，系统会进行一个确定性的转移，这一步对应的新的系统状态称为决策后状态。给定当前系统状态 s_t，选择行动 a_t 之后，通过

$$q^k_{r(t+1)}(S_t, a_t) = q^k_{rt} + \sum_{i \in C_t} \sum_{j \in C_t \cup \{C_t+1\}} x^k_{ijt} z_{ir}, \quad \forall k \in K, \ \forall r \in R$$

对员工的经验水平进行更新，其中 $z_{ir}=1$ 表示客户 i 需要 r 类服务，系统状态转移到决策后状态 $s^a_t = Q^a_t$。

（4）贡献函数。在第 t 天，给定系统状态 s_t，行动 a_t，系统状态从决策前状态转移到决策后状态将产生成本 $C(S_t, a_t) = e^t_{max}$，即第 t 天最晚工作结束时间。

（5）目标函数。所研究问题的目标函数为 $\min_{\pi \in \Pi} E \sum_{t=1}^{T} C(S_t, a^\pi_t(S_t))$，其中策略 π 决定了整个计划周期中每一天的具体行动，Π 为所有策略的集合。

3. 近视算法

求解马尔可夫决策过程通常利用著名的贝尔曼最优方程 $V_t(s_t) = \min_{a_t \in A_t(S_t)} c(s_t, a_t) + E[V(s_{t+1}) \mid s_t, a_t]\}$，但对于我们所研究的问题而言，由于面临维数灾的困难，即状态集和决策集都很大，而且求解未来周期贡献函数的期望值也很困难，我们采用滚动周期的思想，通过近视算法对问题进行求解。也就是说，在求解马尔可夫决策过程中，我们寻找最优近视策略，即在计划周期中的每一天选择使得当天最晚工作结束时间最小的行动，并不将未来周期的信息融入当期决策中来。这等同于利用决策法则 $\text{argmin}_{a_t \in A_t(S_t)} C(S_t, a_t)$。因此，多周期问题被分解成一系列单周期问题进行求解。

该方法之所以适用于所研究的问题主要有以下几个原因：① 忽略未来周期的信息可以使动态问题转化为确定性问题，从而更方便求解；② 利用滚动周期的思想可以避免传统逆向求解方法中需要遍历所有系统状态的难题。该方法前向推进只需要求解那些已经观测到的需求状态。算法 5.1 提供了近视算法的具体实施方案。接下来我们将阐述如何求解单期路径优化问题，以及对技能型员工的经验水平进行更新。

算法 5.1 近视算法具体步骤如下。

第一步，for t = 1 to T do。

第二步，观测到第 t 天的客户需求。

第三步，求解单期路径优化问题，最小化最晚工作结束时间。

第四步，根据第 t 天的任务分配情况更新技能型员工的生产力水平。

第五步，end for。

5.1.3　单期路径优化问题

在这一节中，我们将对单期路径优化问题进行建模和求解。为了更好地刻画服务时间与经验积累的密切关系，本节模型中所出现的参数和变量都以时间 t 为下标。除了前文模型中介绍过的参数和变量外，令 r（i）$\in R$ 为服务客户 i 所需的技能类型。对于第 t 天的客户 i，$j \in C_t$，0~1变量 x_{ijt}^k为 1 时代表技能型员工 k 经过边（i，j）。连续变量 $B_i \geqslant 0$ 为客户 i 的服务开始时间，e_{max}^t为第 t 天最后一项任务的完成时间。考虑基于经验水平的服务时间的单期路径优化问题模型如下。

（P）min

$$\text{s.t.}\quad \sum_{i \in C_t \cup \{0\}}^{e_t^{max}} \sum_{(k \in K)} x_{ijt}^k = 1 \qquad \forall j \in C_t, \ (1)$$

$$\sum_{j \in C_t \cup \{C_t+1\}} x_{0jt}^k = 1 \qquad \forall k \in K, \ (2)$$

$$\sum_{i \in C_t \cup \{0\}} x_{i(C_t+1)t}^k = 1 \qquad \forall k \in K, \ (3)$$

$$\sum_{j \in C_t \cup \{0\}} x_{jit}^k - \sum_{j \in C_t \cup \{C_t+1\}} x_{ijt}^k = 0 \qquad \forall j \in C_t, \ \forall k \in K, \ (4)$$

$$B_j \geqslant B_i + \sum_{k \in K} \left(\sum_{r \in R} z_{ir} d_{it}^k + \tau_{ij} \right) x_{ijt}^k \quad \forall i \in C_t \cup \{0\}, \ \forall j \in C_t, \ (5)$$

$$e_t^{max} \geqslant B_i + \sum_{j \in C_t \cup \{C_t+1\}} \sum_{k \in K} \sum_{r \in R} x_{ijt}^k z_{ir} d_{it}^k \qquad \forall i \in C_t, \ (6)$$

$$x_{ijt}^k \in \{0, 1\} \quad \forall i \in C_t \cup \{0\}, \ \forall j \in C_t \cup \{C_t+1\}, \ \forall k \in K, \ (7)$$

$$B_i \geqslant 0 \qquad \forall i \in C_t \cup \{0, C_t+1\} \qquad (8)$$

其中，目标函数为最小化最晚工作完成时间。约束（1）保证一名客户每天由且仅由一名员工提供服务，约束（2）和约束（3）保证员工工作开始和结束都在车场，约束（4）确保如果员工为该客户提供服务则需要到达并离开该客户，约束（5）刻画的每名员工所服务的两位连续客户之间的先后关系，约束（6）中 e^t_{max} 为最晚工作结束时间，约束（7）和约束（8）为整数和非负约束。

我们对 Li 最早提出的 RTR 算法进行改进从而求解单期路径优化问题。选择 RTR 算法的原因有两个：① 该算法在求解路径优化问题中以计算时间短、解的质量高而著称；② 该算法的程序为开源，可以在 COIN - OR 库中获得，这将大大缩短开发时间。在 RTR 算法中，Record 表示至今为止找到的最好的解。RTR 是一个多阶段的局部搜索算法。算法中两个阶段——多样化阶段和改进阶段——交替进行。在多样化阶段，利用上山标准来判断是否接受新的解。那些比当前解稍微差一些的解，只要在某一个阈值范围内即可被接受。这可以避免算法过早收敛于局部最优解。多样化阶段将迭代进行固定的次数。在改进阶段，只有比当前解好的解才被接受。改进阶段直到算法找到一个局部最优解才结束。此外，为避免算法收敛于局部最优解，在改进阶段之后会有一个扰动步骤。因此，算法主要是通过多样化阶段、改进阶段和扰动步骤重复进行直到算法结束。算法的停止条件是在固定次数的尝试之后，无法找到比当前解更好的解。在我们的算法实现过程中，多样化阶段的阈值取为（1 +0.01）×Record，迭代次数为 30 次，ε 的值为 0.00001，尝试次数为 5 次。参数的取值参考了 Li 的论文。

由于在计划周期中每一天都需要对单期路径优化问题进行求解，算法需要根据前一天的分配方案对技能型员工的经验水平进行更新。方程

$$p^k_{r(t+1)}(S_t, a_t) = p^k_{rt} + \sum_{i \in C_t} \sum_{j \in C_t \cup \{C_t+1\}} x^k_{ijt} z_{ir}, \ \forall k \in K, \ \forall r \in R$$

对技能型员工在某类服务的经验水平进行更新。方程 $d^k_{rt} = D^k_r + d_{r0}(p^k_{rt})^{-L^k_r}$ 根据其经验水平计算相应的服务时间。本书中 RTR 算法的实现是对现有 RTR 算法程序 VRPH 的改进。VRPH 原本是为求解带时间窗的路径优化问题而设计的。为求解考虑基于经验水平的服务时间的单期路径优化问题，我们将服务时间和经验水平的更新引入到现有 RTR 算法中，因此通过前一天的解我们可以计算新的服务时间以求解今天的单期问题。

5.1.4 算例描述

本节将对用来分析考虑学习效应的路径优化问题模型的算例进行描述。本书所选取的算例具有三方面的属性：① 需要提供服务的客户的数量及地理位置分布；② 为客户提供服务所需要的技能种类，以及一名新员工完成各类服务所需的服务时间；③ 技能型员工的人数和每名员工的学习特征。

第一个属性，考虑基于经验水平的服务时间的路径优化问题是一个多周期问题，同时客户的数量和地理位置分布在每期期初才可以观测到。在下一节的实验中，计划周期选取为 29 天，因此我们会生成 29 个客户集合。客户的数量和地理位置分布基于 VRPLIB 中考虑时间窗的对称路径优化问题算例，该算例库由 Operations Research Group at the University of Bologna, Italy 提供。具体而言，我们选取了“E072－04f”到“E151D14r”这 29 个算例，其中客户人数从 71～150 人不等。为生成 29 天的算例，我们将 29 个单期算例进行随机排序，最终生成 10 组 29 天的算例。在算例中，两个客户之间的行驶时间按欧几里得距离计算。

对于第二个属性，在每个算例中，每位客户每天需要提供一种类型的服务。客户多样化水平是指每一天的客户集中包括多少种不同类型的服务，即 $|R|$。在下一节的实验中考虑 4 种客户多样化水平：5、10、25 和 50。对 29 个算例中的每一个及每一种客户多样性水平，我们随机将客户分配为 1 到 $|R|$ 中的一类。前文已经提到，经验水平和服务时间之间的反向变化关系可以用学习曲线 $d_{rt}^{k}=D_{r}^{k}+d_{r0}\left(p_{rt}^{k}\right)^{-L_{r}^{k}}$ 来描绘。因此，每个算例都需要确定 d_{r0} 的数值，即一个新手技能型员工完成 r 类服务所需的时间。我们考虑 5 个 d_{r0} 的取值：100、200、300、400 和 500（时间单位）。这些数值的选取是基于行驶时间的同等量级。这 5 种不同的数值按照轮转调度算法分配到每种服务类型。例如，对于客户多样化水平为 10 的算例，服务类型 1 和 6 的初始服务时间为 100，即 $d_{10}=d_{60}=100$；服务类型 2 和 7 的初始服务时间为 200，即 $d_{20}=d_{70}=$

200，以此类推。客户所需服务类型为随机分配。

对于第三个属性，该问题考虑 18 个技能型员工组成的员工团队。在学习曲线的公式中，我们需要确定每一个算例中学习参数和初始经验水平的具体取值。对于所有的实验，$D_r^k=5$，$\forall r\in R$，$k\in K$。如前文所提到的一样，这一参数值与员工的经验水平和学习能力都没有关系，只是反映了服务时间不会随着经验水平的积累而无限下降到零的事实。因此，如果将其换成其他的数值，虽然会影响最终解的数值，但对于下一节中所讨论的整体趋势不会有本质的影响。

假设每位员工在所有类型服务上的学习速率相同，即 $L_r^k=L_{r'}^k$，$\forall r\neq r'\in R$。这个假设是基于现有学习效应的文献，其中提到人类对于不同种类技能的学习速率基本相同。因此，可以用 L^k 代替 L_r^k，具体取值见表 5－1。根据 Dar－El 在“Human Learning：from Learning Curves to Learning Organizations”中提到的理论，学习速率 0.515、0.321 和 0.152 分别代表快、中和慢三类学习速率。为了更好地理解这些数值，表 5－1 中也提供了每种学习速率下，经验倍增所对应服务时间缩减比例。跟学习速率类似，我们实验设计中每位员工在不同服务类型上的初始经验值相同，即 $P_{r0}^k=P_{r'0}^k$，$\forall r\neq r'\in R$，所以可以用 P_0^k 代替 P_{r0}^k。实验中初始经验水平的取值有 3 个，其中 $P_0^k=1$ 代表低经验水平，$P_0^k=25$ 代表中等经验水平，$P_0^k=50$ 代表高经验水平。图 5－1 展示了 3 种不同的学习速率代表的学习曲线，每条曲线上也标明了 3 种经验水平在不同学习速率情况下对应的服务时间。因此，3 种学习速率和 3 种经验水平可以组合产生 9 种不同的学习特征。由于我们的员工团队一共有 18 名员工，因此每种学习特征对应 2 名员工。表 5－2 中展示了员工团队技能和学习特征的具体情况。在整个研究中，我们用“X－Y”来表示技能型员工具有学习速率 X 和初始经验水平 Y。例如，“Slow－Low”代表员工 7 和 17 的学习速率低（$L^k=0.152$）而且初始经验水平低（$P_0^k=1$）。

表5－1　学习参数

名称	学习类型		
	快	中	慢
L^k	0.515	0.321	0.152
经验倍增所对应服务时间缩减比例	30%	20%	10%

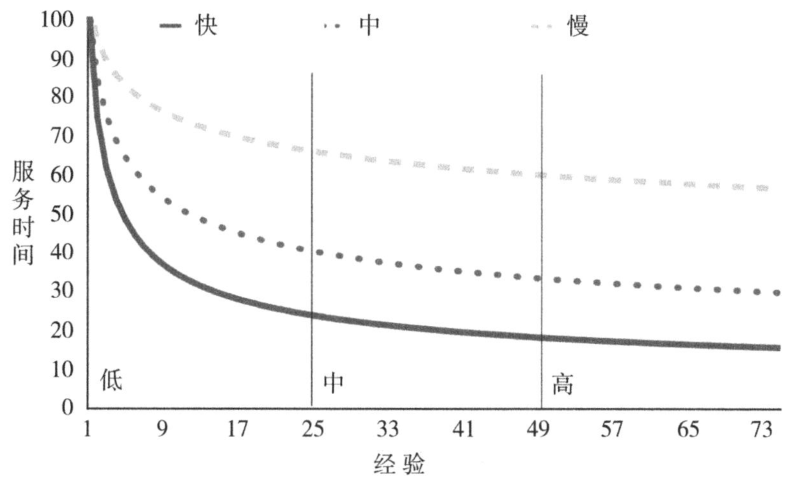

图5－1　学习参数组合

表5－2 技能型员工组合

技能型员工		学习速率		
		快	中	慢
初始经验水平	低	1，10	4，13	7，16
	中	2，11	5，14	8，17
	高	3，12	6，15	9，18

综上所述，实验中考虑10种不同排序的29天客户集合，对于每一种排序，考虑4种客户多样化水平，对于每一种排序和每一种客户多样化水平，考虑客户与服务类型的随机分配。在所有的数值试验中，员工团队保持不变。因此，下一节的数值试验包括40种不同的算例。

为验证考虑异质性员工团队的价值，实验同时产生一组同质员工算例，即所有员工具有中等初始经验水平和相同的学习能力。首先选取第14天的客户组作为基础算例。该客户组包括100名客户，且所有客户所需服务类型的基础服务时间为300单位时间。通过变化基础算例中员工的学习能力和客户多样化水平，同质实验共产生12个算例，其中考虑3种学习能力和4种客户多样化水平。12个同质算例的计划周期为100天，其中每天的客户组成相同，即地理位置和所需服务类型都不变。

5.1.5 数值试验分析

在这一节中，我们通过数值试验来分析企业是否应该将技能型员工的个体学习效应融入每天的决策中来，以及如何将其融入每天的决策中来。具体来讲，首先我们通过一系列的数值试验来量化引入异质团队和学习效应带来的收益。其次，我们试图探索这些好处的来源：是学习效应本身还是技能型员工个体学习特征影响了他们如何进行学习和积累经验？再次，在研究学习效应带来的好处之后，我们将分析专业化水平。具体而言，我们将研究在进行每天的任务分配时，决策者是应该将自己的员工培养成专注于某类服务的专家还是样样都会的全能手。最后，我们还将分析技能型员工的初始经验水平是否会影响他们的专业化水平。

1. 异质团队与学习效应的价值

在这一部分中，我们首先对考虑异质员工团队和学习效应的模型和不考虑这两个因素的模型进行比较，然后对考虑异质员工团队和学习效应的模型和只考虑异质团队但不考虑学习效应的模型进行比较。

我们来分析企业是否应该对其技能型员工在不同服务类型上的经验水平进行跟踪记录，并将经验水平和每名员工的学习速率融入当前决策中来。为了回答这个问题，首先对40个算例利用算法5.1进行求解，并记录每一天的最晚工作结束时间 e_t^{max}。由于算例中考虑了学习效应所以将其记为 e_t^{max-L}。接下来，我们将对比没有考虑异质团队和学习效应

的模型对应的 e_t^{max}。为了得到这一结果，我们需要利用算法 5.1 的变形，即不考虑学习效应的一种变形，对 40 个算例进行求解。具体来讲，由于技能型员工的服务时间由其在某类服务的技能水平决定，忽略学习效应也就意味着员工的服务时间相同且不随时间而变化，即 $d_{rt}^k = \bar{d}$。为了得到一个更加合理的 $\bar{d}$ 的取值，首先假设员工团队中 18 名技能型员工都具有中等初始经验水平和中等学习速率，即 $P_0^k = \bar{P_0} = 25$，$L^k = \bar{L} = 0.321$。即使企业不对员工的具体经验水平进行跟踪记录，依然也会利用预测的员工累积经验水平进行每天的决策。我们假设这一预测基于客户多样化水平。表 5－3 中列出了不同客户多样化水平对应的员工累积经验水平的预测值。虽然在算法 5.1 的这一变形中忽略了技能型员工的累积经验水平及学习特征上的异质性，为了进行更加合理的比较，在计算每天的最晚工作结束时间时，我们利用以下方程进行经验水平更新和服务时间的计算。

$$d_{rt}^k = D_r^k + d_{r0}\ (p_{rt}^k)^{-L_r^k}$$

$$p_{r(t+1)}^k\ (S_t,\ a_t) = p_{rt}^k + \sum_{i \in C_t} \sum_{j \in C_t \cup \{C_t+1\}} x_{ijt}^k z_{ir},\quad \forall k \in K,\ \forall r \in R$$

由于在这个试验中，我们没有考虑学习效应并且假设员工团队同质，所以求得的最晚工作结束时间标记为 $e_t^{max-NL-H}$。

表 5－3 固定经验水平取值

|R|				
	5	10	25	50
$\bar{P}_r$	43	33	28	27

下面通过一个例子来说明以上实验设置。首先我们以客户多样化水平为 5 的算例为例，从表 5－3 中可以看出，在计划周期的每一天中，所有技能型员工在所有服务类型上具有经验水平 43。假设按照算法 5.1 的变形中员工在第 0 天完成了 3 个 2 类服务的工作。现在需要进行第一天的任务分配决策。在用 RTR 算法进行第一天的单期路径优化问题求

解时，员工 3 在 2 类服务上的服务时间为 $d_{23}=D_2^3+d_{20}\,43^{-0.321}$，我们可以看到，第 0 天的经验积累并没有考虑进来，而是统一用中等经验水平的预测值。但当算法完成路径优化求解后，计算最晚工作结束时间时，d_{23}的值为 $D_2^3+d_{20}\,53^{-0.515}$，这是由于员工 3 的学习特征为高学习速率和高初始经验水平，所以在计算最晚工作结束时间时采用了初始经验值 50 和学习速率 0.515，并融入了第 0 天的经验积累。

图 5－2 为不同客户多样化水平下两种模型每天最晚工作结束时间的平均差值$\frac{e^{maxt-NL-H}-e_t^{max-L}}{e_t^{max-NL-H}}$。从图中可以看出，忽略学习效应和异质团队导致路径优化结果变差，且随着时间的推移，两种模型的差距变大。

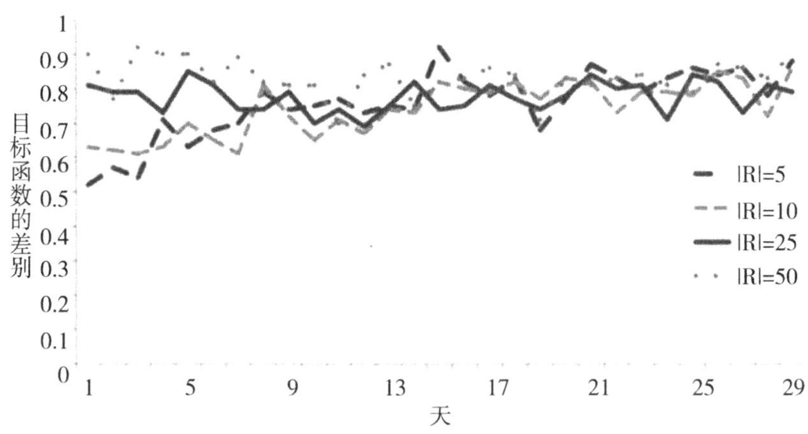

图 5－2　忽略学习效应和异质团队的影响

为了探索两种模型差距的来源，图 5－3 展示了不同员工之间工作分配数量的不均衡。具体而言，在不考虑学习效应和异质团队的情况下，“NL－H－Low”代表分配任务最少的员工所完成的任务总数，而“NL－H－High”代表分配任务最多的员工所完成的任务总数。对应于考虑学习效应和异质团队的情况下，“L－Low”代表分配任务最少的员工所完成的任务总数，而“L－High”代表分配任务最多的员工所完成的任务总数。“NL－High”和“NL－Low”代表只考虑异质团队，但忽略学习效应的模型中分配任务最多和最少的员工完成服务的总数。从图5－3中的结果可以看出，考虑学习效应和异质团队的模型所对应的任务分配的不均衡远远大于忽略这两种因素的模型。出现如此严重的工作量分配不均衡的原因在于算法更好的挖掘了学习速率高的技能型员工的潜在产能。图5－4展示了在两种不同实验情境下，每一类技能型员工实际完成的任务数。结果说明，考虑异质团队和学习效应的算法倾向于分配更多的工作给学习速率高的技能型员工而分配更少的工作给学习速率低的技能型员工。而对于忽略异质团队和学习效应算法而言，其较差的任务分配决策主要是由于算法将工作任务在不同种类员工之间平均分配，导致未能挖掘学习速率高的员工的潜在产能。

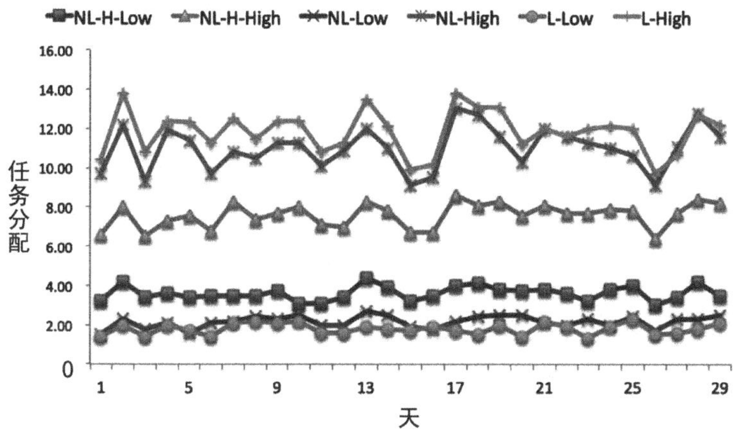

图5－3　工作分配数量不均衡

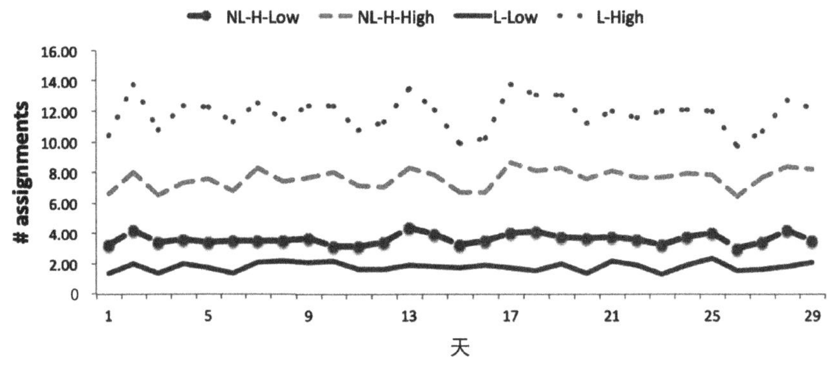

图 5－4　各类员工完成工作数量

尽管我们的实验只考虑了 29 天的计划周期，但我们相信忽略异质团队和学习效应的模型在较长的计划周期内也将保持同样的趋势。图 5－5展示了两种模型中不同类型员工在计划周期末经验水平在各类服务的分布情况。具体而言，对于“Slow－Low”类型员工在 1 类服务上的经验值的计算过程如下。首先计算 $f^1_7 = p^{29}_{1,7}/\sum^5_{r=1} p^{29}_{r,7}$ 和 $f^1_{16} = p^{29}_{1,16}\sum^5_{r=1} p^{29}_{r,16}$，其中 f^1_7 和 f^1_{16}分别为员工 7 和 16 在 29 天中完成 1 类服务占所有种类服务的比例。然后“Slow－Low”类型员工在 1 类服务上的经验值为 $f^1_{SL} = (f^1_7 + f^1_{16})/2$。其他情况可以类似计算。

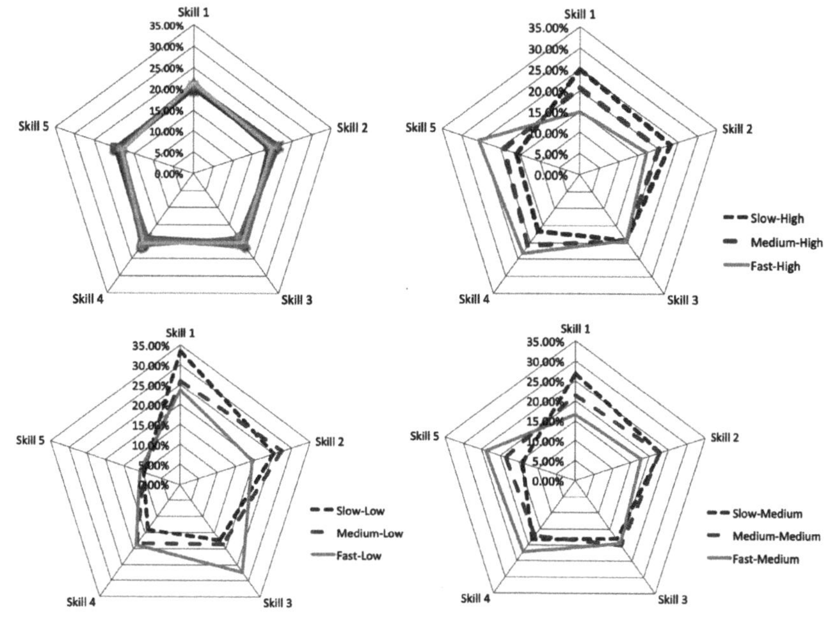

图 5－5　不同类型员工在计划周期末经验水平在各类服务的分布情况

图 5－5 中的结果表现出以下几个趋势。首先，在忽略异质团队和学习效应的模型中，经验水平在不同类型服务之间均匀分布，这与我们在图 5－4 中看到的任务分配数的趋势相同。而在考虑异质团队和学习效应模型中，不同类型员工在不同服务类型上的经验水平分布显示出明显的不均匀。这两种不同的表现也是造成忽略异质团队和学习效应的模型求解结果差的主要原因。平均分配的策略导致员工团队的技能组合并不能很好的应对未来的客户需求，无法挖掘不同类型员工的潜在产能。

在前文的分析中，引入异质团队和学习效应可以帮助我们找到更好的日常策略。在计划周期结束时，员工团队的技能组合也会变的不同。接下来的实验将研究只引入异质团队而忽略学习效应是否可以提高决策质量，缩小其与考虑异质团队和学习效应的模型之间的差距。

具体而言，我们考虑算法 5.1 的另外一种变形，在这一变形中，员工的经验水平依然不随时间变化，而与前面的实验不同的是，我们不再是取中等经验水平作为所有员工的固定经验水平，而是按照表5－2中的经验水平对应不同类型的技能型员工。类似的，前文的实验中，员工的服务时间是根据中等经验水平以及中等学习速率通过学习曲线来计算的，而这一节的实验中，我们利用表5－1中的个人学习速率和表5－2中的经验水平来计算每一类员工在不同类型服务上的服务时间。跟前文一样，我们依然假设企业根据预计的员工可以达到的经验水平来决策。同时，在求解路径优化问题时我们忽略经验积累带来的学习效应，但是在计算最晚工作结束时间时我们将学习效应加入进来。每天的最晚工作结束时间表示为 e_t^{max-NL} 个实验中，我们的分析和前面的实验类似。图5－6展示的结果与图5－2类似，从图中可以看出，加入异质团队及员工个人的学习特征可以帮助我们缩小目标函数值的差距，但由于忽略学习效应，与基本模型的差距依然在2%～10%。图5－7可以帮助我们分析差距缩小的原因。这一结果与图5－3和图5－4中的结果类似。由于引入了异质团队，虽然依然忽略学习效应，但从图5－7中已经可以看出对于学习效率高的员工的潜在生产力已经有了更好的认识。任务分配也展现出一定的不均衡。这也就是说，引入异质团队意识到员工之间不同的个人学习特征本身也可以帮助我们在一定程度上挖掘不同类型员工的潜在产能。下面我们将三个模型放在一起进行分析。图5－7中展示了三种模型下分配任务最多和最少的员工完成服务的总数。其中，“NL－High”和“NL－Low”代表只考虑异质团队但忽略学习效应的模型中分配任务最多和最少的员工完成服务的总数。三种模型的比较显示考虑异质团队和学习效应的模型中工作量不均衡的情况最为严重，而忽略异质团队和学习效应的模型中工作量不均衡的程度最低。这与5.7中不同类型员工的工作分配情况也一致。接下来，我们对三种模型下计划周期末经验水平在各类服务上的分布差异进行分析。将考虑异质团队和学习效应的模型视为基准模型，将其分别与只考虑异质团队而忽略学习效应及忽略两种因素的模型分别作比较。图5－8展示了这两种比较中经验水平分布的差异。从图5－8中可以看出，引入异质团队可以帮助缩小其与基准模型之间的差距，但最好的情况还是同时考虑异质团队和学习效应。

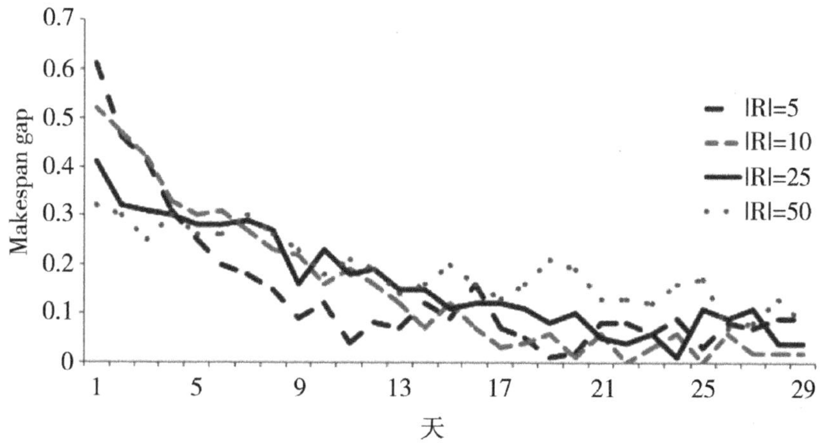

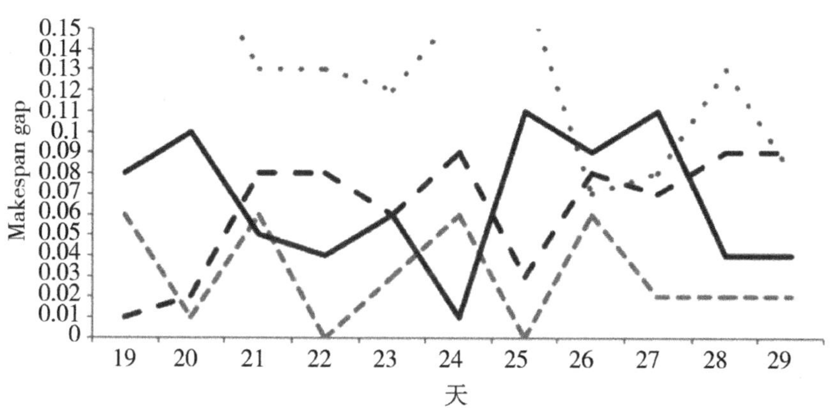

图 5-6　忽略学习效应的影响

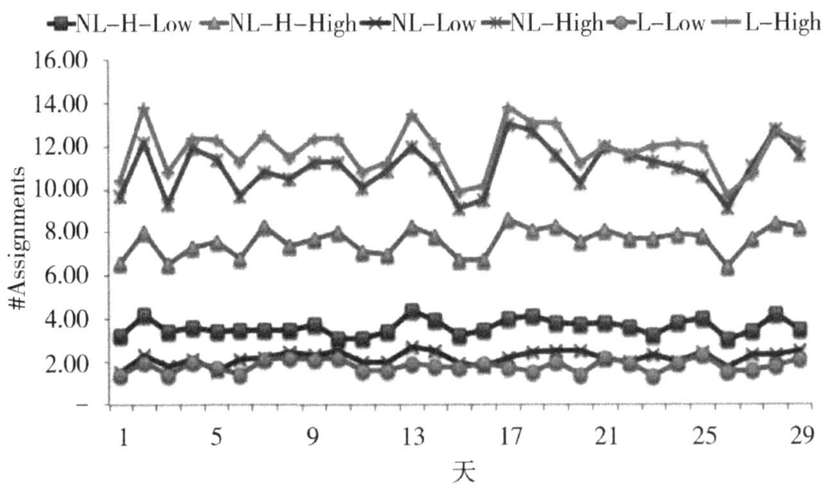

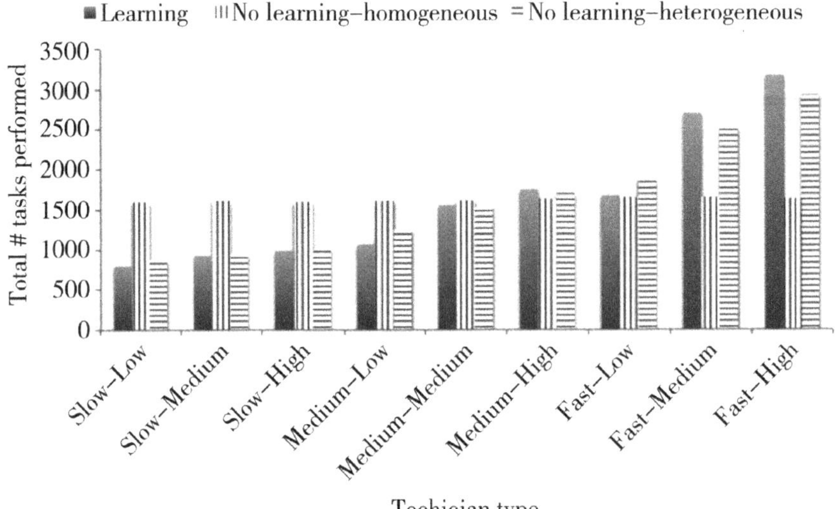

图 5-7　各类员工完成工作数量

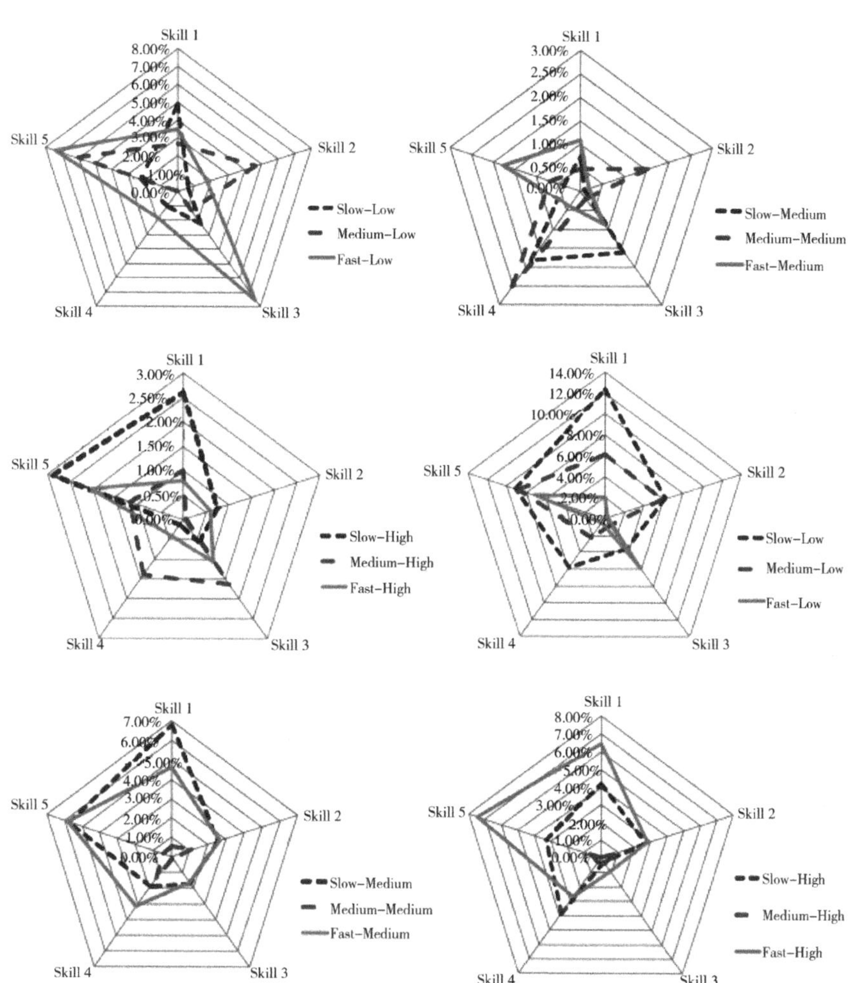

图 5-8 计划周期末各类员工经验水平分布

2. 员工团队的专业化水平

前面的分析中我们已经看到企业应该同时考虑异质团队和员工个体的学习效应。接下来，我们将研究如何能够将员工的个体学习效应和员工不同的学习特征有效的融入企业日常决策中来。这一部分的研究主要集中于团队的专业化水平，也就是企业应该将员工培养成专家还是全能手。我们选取员工完成不同类型服务的次数的变异系数作为专业化水平的测度。例

如，在计划周期结束时，一名员工在五类服务上的服务次数分别为 5、1、2、3、4，则平均服务次数为 $\mu=\frac{5+1+2+3+4}{5}=3$，标准差为 $\sigma=\sqrt{[(5-3)^2+(1-3)^2+(2-3)^2+(3-3)^2+(4-3)^2]/5)}=1.414$，$CV=\frac{1.414}{3}=0.471$。在下面的分析中，对于 CV 值的计算都是基于计划周期结束时员工的工作量。具体而言，$CV_k=\sigma_k/\mu_k$，其中 $\mu_k=\sum_{r\in R}p_{r29}^k/|R|$，$\sigma_k=\sqrt{\sum_{r\in R}(p_{r29}^k-\mu_k)^2/|R|}$。对于某一类员工的 CV 值，我们利用所有这一类员工 CV 值的均值来表示，如 $CV_{Slow-Low}=(CV_7+CV_{16})/2$。CV 值高代表专业化水平高，因为这代表不同类型服务之间的服务次数差异较大。图 5－9 中展示了不同客户多样化水平下不同类型员工的 CV 值。结果显示，在各种客户多样化水平下，初始经验水平低的员工专业化水平高，而且随着客户多样化水平增加，专业化水平变大。另外，初始经验水平高的员工专业化水平低。这一结果的原因在于初始经验水平低的员工在各类服务上都需要花费更多的时间，并不是很有效率，但由于他们位于学习曲线的开始阶段，边际学习效应较大，所以相对于其他类型的员工，初始经验水平低的员工更容易通过集中服务某类客户而提高自己的生产力水平。因此，在最后的解中可以看出初始经验水平低的员工被分配的任务通常是其不擅长但却可以从学习中获得大幅服务时间所见的那类服务。

接下来我们将从另外一个角度来分析专业化水平。假设目标函数为最小化行驶时间，那么专业化水平就是由所分配的客户所在的地理位置随机决定。而如果目标函数是最小化服务时间，那么结果将是较高的专业化水平。因此，我们希望探究在企业日常的决策中，是否需要对一部分员工的工作分配只关注路径优化（行驶时间），而对另一部分员工分配只专注调度（服务时间）。

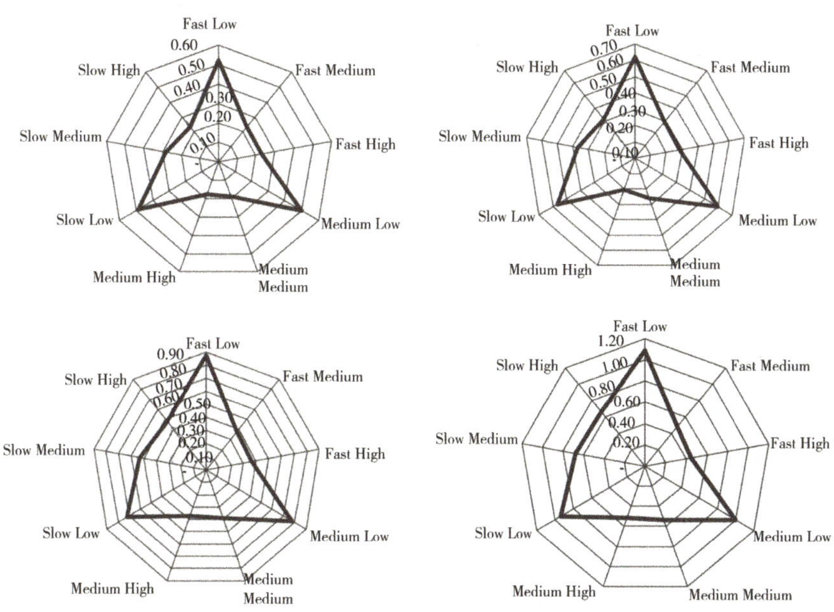

图 5 -9　不同客户多样化水平下不同类型员工的 CV 值

为了研究这一问题，我们考虑算法 5.1 的两种变形，它们与算法 5.1 的不同在于目标函数。一种变形的目标函数为最小化行驶时间，这种变形得到的 CV 值标记为 CV_{X-Y}^{TT}，这将作为 CV 值的一个下界。另一种变形是目标函数为最小化服务时间，这种变形得到的 CV 值标记为 CV_{X-Y}^{ST}，这将作为 CV 值的一个上界。图 5 -10 展示了这三种目标函数下的 CV 值比较。从这些结果中我们认为企业决策者的决策标准为：对于“X - Y”型员工，如果 $CV_{X-Y} - CV_{X-Y}^{TT} < CV_{X-Y}^{ST} - CV_{X-Y}$，即算法 5.1 中得到的 CV 值与只考虑行驶时间的结果更加接近，则应该专注于这类员工的路径优化（行驶时间）。反之，如果 $CV_{X-Y} - CV_{X-Y}^{TT} > CV_{X-Y}^{ST} - CV_{X-Y}$，即算法 5.1 中得到的 CV 值与只考虑服务时间的结果更加接近，则应该专注于这类员工的调度（服务时间）。例如，图 5 -10中的数据显示，对于“Medium - Medium”类型的员工应该专注于行驶时间而对于“Slow - Low”类的员工则应专注于调度。本质上讲，专业化水平对于“Slow - Low”类型的员工相对更为重要。接下来，对于每一种客户多样化水平，分别计算三种目标函数下 CV 值的平均值从而分析得出对于所有类型员工的决策指导建议。图 5－11 显示了不同客户多样化水平下对应各类员工的决策方案。结果显示，决策方案在各类客户多样化水平下变化不大，但在初始经验水平低的员工类型中有些差别。对于所有的拥有高和中等初始经验水平、快和中等的学习速率的员工类型，行驶时间依然是决策的重点。而低初始经验水平和慢的学习速率的员工类型则应关注服务时间。在较高的客户多样化水平下，低初始经验水平的员工依然要以服务时间为主。差异出现在低客户多样化水平下，在多样化水平为 10 时，中等初始经验水平和中低学习速率的员工应以行驶时间为主，而在多样化水平为 5 时，中等初始经验水平的员工应以行驶时间为主，但中低学习速率的员工则应以服务时间为主。对于这些细小的差异我们认为主要是由于抽样的误差造成。

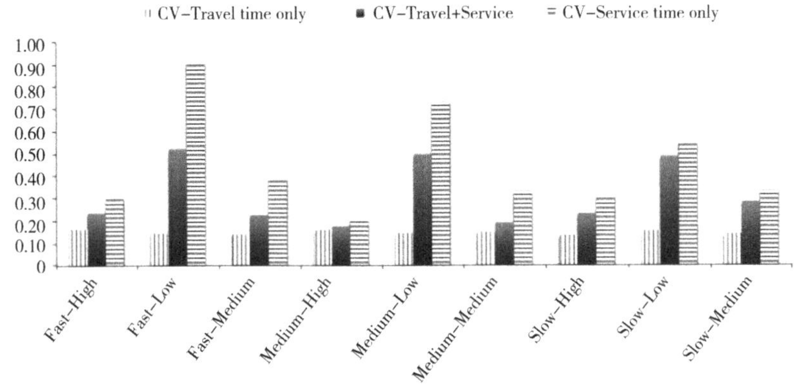

图 5－10　三种目标函数下的 CV 值比较

a

Assignment rule		Learning rate		
		Fast	*Medium*	*Slow*
Init. exp.	*Low*	Route	Schedule	Schedule
	Medium	Route	Route	Schedule
	High	Route	Route	Schedule

b

Assignment rule		Learning rate		
		Fast	*Medium*	*Slow*
Init. exp.	*Low*	Route	Route	Schedule
	Medium	Route	Route	Schedule
	High	Route	Route	Schedule

c

Assignment rule		Learning rate		
		Fast	*Medium*	*Slow*
Init. exp.	*Low*	Schedule	Schedule	Schedule
	Medium	Route	Route	Schedule
	High	Route	Route	Schedule

d

Assignment rule		Learning rate		
		Fast	*Medium*	*Slow*
Init. exp.	*Low*	Schedule	Schedule	Schedule
	Medium	Route	Route	Schedule
	High	Route	Route	Schedule

图 5－11 不同客户多样化水平下对应各类员工的决策方案

3. 服务时间和行驶时间的权衡

通过比较考虑和忽略学习效应两种情况分析引入异质员工团队和学习效应的价值，指出员工的学习效应和异质员工团队可以帮助企业最大限度地挖掘现有员工团队的生产力水平。本节将通过研究服务时间与行驶时间的权衡关系，探讨学习效应和异质员工团队对生产力的具体影响机制。

单一的服务车辆路径优化通常会选取行驶时间最短的路线及相应的客户分配方案；而单一的员工及客户匹配问题则旨在最小化服务时间总和，所以会将员工与其擅长的服务项目相匹配。然而，在实际问题中，由于客户位置及服务类别的随机性，以上两个目标很难达成一致，即车辆路径最优时员工的服务时间可能较长，而员工与客户之间的优化分配可能导致车辆行驶时间过长。因此，如何找到服务时间与行驶时间的权衡点是求解联合决策问题的关键。

由于联合决策问题的目标函数可以分解为行驶时间和服务时间两部分，本节将比较行驶时间和服务时间在计划周期不同阶段的变化趋势。因为异质算例中客户组成每天都不同，无法有效地对行驶时间和服务时间进行单独分析，本节采用实验算例中的同质算例。实验计划周期为 100 天，客户组成不变。实验将计划周期分为 5 个子周期，每个子周期为 20 天。对 12 个同质算例应用算法 5.1 求解模型 P，然后分别计算每个子周期内行驶时间和服务时间的变化并进行比较。其中，δ_i^{tt} 和 δ_i^{st} 分别为第 i 个 20 天内行驶时间和服务时间的变化，且 i = 1，2，3，4，5。

图 5 - 12 为客户多样化水平为 5 时行驶时间和服务时间的变化趋势。从图中可以看出，约有 50% 的服务时间的缩减发生在计划周期的前 20 天，并且变化幅度随着时间推移而减小。此外，学习能力强的员工服务时间的降低幅度远远大于学习能力弱的员工。而在行驶时间的减幅上，学习能力弱的员工团队表现出相对较大的优势。从学习曲线的图形可以看出，在计划周期的初期，学习能力强的员工具有较大的边际学习效应。随着经验积累，服务时间下降较快。同时注意到，在部分算例中，行驶时间的变化为负，即行驶时间随时间增加。这一现象说明当利用学习效应得到的服务时间缩短较大时，决策者应当牺牲一部分行驶时间来获取整体目标的最优。因此，对于异质员工团队，决策者需要根据员工的学习特点，权衡行驶时间和服务时间的得失，进行有效调度，从而最大限度地利用现有团队的生产力。

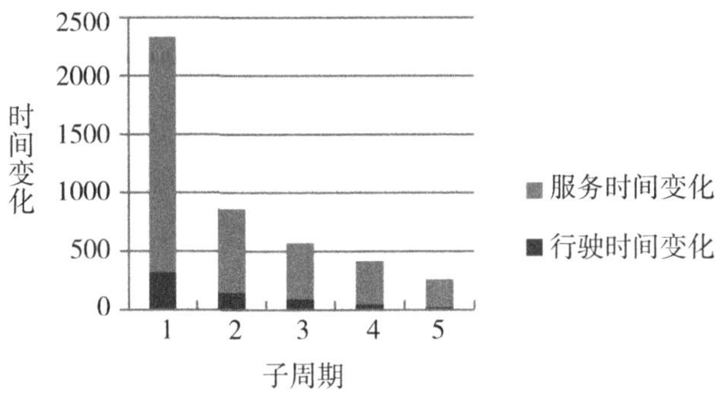

图 5 - 12　行驶时间和服务时间变化趋势（R = 5）

4. 学习效应对专业化水平的影响

本节将通过分析不同类型员工服务客户的情况研究异质性学习效应对专业化水平的影响。本书采用统计学中的变异系数（cv）来度量员工的专业化水平，即 $cv_k = \frac{\sigma_k}{\mu_k}$，其中 μ_k 和 σ_k 分别为员工 k 服务各类客户数量的均值和标准差。通过计算每名员工在整个计划周期内服务各类客户数量的变异系数来研究员工的专业化水平。

按照不同的学习能力，员工可以分为三类，分别计算每类员工的平均变异系数。在本书所研究的问题中，变异系数大代表专业化水平高，即员工擅长于服务某一类或某几类客户。反之，员工服务各类客户数量较为平均，专业化水平低。

为全面考虑学习效应对专业化水平的影响，本节同时考虑模型 P 的两个简化变形，即模型 S 和模型 T。其中，模型 S 忽略原模型的车辆行驶时间，即 $\tau_{ij}=0$，等价于最小化服务时间。类似的，模型 T 忽略原模型的服务时间，即 $d_{it}^{k}=0$，等价于最小化车辆行驶时间。对模型 S 和模型 T 同样采用算法 5.1 进行求解，并根据结果计算相应的平均变异系数。表5－4 总结了三种模型中各类员工在各种客户多样化水平下的平均变异系数。结果显示，所有三类员工的专业化水平均随客户多样化水平的增加而增加。从学习曲线来看，员工经验水平较低时，边际学习效应较大，专业化带来的服务时间缩减较大，而随着服务客户的数量增加，员工经验水平逐渐达到学习曲线的停滞期，专业化并不能带来显著的服务时间降低，此时企业则会把重点放在缩短服务车辆的行驶时间上。因此，当客户多样化水平低时，哪一类客户的数量多，员工在哪一类服务上的经验水平就很快达到学习曲线的停滞期，专业化并不能带来大幅的服务时间降低。相反，随着客户多样化水平加大，哪一类客户的数量较少且员工的经验水平处于学习曲线的初期，专业化显著降低服务时间。表 5－5 总结了三种模型中不同初始经验水平员工的专业化水平。结果表明，初始经验水平低的员工具有较高的专业化水平。初始经验水平高的员工很快达到学习曲线的停滞期，专业化不能显著降低服务时间。

表 5－4 不同学习能力下的 cv 值

	模型 S			模型 P			模型 T		
LC	强	中	弱	强	中	弱	强	中	弱
R＝5	0.53	0.42	0.40	0.33	0.29	0.33	0.15	0.15	0.14

续表

	模型 S			模型 P			模型 T		
LC	强	中	弱	强	中	弱	强	中	弱
R = 10	0. 60	0. 51	0. 49	0. 40	0. 36	0. 42	0. 27	0. 26	0. 27
R = 25	0. 72	0. 66	0. 66	0. 54	0. 51	0. 58	0. 38	0. 38	0. 40
R = 50	0. 84	0. 82	0. 88	0. 69	0. 71	0. 82	0. 54	0. 55	0. 55

表 5 - 5　不同经验水平下的 cv 值

	模型 S			模型 P			模型 T		
IE	高	中	低	高	中	低	高	中	低
R = 5	0. 27	0. 35	0. 73	0. 21	0. 23	0. 50	0. 15	0. 14	0. 15
R = 10	0. 33	0. 40	0. 85	0. 27	0. 31	0. 59	0. 24	0. 25	0. 31
R = 25	0. 43	0. 54	1. 08	0. 40	0. 43	0. 79	0. 39	0. 40	0. 39
R = 50	0. 59	0. 66	1. 28	0. 62	0. 60	1. 00	0. 55	0. 53	0. 55

同时，专业化水平在三个模型中也有不同的体现。首先，只关注服务时间的模型 S 具有较高的专业化水平，而只关注行驶时间的模型 T 中各类员工的专业化水平最低。由于模型 S 忽略了车辆行驶时间，其求解过程不存在行驶时间与服务时间的权衡，因此可以最大限度的利用专业化水平来降低服务时间。相反的，模型 T 则只专注于设计行驶时间最短的路径，完全不考虑员工的专业化水平。本书主要研究的模型 P 综合以上两个模型，通过权衡专业化带来的服务时间缩减和路径优化带来的行驶时间降低来达到整体目标的最优，因此专业化水平介于模型 S 和模型 T 之间。

下面我们重点研究模型 P 中学习效应对专业化水平的影响。表5 - 6 和表 5 - 7 分别总结了每一类员工人均服务客户的数量和服务一位客户所需的平均服务时间和行驶时间。以上结果表明学习能力强的员工在服务时间和行驶时间上均占有优势，所以在同样的时间内他们可以服务更多的同类客户。这一结果再次验证了考虑学习效应和异质员工团队可以帮助企业最大限度地挖掘现有员工团队的生产力水平。

表5－6 平均服务客户数量

	FH	FM	FL	MH	MM	ML	SH	SM	SL
R＝5	316.85	269.35	167.60	175.00	155.80	106.75	98.25	92.90	80.00
R＝10	324.35	269.50	137.40	184.25	162.40	99.75	106.25	100.55	78.05
R＝15	329.25	270.50	110.40	193.60	165.00	93.75	114.95	107.35	77.70
R＝20	362.00	292.35	109.30	210.55	182.95	94.00	123.60	119.50	86.30

表5－7 各类员工平均服务时间及行驶时间

	FH	FM	FL	MH	MM	ML	SH	SM	SL
服务时间									
R＝5	34.67	38.31	57.49	79.34	87.16	114.75	143.58	152.74	108.68
R＝10	38.51	45.73	74.71	77.69	95.55	133.45	154.73	165.87	198.57
R＝25	43.91	57.95	128.33	90.95	105.39	154.98	161.45	164.06	218.93
R＝50	47.33	60.97	141.91	89.25	106.57	176.99	155.74	143.38	233.38
行驶时间									
R＝5	29.20	33.89	37.18	39.45	46.64	53.76	45.54	53.35	45.94
R＝10	31.89	32.91	41.14	37.47	39.98	48.59	49.78	63.47	69.46
R＝25	33.44	32.61	46.71	48.76	48.13	49.68	49.06	54.10	57.38
R＝50	35.20	35.62	54.47	43.56	36.08	42.71	44.25	40.95	55.57

5. 经验水平对专业化水平的影响

本节将从员工类型与服务难度匹配的角度进一步探讨学习能力和经验水平对专业化水平的影响。本书采用基础服务时间来衡量服务类型的难度，从而可以将客户分为5类。由于不同类型的员工服务各类客户的数量各不相同，以每名员工服务客户数量的均值作为基准，利用以下公式可以计算该员工服务不同难度客户类型的相对数量，然后计算各类员工服务不同难度客户类型的相对数量的均值。

$$D_{ik} = N_{ik} - \frac{\sum_{i=1}^{5} N_{ik}}{5}$$

其中，N_{ik}为员工 k 服务第 i 类客户的数量。

表 5－8 总结了 9 类员工和 5 种客户类型的结果。其中，负值表示该类员工服务该类客户数量小于均值，反之亦然。结果显示，学习能力强或初始经验水平高的员工更多地服务难度较大的客户类型。由于这些员工的服务时间相对较短，生产力水平高，将难度大的客户分配给他们可以有效地节省服务时间，更早的完成当天工作。

表 5－8　各类员工平均服务各类客户数量

IST	FH	FM	FL	MH	MM	ML	SH	SM	SL
100	－19.26	－11.44	5.17	－3.56	－1.27	6.30	2.89	4.75	7.40
200	－9.49	－3.95	4.80	1.12	2.43	6.75	3.64	3.99	4.39
300	－0.27	－0.24	4.13	1.66	1.16	0.21	－0.55	－0.55	－1.22
400	8.98	4.63	－2.79	0.44	－0.13	－4.00	－1.59	－2.02	－4.03
500	20.04	10.99	－11.31	0.34	－2.18	－9.26	－4.38	－6.17	－6.54

6. 边际效应

本节将研究聘用各类员工给企业带来的不同的边际效应，为企业的人员招聘和员工培训提供理论支持及指导。以实验算例所描述的异质性员工团队作为基础团队，本节通过替代其中一类员工为其他不同类型员工，可以产生 72 种新的员工团队。对新产生的团队应用算法 5.1 求解模型 P。边际效应可以通过计算每个新团队与基础团队所得目标函数之差得到，即 $\Delta = \frac{V_M - V_P}{V_P} \times 100$，其中 V_M 和 V_P 分别为新团队和基础团队的目标函数值。

表 5－9 总结了客户多样性为 5 时 72 个新团队的边际效应，并用两个大写字母的组合表示员工类型，其中第一个字母代表学习能力（F——强，M——中，S——弱），第二个字母代表初始经验水平（H——高，M——中，L—— 低）。例如，FH 代表学习能力强且初始

经验水平高的员工类型。表中负值代表新员工团队带来企业成本的降低，而正值表示新员工团队增加企业的成本。结果显示，用学习能力强或初始经验水平高的员工替代学习能力弱或初始经验水平低的员工会帮助企业降低成本。总体来看，聘用学习能力强或初始经验水平高的员工将为企业带来1%～2%的成本缩减。此外，学习能力对成本缩减的影响大于初始经验水平。

表5-9 边际效应（R=5）

	基础团队								
新团队	FH	FM	FL	MH	MM	ML	SH	SM	SL
FH	–	1.08	-4.80	-4.47	0.66	-3.96	-5.73	-8.72	-6.94
FM	5.79	–	-1.60	-2.48	3.43	-4.80	-3.30	-3.67	-0.45
FL	7.78	1.59	–	9.95	-2.36	2.20	-0.98	-3.10	-1.51
MH	5.15	4.61	2.03	–	1.36	-3.80	-4.92	-5.87	-2.92
MM	5.41	1.68	1.40	3.05	–	1.59	0.91	-0.20	-3.56
ML	11.33	2.59	0.44	4.06	3.00	–	4.20	0.27	-1.99
SH	3.26	9.42	5.67	4.62	2.72	1.75	–	-1.37	-0.91
SM	6.23	7.39	4.77	4.47	2.51	-1.65	5.47	–	0.03
SL	9.35	9.02	4.95	15.80	4.40	7.07	-0.07	1.89	–

如果将9种员工类型按表5-9的顺序排序，即FH优先级最高，SL优先级最低。表5-9中位于对角线左下方的数值全为正，说明用优先级较低的员工类型替换优先级较高的员工导致企业成本增加，反之，多数情况下将会降低企业的成本。少数例外情况发生在对角线附近，即替换的两类员工差别较小。此外，表5-9中数值的绝对值跟离对角线的距离成正比，即类型相近的员工之间相互替换所产生的边际效应较小，类型差异大的员工之间相互替换带来较大的边际效应。

5.1.6 结论

在这一部分的研究中，我们将异质团队和学习效应引入到员工调度和路径优化问题的建模和求解过程中来。目标函数为最小化最晚工作结束时间。应用 RTR 算法对单期路径优化问题进行求解，并得到了以下管理启示。

（1）相比同质团队和静态生产力的假设，考虑异质员工团队和学习效应可以得到更好的路径优化和调度解决方案。

（2）考虑异质团队和学习效应可以更好地挖掘学习速率快的技能型员工的潜在产能，从而更好地进行人力资源调度。

（3）在不同的学习速率下，经验水平低的员工相对于经验水平高的员工专业化水平更高。

5.2 考虑基于经验的服务时间和随机客户需求的多周期技能型员工调度优化问题

5.2.1 问题描述

随着全球经济回暖，技能型员工人力资源市场逐渐出现供不应求的现象。根据 2014 年 Hays 全球技能指数的数据，人力资源供不应求的这一现象正在不断加剧，尤其是像美国、德国和英国等经济增长迅速的国家。想要在技能型员工供不应求的局面下依然保持快速增长，企业需要充分利用昂贵并有限的人力资源，利用员工个人经验积累及学习效应所带来的潜在产能是一个很好的机会。员工与工作之间的完美匹配不仅可以帮助企业满足当前市场需求，而且可以为未来的需求储备产能，从而有效抵御未来市场需求的不确定性。此外，在企业面对战略成长机遇时，考虑员工的个体学习效应和经验积累可以帮助企业更好地进行人力资源决策，增强企业在变化多端的市场环境中的应变能力。

这一部分的研究主要探究企业如何通过当期的员工与工作匹配方案，同时满足当前市场需求并为未来市场储备产能。我们关注的员工团队为服务行业员工，尤其是提供各种服务的技能型员工。该研究问题为技能型员工调度优化问题的一种变形。技能型员工调度优化问题中，一组员工需要通过完成不同类型的任务为客户提供服务满足需求。在我们的问题中，需要为每位客户提供特定的服务类型，而不同类型的服务需要技能型员工具备相应的技能水平。由于技能型员工在不同类型服务上的技能水平不同，并且其所积累的经验水平转化为生产力提高的能力也不同，因此，员工们完成服务的时间也不同。经验水平由完成某类服务的次数决定。由于员工个体的生产力水平取决于经验水平，因此原来被建模为单期问题的应当作为多周期问题进行建模求解。因此，该研究问题为多周期技能型员工调度优化问题，该问题考虑了员工通过积累经验而提高生产力水平的过程。这一生产力提升的过程就是学习效应的集中体现。我们假设，员工完成某项服务的时间取决于他/她在这项服务上所积累的经验水平及学习速率。同时，我们考虑一组已知员工团队，即员工的初始经验水平和学习速率都存在一定的差异。初始经验水平和学习速率已知，因此员工在某类服务上的服务时间由其在这类服务上的经验水平决定。假设每一天的客户需求信息只有在每一天开始时才能观测到。每一天，员工团队需要为当天的客户提供服务以满足需求。这一研究中目标函数为最小化有限计划周期内每一天服务时间总和的期望。面对日益缩紧的技能型员工的劳动力市场，这一目标函数可以帮助企业最大限度的利用现有人力资源发挥出最大的生产力。我们将所研究的问题命名为“考虑基于经验的服务时间和随机客户需求的多周期技能型员工调度优化问题”。

为求解这样一个多周期问题，本书提出一种近似动态规划算法，在每一个周期通过求解一个混合整数规划问题来进行员工与工作的匹配。该方法不仅可以计算当期决策所产生的当期成本，同时也可以通过对未来周期的员工与工作匹配情况进行预测从而分析当期决策对未来周期的影响。下一周期的员工与工作匹配方案部分由员工在下一周期期初的服务时间决定，而服务时间则由相应服务类型上的经验水平决定。因此，在每一周期的混合整数规划模型中嵌套的预测模型为当期员工与工作匹配方案的函数。

求解优化模型的过程中最大的挑战是心理学界所提出的量化人类学习效应的模型是非线性。因此，在近似动态规划算法中每一周期的混合整数规划问题的求解，我们对现有文献中所提出的模型转变方法进行改进，其理论基础为算法中经验水平到服务时间的映射函数的定义域为有限集。

这一部分的研究对现有文献的贡献有以下几个方面：① 该研究首次将员工个体学习效应和基于经验水平的服务时间融入员工调度优化模型中来。这将通过更有效的人力资源团队管理促进企业的生产力水平提高。此外，提出利用马尔可夫决策过程对该问题进行建模，并讨论了如何将模型拓展到考虑员工团队变动和产品组合变动的情况。② 我们提出了一种对当期决策所产生的未来周期成本的近似方法。由于考虑了员工的学习效应，当期的员工与工作匹配决策将对未来周期的员工团队生产力水平产生影响。所提出的近似方法可以帮助我们很好的刻画这一现象。③ 通过所提出的近似算法，我们展示了如何将近似的贝尔曼最优方程转化为线性的混合整数规划问题。这一转换对于算法的实现尤为重要。因为学习曲线的非线性将导致混合整数规划的非线性。通过这一转换，我们可以利用求解整数规划的商业软件对近似的贝尔曼最优方程进行求解。

在本书中，我们通过三个不同的实验来展示所提出的求解方法的价值。在第一个实验中，员工团队与服务类型组合在整个计划周期中保持不变。在第二个实验中，我们在计划周期中间引入一个员工团队的扰动，即一名老员工离职，同时一名新员工加入。在第三个实验中我们在计划周期中间引入一类新的服务类型。对于这三种不同的实验，我们将本书所提出的求解方法与近视算法（即将问题看成单期问题，不考虑当期决策对未来周期的影响）进行比较。数值试验的比较表明本书所提出的算法可以通过更好的员工团队技能组合满足未来市场的需求，从而得到更高质量的决策。

5.2.2　文献综述

1. 近似动态规划相关研究

近些年，近似动态规划方法在包括库存管理（Godfrey 等，2012）、期权定价（Tsitsiklis 等，2001）、网络收益管理（Adelman，2007）、指派问题（Topaloglu 等，2006）及运输调度问题（Goodson 等，2015）中得到广泛的应用。

通过线性基底函数来进行值函数逼近是近似动态规划中一种常用的策略。但基底函数的选取因问题而异，并没有统一标准。例如，Maxwell 等（2010）在研究急救系统救护车调度问题时，选取未到达呼叫、未覆盖呼叫率等作为基底函数来进行值函数逼近。其他学者则试图利用系统性能指标函数（cost - to - go）所具有的特殊方程形式来提高值函数逼近的效率。分段线性函数是一种常用的函数形式（Godfey 等，2002；Topaloglu 等，2006；He 等，2012；Papageorgiou 等，2014）。但这一部分所研究的问题并不具备可以识别的特殊函数形式，现有文献中的值函数逼近方法并不能完全适用。因此，这一部分的研究将提出一种新的基于基底函数的值函数逼近方法，其适用于一般函数形式。

2. 学习效应相关研究

个人学习效应，是指当一个人重复地生产某一产品时，由于动作逐渐熟练，生产一件产品所需的直接劳动时间会随劳动产品积累数量的增加而减少。学习效应在生产计划中的应用主要涉及综合生产计划、物料需求计划、能力规划等方面（Ebert，1976；Chand 等，2008；Hiller 等，1983）。其中，Keachie 等（1966）率先考虑学习效应研究批量优化问题。

考虑个人学习效应和异质人力资源构成的文献充分说明了学习效应

在建模中的重要性。Buzacott（2002）的研究表明单纯考虑异质人力资源构成本身就可以有效提高系统的生产力。作为以上工作的延伸，Shafer 等（2001）研究了异质学习和遗忘曲线对生产线系统的生产力的影响。此外，学习效应的影响还体现在呼叫中心（Gans 等，2001）、部门工作指派（Sayin 等，2007）、机器调度（Biskup，1999）、项目选择（Gutjahr 等，2008；Gutjahr，2011）和交通工具路线设计（Zhong 等，2007）等各个方面。

3. 人力资源及服务车辆调度问题相关研究

现有文献囊括了一系列与人力资源及服务车辆调度相关问题的研究。其中，Chen 等（2016）提供了与此相关的文献综述。Dutot 等（2007）研究的人力资源调度问题中，员工被分成多个小组去完成不同的任务，每个任务所需技能水平各不相同。2007 年，法国运筹学协会在该论文的基础上组织了一次以解决电信公司员工调度问题为主题的竞赛，并由此产生了一系列相关论文（Hurkens，2009；Cordeau 等，2010；Hashimoto 等，2011；Firat 等，2012）。然而，以上论文所研究的问题都是确定性的，并且没有考虑学习效应和多周期问题。

在运输调度问题中，现有文献（Tsang 等，2013；Xu 等，2001；Alsheddy 等，2011；Kovacs 等，2012；Pillac 等，2013）主要研究了其不同确定性变形。有一部分学者则考虑了该问题的动态组成部分。例如，Souyris 等（2013）专注于研究服务时间的不确定性，而 Binart 等（2016）则研究运输时间的随机性。还有许多文章考虑了动态随机服务需求（Weintraub 等，1999；Bosetel 等，2008；Pillac 等，2012）。

5.2.3 问题建模

这一节我们对考虑基于经验的服务时间和随机客户需求的多周期技能型员工调度优化问题进行正式建模。同时，我们也对模型拓展的两种情况进行研究。我们假设计划周期为 T 天，集合 T = {1, 2, …, T} 为计划周期内的时间序号集合。集合 K = {1, 2, …, K} 为技能型员工的集合，在基本模型中，K 并不随着时间变化，即员工团队在整个计划周期内保持不变。集合 R = {1，2，…，R} 为所有可能出现的服务类型集合。在该研究中，我们假设技能型员工在每一类服务上的学习相互独立。但所提出的模型和求解方法都可以进行改进从而应对存在知识转移的情况。每位员工 k 在每项服务 r 上的服务时间不同，该服务时间由员工在这项服务上的经验水平，以及员工将经验水平转化为生产力提升的能力所决定。d_{r0}为具有最低经验水平的技能型员工完成 r 类服务所需要的时间。D_r^k为技能型员工 k 完成 r 类任务的稳态时间。个人学习参数L_r^k代表技能型员工 k 在 r 类服务上的学习速率。以上这些参数都可以通过实证数据进行估计。给定以上这些参数，我们可以根据学习曲线来确定员工 k 在第 t 天在 r 类服务任务上的服务时间。学习曲线需要员工第 t 天所累积的经验水平。我们通过 R 维向量$Q_t^k = (q_{rt}^k)$代表技能型员工 k 的经验水平，其中q_{rt}^k表示技能型员工 k 在 r 类服务上的经验水平。Q_0^k代表计划周期之处技能型员工 k 的初始经验水平。每类服务 r 对应的服务时间d_{rt}^k表示技能型员工 k 在第 t 天完成 r 类服务的时间。本书采用 Hyperbolic 学习曲线，由 $d_{rt}^k = \left(D_r^k\left(\frac{q_{rt}^k}{q_{rt}^k + L_r^k}\right)\right)^{-1}$ 可得员工 k 在第 t 天在 r 类服务上的服务时间。图 5 – 13 展示了一个特定的学习曲线（$D_r^k = 3.99$，$L_r^k = 7.65$），刻画了服务时间与经验水平的反向变化关系。

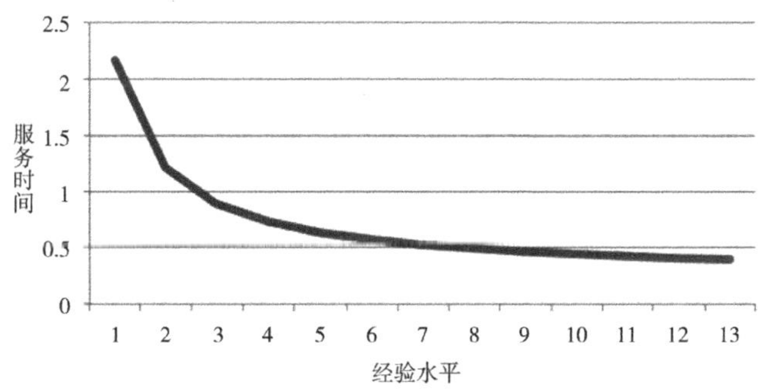

图 5 – 13　Hyperbolic 学习曲线

给定周期 t，我们通过员工与工作的匹配来完成当天的客户需求。假设每位员工的工作时间上限为 C。同时，每天的客户需求只有在每天开始才可以观测到。我们的最终目标是最大限度地利用现有人力资源，所以目标函数为最小化计划周期内每天服务时间总和的期望。本书利用马尔可夫决策过程对考虑基于经验的服务时间和随机客户需求的多周期技能型员工调度优化问题进行建模。计划周期中每一天开始时进行决策，令 t = 1，2…，T 为决策期，第 T 天为计划周期的最后一天。系统状态包括进行调度决策所需的全部信息。具体而言，为了进行员工与工作的匹配决策，我们需要了解当天客户所需提供服务的类型及员工在当天开始时的经验水平。因此，第 t 天开始时系统状态为$s_t = \{N_t, Q_t\}$。

给定状态s_t，可以采取的行动为员工与工作的匹配方案集合。令行动$a_t(s_t) = \{x_{it}^k: i \in N_t, k \in K\}$。其中，0 - 1 变量$x_{it}^k$为 1 代表技能型员工在第 t 天的客户 i 提供服务。为了表示方便，令 r（i）$\in R$ 代表任务 i 属于 r（i）类服务。因此，在第 t 天，可行的行动应满足以下约束。

$$\sum_{k \in K} x_{it}^k = 1 \ \forall i \in N_t, \tag{2}$$

$$\sum_{i \in N_t} x_{it}^k d_{r(i)t}^k \leqslant C \ \forall k \in K \tag{3}$$

$$x_{it}^k \in \{0, 1\} \ \forall i \in N_t, \ \forall k \in K \tag{4}$$

约束（2）确保一项工作只能由一名员工完成，且该项工作只能被分配一次。约束（3）确保所有员工的工作时间在约束上限之内，约束（4）为整数约束。

令$A_t\{s_t\}$为第 t 天给定状态s_t前提下所有可行的行动集合。假设每名技能型员工的学习为确定性的，且由其所累积的经验水平决定。因此，给定系统状态s_t，采取行动a_t，系统将通过以下方程对员工的经验水平进行更新，从而发生一个确定性的状态转移，到决策后状态$s_t^a = \{N_t, Q_t^a\}$。

$$q_{r(t+1)}^k (S_t, a_t) = q_{rt}^k + \sum_{i \in C_t} \sum_{j \in C_t \cup \{C_t+1\}} x_{ijt}^k z_{ir}, \ \forall k \in K, \ \forall r \in R$$

在以上方程中，员工的经验水平由完成相应类型服务的次数决定。

该方程将员工已有的经验水平与当期所获得的新的经验水平加总。令$W_{t+1}=(w_{1,t+1},\cdots,w_{\check{N}_{t+1},t+1})$为第 t + 1 天的随机外生信息。其中，$W_{i,t+1}$为代表第 t+1 天中客户需求 i 对应的服务类型随机变量。$\check{N}_{t+1}$为代表第 t+1 天客户需求的序号。这两个随机变量在第 t+1 天前都无法观测到。通过第 t+1 天所观测到的外生信息，系统状态将转移到第 t+1 个决策期，在这个决策期中，系统状态由决策后状态S_t^a转移到决策前状态$s_{t+1}=\{N_{t+1},Q_{t+1}\}$，其中$N_{t+1}$为第 t+1 天实际发生的外生信息过程。在这一部分转移中，技能型员工的经验水平保持不变，即$Q_{t+1}=Q_t^a$。技能型员工在第 t+1 天的生产力水平可以通过已知的经验水平和学习曲线进行计算。

在第 t 个决策周期，给定系统状态s_t，采取行动a_t，系统状态从决策前状态s_t转移到决策后状态s_t^a，产生成本$C(s_t,a_t)=\sum_{k\in K}\sum_{i\in N_t}x_{it}^k d_{r(i)t}^k$，$\forall a\in A_t\{s_t\}$，即第 t 天完成所有客户需求所需要的服务时间总和。该问题的目标函数为$\min_{\pi\in\Pi}E\left[\sum_{t=1}^{T}C(s_t,\delta_t^\pi(s_t))\right]$。其中，$\pi$决定了计划周期内每一天所采取的行动，$\Pi$ 为所有策略的集合。$\delta_t^\pi(s_t)$为决策规则，即状态s_t和行动a_t之间的映射函数。

在我们的实验中，考虑两种基本问题的拓展变形：① 考虑员工团队的变动；② 考虑引入一种新的服务类型。我们可以对模型进行微小的变动来满足这两种变型的需求。在存在员工团队变动的情况下，假设员工 k 离职的决定为外生信息，我们会将离职这一信息作为下一周期的外生信息来考虑。因此，当员工 k 在第 t－1 天离职，并且在第 t 天员工 k′入职，可以通过$q_{rt}^k(s_t,a_t)=I_r^{k'}$来对$Q_t$进行更新，其中，$I_r^{k'}$为员工 k′在 r 类服务上的初始经验水平。对于第二类变形，我们采用类似的方法进行处理。在第 t 天，引入一种新的服务类型 R＋1。在系统状态从第 t－1天转移到第 t 天，我们对状态集进行扩充从而加入经验水平$q_{R+1,t}^k$，$\forall k\in K$，其取值为每名员工在 R＋1 类服务上的初始经验水平。

5.2.4 求解方法

给定前文的一系列假设，我们可以通过求解著名的贝尔曼最优方程来找到最优策略。贝尔曼最优方程的一般形式如下。

$$V_t(s_t) = \min_{a_t \in A_t(S_t)} c(s_t, a_t) + E[V(s_{t+1}) \mid s_t, a_t]$$

虽然我们可以很容易地将所研究问题的贝尔曼方程写出来，但由于需要刻画系统状态中每一天的客户需求，维数灾的问题导致无法利用传统的逆向动态规划算法进行求解。因此，本书提出一种近似动态规划的方法，利用对下一天员工与工作匹配方案进行预测来近似贝尔曼最优方程中的值函数一项。这种近似动态规划的方法采用前向推进算法。跟滚动周期的思想类似，算法随时间向前推进，因此只需要对访问的状态进行计算寻找相应的行动。在接下来的内容中，我们首先展示如何近似值函数，然后利用这一近似方法来求解近似形式的贝尔曼最优方程，最后我们讨论前向近似动态规划方法。

1. 值函数近似及求解近似贝尔曼最优方程

对于每名技能型员工，对下一期的员工任务分配方案的预测都是基于当期的员工与工作匹配方案。具体而言，对于每一名技能型员工和每一类服务任务，我们首先利用指数平滑预测方法$F_{rt}^k = \alpha F_{r,t-1}^k + (1-\alpha) A_{r,t-1}^k$对下一期的客户需求进行预测，其中$F_{r,t-1}^k$和$A_{r,t-1}^k$为技能型员工 k 在第 t-1 期完成 r 类服务次数的预测值和实际值，F_{rt}^k为技能型员工 k 在第 t 期完成 r 类服务次数的预测值。参数 α 为平滑因子。给定技能型员工 k 在第 t-1 期的任务分配情况$x_{i,t-1}^k$，我们可以利用$\sum_{i \in N_{t-1}: r(i)=r} x_{i,t-1}^k$计算$A_{r,t-1}^k$。进而，给定技能型员工 k 在第 t-1 期的任务分配情况，我们可以计算员工 k 在第 t 天在 r 类服务上的服务时间预测值$\hat{d}_{rt}^k$。对于每一名技能型员工和每一类服务任务，$\hat{d}_{rt}^k$可以利用第 t-1 天的任务分配方案通过$\hat{d}_{rt}^k = \left(D_r^k \left(\frac{q_{r,t-1}^k + \sum_{i \in N_{t-1}: r(i)=r} x_{i,t-1}^k}{q_{r,t-1}^k + \sum_{i \in N_{t-1}: r(i)=r} x_{i,t-1}^k + L_r^k}\right)\right)^{-1}$进行计算。

给定第 t 期的任务分配情况预测F_{rt}^{k}，以及相应的服务时间预测值$\hat{d}_{rt}^{k}$，对于每一名技能型员工和每一类服务任务，近似贝尔曼最优方程可以写成$\hat{V}(s_{t-1})=\min_{a\in A_t(s_{t-1})}\{C(s_{t-1},a)+\sum_{k\in K}\sum_{r\in R}F_{rt}^{k}\hat{d}_{rt}^{k}\}$。该方程又可以改写成以下数学优化模型。

$$(F)\quad \min\sum_{k\in K}\sum_{i\in N_{t-1}}\chi_{i,t-1}^{k}d_{r(i),t-1}^{k}+\sum_{k\in K}\sum_{r\in R}F_{rt}^{k}\hat{d}_{rt}^{k}$$

subject to (2), (3), (4)

$$F_{rt}^{k}=\alpha F_{r,t-1}^{k}+(1-\alpha)\sum_{i\in N_t:r(i)=r}\chi_{i,t-1}^{k},\quad\forall k\in K,\ \forall r\in R, \tag{5}$$

$$\hat{d}_{it}^{k}=\left(D_r^k\left(\frac{q_{r,t-1}^{k}+\sum_{i\in N_{t-1}:r(i)=r}\chi_{i,t-1}^{k}}{q_{r,t-1}^{k}+\sum_{i\in N_{t-1}:r(i)=r}\chi_{i,t-1}^{k}+L_r^k}\right)\right)^{-1},\quad\forall r\in R,\ \forall k\in K \tag{6}$$

$$\chi_{i,t-1}^{k}\ \text{binary},\quad\forall k\in K,\ \forall i\in N_{t-1} \tag{7}$$

Algorithm 1 Forward approximate dynamic programming algorithm.

1: Output: Assignments of technicians over the planning horizon
2: Input: Technician K, task type R, parameters of learning functions L_r^k, D_r^k, I_r^k for each technician k and each task type r
3: $q_{r1}^{k}=I_r^k,\ \forall r\in R,\forall k\in K$
4: for t = 1 to T do
5: 　Observe N_t
6: 　for r = 1 to R do
7: 　　for j = 1 to m_{rt} do
8: 　　　$\bar{q}_{r,t+1}^{kj}\longleftarrow q_{rt}^{K}+j$
9: 　　　$\bar{d}_{r,t+1}^{kfj}\leftarrow\left(D_r^k\left(\frac{\bar{q}_{r,t+1}^{kj}}{\bar{q}_{r,t+1}^{kj}+L_r^k}\right)\right)^{-1}$
10: 　　　$\bar{F}_{r,t+1}^{kj}=\alpha F_{r,t}^{k}+(1-\alpha)j$
11: 　　　$\overline{ST}_{r,t+1}^{kj}=\bar{F}_{r,t+1}^{kj}\bar{d}_{r,t+1}^{kfj}$
12: 　　end for
13: 　end for
14: 　Solve Model (R) resulting in the action a_t
15: 　Update technician productivity based on experience gained on day t according to Equations (1) and (5)
16: end for

目标函数为最小化总服务时间和下期的预测服务时间总和。如前文

所述，约束（2）到约束（4）定义了可行域。当 t－1＝1 时，约束（5）由$F_{rt}^{k}=\sum_{i\in N_{t-1}:r(i)=r}x_{i,t-1}^{k}$代替。约束（6）根据预测分配方案计算预测服务时间。约束（7）为 0－1 变量约束。

模型（F）为非线性模型，我们需要通过现有文献中的方法对其进行变形来克服这一困难。变形方法利用了任务分配，以及经验水平为离散的且每类服务数量的最大值已知这些事实。因此，对于每一名技能型员工和每一类服务任务，我们可以遍历所有可能的服务时间的集合。以下算法具体描述了这一遍历过程。

为了更好地阐述变形方法，我们首先介绍一些符号。令$z_{r,t-1}^{kj}$为0－1变量，表示员工 k 在第 t－1 天是否完成了 j 个 r 类服务任务。如果员工 k 在第 t－1 天完成了 j 个 r 类服务任务，到第 t 天在 r 类服务上的服务时间为$\bar{d}_{rt}^{kj}$。因此，如果员工 k 在第 t－1 天完成了 j 个 r 类服务任务，给定其在第 t 天在 r 类服务上的服务时间为$\bar{d}_{rt}^{kj}$，则员工 k 在第 t 天完成相应预测次数的 r 类服务的总时间为$\overline{ST}_{rt}^{kj}=\bar{d}_{rt}^{kj}F_{rt}^{k}$。我们引入$ST_{rt}^{k}$为一个决策变量，指代员工 k 在第 t 天完成相应预测次数的 r 类服务的总时间。最后，令$M_{t-1}=(m_{1,t-1},m_{2,t-1},\cdots,m_{R,t-1})$为 t－1 天每类服务任务的个数，则变形之后的模型为

$$(R)\ \min\sum_{k\in K}\sum_{i\in N_{t-1}}\chi_{i,t-1}^{k}d_{r(i),t-1}^{k}+\sum_{k\in K}\sum_{r\in R}ST_{rt}^{k}$$

subject to（2），（3），（4），（5）

$$ST_{rt}^{k}=\sum_{j=1}^{m_{r,t-1}}\overline{ST}_{rt}^{kj}Z_{r,t-1}^{kj},\quad\forall r\in R,\ \forall k\in K \tag{8}$$

$$\sum_{j=1}^{m_{r,t-1}}jz_{r,t-1}^{kj}=\sum_{i\in N_{t-1}:r(i)=r}\chi_{i,t-1}^{k},\quad\forall r\in R,\ \forall k\in K \tag{9}$$

$$\sum_{j=1}^{m_{r,t-1}}z_{r,t-1}^{kj}=1,\quad\forall r\in R,\ \forall k\in K \tag{10}$$

$$z_{rt}^{kj}\text{binary},\quad\forall r\in R,\ \forall k\in K,\ j=1,\ldots,m_{rt} \tag{11}$$

约束（8）为每名员工在第 t 天每一类服务上都分配一个总的预测服务时间。约束（9）确保每名员工在每类服务上的下一期预测服务总时间与其在当期完成的任务数对应。约束（10）确保每名员工每天在

每类服务上只被分配一个总的预测服务时间。约束（11）为 0－1 变量约束。

2. 前向近似动态规划算法

前向推进算法具体呈现了本书针对考虑基于经验的服务时间和随机客户需求的多周期技能型员工调度优化问题所提出的前向近似动态规划算法。与传统的逆向动态规划算法不同，该算法随时间推移而前向推进。前向推进的好处在于算法只需要对实际访问的状态求解贝尔曼最优方程。与此同时，前向推进也意味着算法并没有计算贝尔曼最优方程中的值函数。算法只是利用前一节提到的预测方法对值函数进行近似。利用这一近似方法及前一节提到的变形模型，近似最优贝尔曼方程可以利用模型 R 中的数学规划问题进行求解。

前向算法的输入数据包括技能型员工团队及他们的个体学习参数，还有所有可能的服务类型集合。算法的输出结果为一系列行动，即员工与工作的匹配方案。每一个行动/匹配方案对应一个在计划周期内算法访问的状态。算法第 3 行将每名员工在每类服务上的经验水平设定为对应的初始经验水平作为系统状态的初始化。接下来，算法开始搜索每一天每名员工的工作分配方案。第 5 行表示在每一天开始时可以观测到当天的客户需求。第 6－13 行对第 t＋1 天的所有可能的服务时间总和进行遍历，利用这些总服务时间的值，第 14 行对数学规划模型 R 进行求解。

5.2.5　实验设计

这一节主要讨论用来检验所提出模型和算法价值的数值算例。算例中包含 30 个异质团队，每个团队有 5 名员工，他们具有不同的学习速率和初始经验水平。其中，学习速率和稳态生产力水平是按照实证数据所得的多变量正态分布中抽样而来，正态分布的均值和协方差矩阵见表 5－10。对于每一个员工团队，考虑 4 种工作时间限制：7、8、9、10，这些数值代表每名员工在每天可以工作的时长最上限。其中，7 为在确保问题存在可行解的前提下最强的工作时间限制。此外，算例还考虑了4种不同的客户多样化水平：5、10、15、20。因此，由30个异质团队，4种工作时长限制和4种客户多样化水平，我们可以得到480个算例。我们对这480个算例在120天的计划周期内进行测试。为控制实验中的可变因素数量，假设每天的客户需求为50。对于每一个算例，随机生成120天的客户需求集合。每一天，我们将50名客户按照均匀分布随机分配服务类型，从而生成一天的客户需求集合。

表5-10　员工团队学习参数的均值和协方差

—	—	logD	logI	logL	F
—	$\mu^T=$	(1.448	1.963	2.0446	2.269)
—	—	logD	logI	logL	F
$\Sigma=$	logD	0.0045	0.0167	0.0191	-0.0214
	logI	0.0167	0.4621	0.2443	-0.2380
	logL	0.0191	0.2443	0.1905	-0.2326
	F	-0.0214	-0.2380	-0.2326	0.3638

针对5.2.3中提到的两种基本问题的拓展变形，我们也进行了算例实验。对于第一种变形我们在计划周期中间引入一个员工团队的扰动，即一名老员工离职，同时一名新员工入职。具体而言，员工1离职，并由新员工代替，新入职员工在第61天时在所有服务类型上都具有初始经验水平。第61天对应员工1的转移函数为$q^1_{r,61}(s_{60},\ a_{60})=I^1_r$。对于第二种变形，我们在计划周期中间引入一类新的服务类型。假设所有员工在这一类新的服务上都只具备初始经验水平，因此在第61天我们将所有员工在这一类新的服务上的经验水平设为1。因此，第61天所有员工在新的服务类型上的转移函数为$q^1_{R+1,61}(s_{60},\ a_{60})=1$。在这两种基本问题的变形中，我们选用4种新的工作时间限制：9、10、11、12来确保问题具有可行解。

利用这些算例，我们进行了以下三组数值试验。通过这三组数值试验，我们试图展示本书所提出的算法在近似当期决策对未来周期的影响的价值。在第一组实验中，我们利用前向近似动态规划方法对480个算例进行求解。我们选取近视算法作为基准。在近视算法中，通过将贝尔曼最优方程的第二项设为零来近似求解，所得的最优化问题可以通过一个简化版的数学优化模型R进行求解。选择近视算法作为基准的原因是基于前面的研究，从前面的研究结果中我们可以发现，由于考虑员工的学习效应和经验水平，其结果与不考虑学习效应和经验水平这两种因素的模型大不相同。第二组和第三组实验则是针对两种基本问题的变形进行上述实验。所有的计算都由Gurobi 5.6和Python 2.7在Intel处理器的CentOS6.3系统上进行计算。此外，对于所有的实验，我们都将平滑因子α设为0.9，这是通过测试不同的参数值得到的结果。

5.2.6 数值试验分析

这一节将对数值试验结果进行分析。由于数学规划模型R可以很快求解，从而单期优化问题的求解时间也很短，所以本节没有报告算法的计算时间。

模型融入未来信息的价值：在这一部分的实验中，我们通过近似动态规划算法与近视算法对计划周期为120天的考虑基于经验的服务时间和随机客户需求的多周期技能型员工调度优化问题进行求解。图5-14和图5-15展示了试验结果，其表示的是两种算法每天成本函数的平均差异（对所有客户多样化水平的情况和所有工作时长限制的情况取平均值）。具体而言，针对近似动态规划算法和近视算法，我们记录了120天中每一天的服务时间总和，其中近视算法和近似动态规划算法对应的每天成本函数值分别用Obj_m^t和Obj_p^t表示，然后计算第t天的成本差异$gap_{m_p}^t = \frac{Obj_m^t - Obj_p^t}{Obj_p^t} \times 100\%$。图5-14展示了每一种客户多样化水平下的结果，图5-15展示了每一种工作时长限制的结果。对于所有的客户多样化水平和工作时长限制，结果都表现出相同的变化趋势。从图 5 – 14 和图 5 – 15 中可以看出，在计划周期的第 3 ~ 8 天（随客户多样化水平变化），两种算法的差异经历从负到正的大幅变动。近视算法只关注于优化当期的服务时间，而近似动态规划算法则需要通过权衡当期和下一期的成本从而达到两期成本总和的最优。所以，利用近似动态规划算法求解的第一天的成本并不是最优的。此外，由于在计划周期开始之初，近似动态规划算法并没有任何历史数据信息，因此相对于近视算法毫无优势可言。以上两方面的原因解释了第一天的负向差异。随着时间推移，近似动态规划算法积累了越来越多的历史信息，开始展现出更多的优势，因此我们看到差异从负到正的一个大幅改善。根据学习曲线的图像，我们可以发现大部分的学习效应发生在学习周期之初，这也与近似动态规划算法和近视算法之间的巨大差异相对应。此后，随着员工不断积累更多的经验水平，逐渐达到学习曲线平台期，两种算法之间的差异逐渐减少，并最终停留在一个相对稳定的水平。对比不同客户多样化水平下的结果可以发现，将未来周期信息融入当前决策的好处随着客户多样化水平的增加而变小；多样化水平越低，好处越大。出现这一现象的主要原因有以下两点：①客户多样化水平低时，每类服务类型客户的数量大，因此预测模型可以利用的数据就多，从而可以更加准确的进行预测；②由于客户多样化水平低，每类客户的数量多，因此可以通过学习获得更多的经验水平积累及生产力水平提升，从而使得未来周期信息的价值更大。

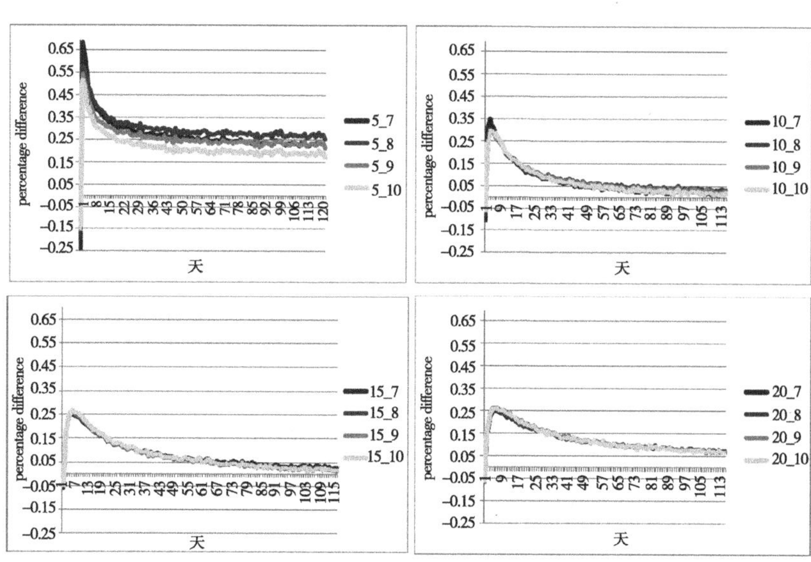

图 5－14　两种算法每期目标函数值的差异（不同客户多样化水平）

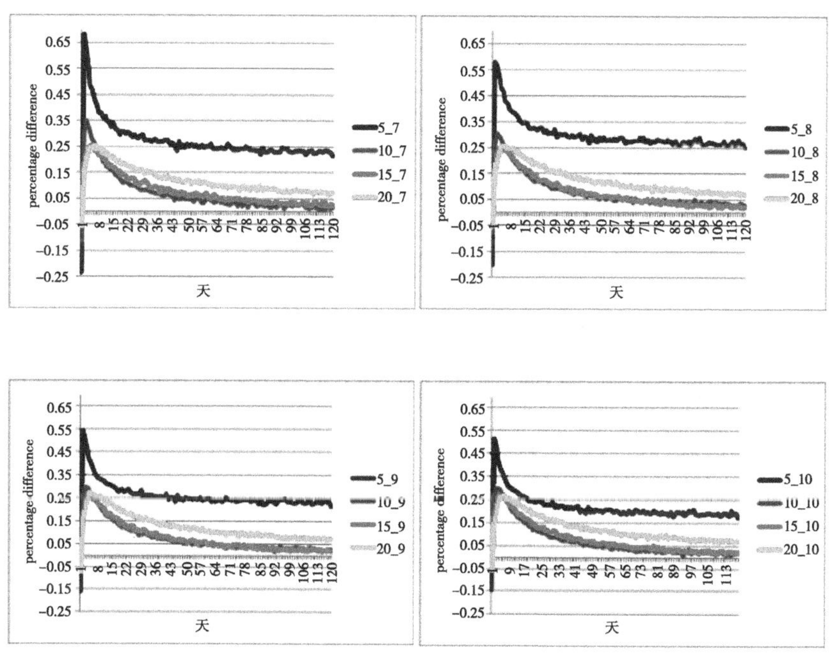

图 5－15　两种算法每期目标函数值的差异（不同工作时长限制）

对比不同工作时长限制下的结果我们可以发现，将未来周期信息融入当前决策的好处随着工作时长限制的增加而变小；工作时长限制越紧，好处越大。通过对员工与工作匹配方案的观察我们可以发现，近视算法倾向于将任务分配给服务时间最少的技能型员工。然而这个想法却在工作时长限制较紧时受到限制而无法完全满足。而近似动态规划算法则可以将未来周期的信息融入当期决策，对员工团队的技能组合进行优化从而使其能够应对未来需求的不确定性。因此，近似动态规划算法可以利用其团队技能组合的优势将任务分配给具有同等水平的多个员工，从而使得近似动态规划算法在较紧的工作时长限制下表现较好。我们也对两种算法的差异在不同算例中的分布情况进行了研究。表 5 - 11 中的数据为算例中两种算法差异为正、负和零这三种情况的数量。其中，差异为正的算例多于差异为负的算例。在较宽松的工作时长限制下，两种算法差异为零的可能性更大。这一结果并不出乎意料，当员工每天可以服务更多的客户时，学习速率和经验水平高的员工可以完成更多的工作。

表 5 - 11　平均每期差异分布情况

	正向差异				负向差异				零差异			
	R = 5	R = 10	R = 15	R = 20	R = 5	R = 10	R = 15	R = 20	R = 5	R = 10	R = 15	R = 20
C = 7	1074	1055	926	1237	455	518	599	365	1471	1427	1475	1398
C = 8	1104	907	793	1112	306	517	586	385	1590	1576	1621	1503
C = 9	977	836	761	1065	348	511	572	352	1675	1653	1667	1583
C = 10	773	792	760	1064	401	501	573	361	1826	1707	1703	1575

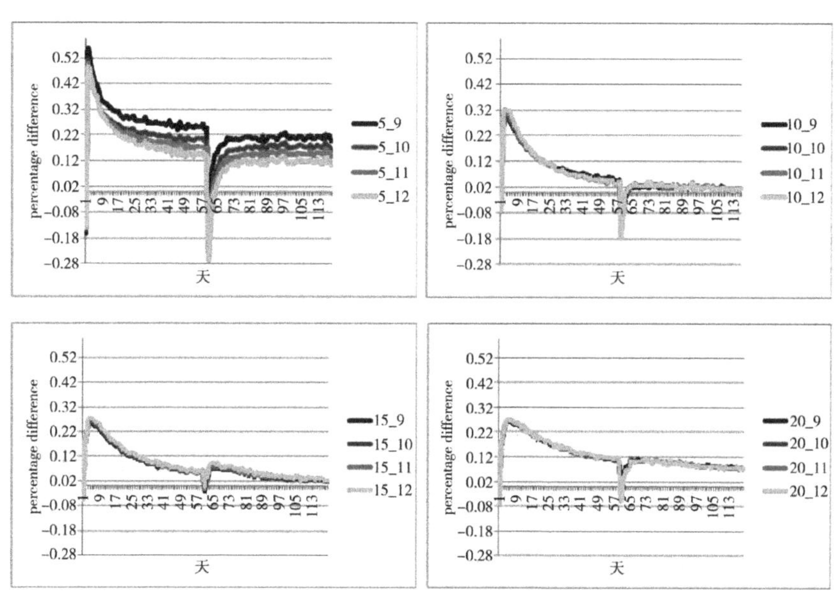

图 5 - 16 两种算法每期目标函数值的差异（员工团队变动）

5.2.7 模型对员工团队变动的反应

这一节将分析的试验是为了研究员工团队变化对算法结果的影响。图 5 - 16 展示了不同客户多样化水平下两种算法每天的成本差异。平均差异的计算方法与图 5 - 14 和图 5 - 15 的方法类似。图 5 - 16中的趋势变化与图 5 - 14 和图 5 - 15 的也类似，只是在旧员工离职和新员工入职当天及之后一段时间（第 61 ~ 70 天）出现了暂时的波动。员工团队变动之后近似动态规划算法的表现与计划周期之初的表现类似。我们可以看到一个从负到正的差异的大幅变动，其原因是近似动态规划算法对新员工团队进行的技能组合调整从而使得新员工能够更好地应对未来市场需求的不确定性，而牺牲当期的服务时间。接下来，我们研究新员工（员工 1）的工作量。图 5 - 17 展示了新员工在计划周期中后段（第 61 ~ 120 天）每一天的工作量，以及在入职当天（第 61 天）的工作量。数据显示这两种情况下，近似动态规划算法都比近视算法分配更多的工作给新员工。跟计划周期之初的策略一样，近似动态规划算法通过分配更多的工作给新员工从而进行技能组合的长期优化，使其能够更多的应对未来市场需求的不确定性，这也正是近视算法所忽略的。实际上，在有些情况下，新员工的工作量已经超过了平均工作量（20%）。也就是说在这些情况下，近似动态规划算法可以培养新员工使其在未来具有更好的应变能力。同时，我们也注意到，在客户多样化水平低时，引入新员工造成的暂时的负向差异幅度更大。较低的客户多样化水平意味着每类服务数量较大，员工可以快速积累足够的经验水平从而达到学习曲线的最高点。因此，在新员工入职时，他与其他员工的服务时间差异较大，但正如前文所述，近似动态规划算法倾向于分配更多的任务给新入职的员工，客户多样化水平的这一影响在低水平时更为明显。我们可以看到在 R =5 时，两种算法分配给新员工的工作量差异最大，原因是近视算法只关注于将工作分配给老员工中生产力水平较高的员工。

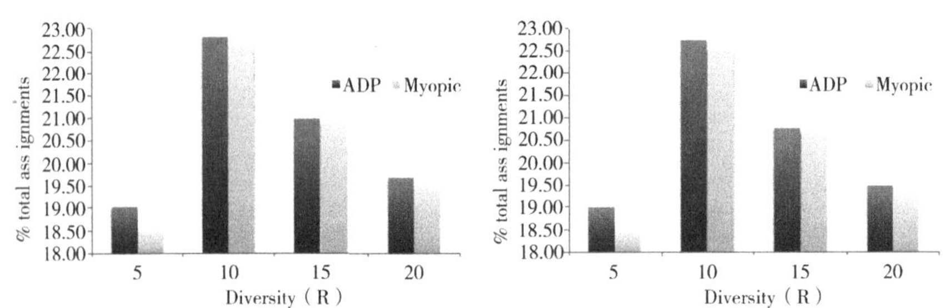

图 5－17　新员工每日工作量

接下来我们将讨论引入一种新的服务类型情况下的数值试验结果。图 5－18 展示了不同客户多样化水平下两种算法每天的成本差异。平均差异的计算方法与图 5－14 和图 5－15 的方法类似。图 5－18 中的趋势变化与图 5－14 和图 5－15 的也类似，只是在引入新的服务类型当天及之后一段时间（第 61～70 天）出现了暂时的波动。跟员工团队变化情况时一样，在引入一种新的服务类型时，近似动态规划算法为了更好地对员工团队的技能组合进行优化以应对未来市场需求的不确定性，选择牺牲当期的服务时间。接下来，对于两种算法我们研究了不同员工在新引入的服务类型上的经验水平分布情况。具体而言，对每个员工团队和每个算例，我们计算完成新的服务类型最多的员工完成新服务类型所用时间占总服务时间的比例。类似的，我们也计算了完成新的服务类型第二多（第三多、第四多等）的员工完成新服务类型所用时间占总服务时间的比例。图 5－19 展示了完成新的服务类型最多的员工完成新服务类型所用时间占总服务时间的比例。由于完成新的服务类型第三多到第五多的员工完成新服务类型所用时间极少（<0.65%），因此可以忽略不计。图 5－19 中的数据显示两种算法都倾向于让一名员工在新的服务类型上培养专业化水平，专业化水平的高低与客户多样化水平有关。然而，近似动态规划算法有时也培养完成新的服务类型第二多的员工在新

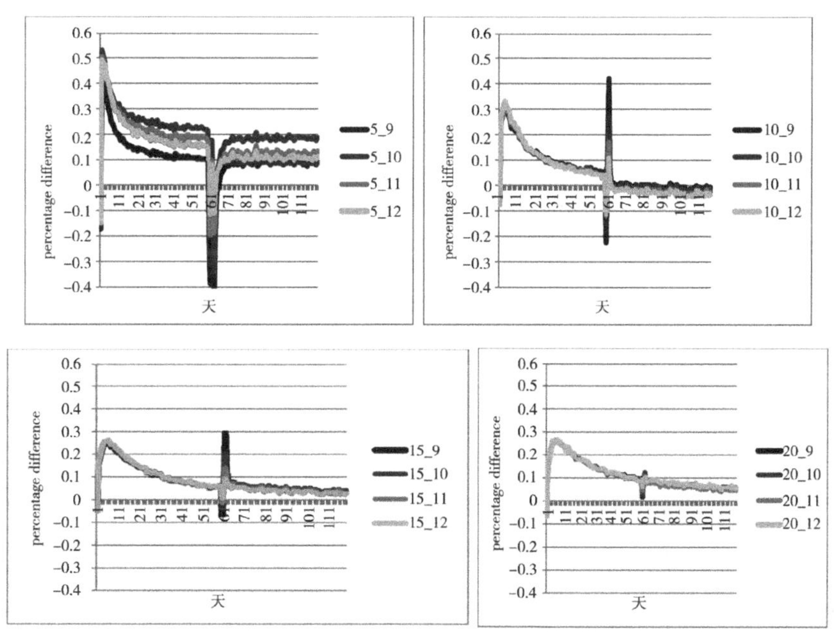

图 5－18　两种算法每期目标函数值的差异（服务类型增加）

服务类型上的专业化水平，并且在客户多样化水平较低时更为明显。跟前文的解释类似，低客户多样化水平使得员工可以在员工服务类型上更快的积累经验水平获取生产力水平的提升。

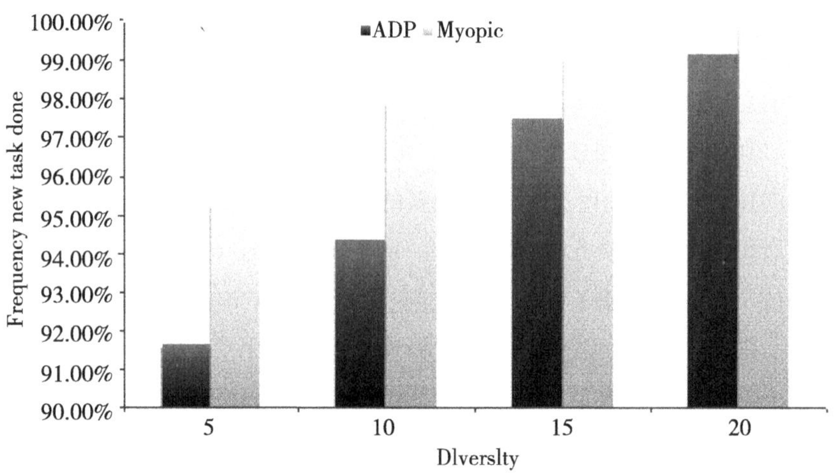

图 5－19 完成新的服务类型最多的员工完成新服务类型所用时间比例

5.2.8 结论

在这一研究中，我们研究了考虑基于经验的服务时间和随机客户需求的多周期技能型员工调度优化问题。该问题可以按照单期问题进行建模，但由于本节将员工的个体学习效应融入模型，因此按照多周期问题进行建模。当期决策需要同时考虑为未来周期储备相应的产能。本节利用马尔可夫决策过程对多周期问题进行建模，同时考虑问题的两种拓展变形：员工团队变动和引入新的服务类型。本书提出一种基于近似动态规划方法的算法从而迭代求解多个周期问题。同时，将员工的经验积累对未来周期决策的影响考虑进来。该方法利用当前周期的员工与工作分配方案对未来周期员工分配方案及对应服务时间的预测来对贝尔曼最优方程中的值函数进行近似计算。由于学习效应的函数为非线性，我们利用现有文献中的变形方法将原来的优化问题转化为可以实时求解的混合整数规划问题。我们通过大量的数值试验对所提出的模型和算法进行检验。近视算法，将多周期问题分解为一系列单周期问题进行求解，忽略了未来周期的信息。我们将其作为所提出模型和算法的比较基准。在所有的问题变形中，由于近似动态规划方法可以更好地进行员工团队的技能组合优化，从而对当期与未来周期的得失进行权衡，最终相对于近视算法得到更好的解。

5.3　近似动态规划算法在考虑基于经验的服务时间和随机客户需求的多周期技能型员工调度优化中的应用

技能型员工的短缺，以及技能错配问题一直都困扰着各类企业。Hays 全球技能指数 2016 年的报告显示，由于市场对于技能型员工的需求激增，技能型员工市场出现了严重的供不应求，这进一步加剧了技能型人才错配及工资压力。在美国，人才错配的一个重要表现就是失业率和职位空缺同时呈现出增长趋势。此外，技能型员工供不应求的局面并没有得到改善的趋势。尤其是随着全球老龄化进程的不断加剧，并没有足够的新生劳动力来填补职位空缺。

现有文献显示，企业可以通过对自身人力资源发展进行有效的管理从而克服人才短缺的困境。具体而言，如果企业可以在制订和实施人力资源管理策略时，将员工的个体学习效应考虑进来就可以帮助企业更好地最大限度地利用其有限的人力资源。例如，Nembhard（2001）利用实证数据中的学习参数来进行员工与工作匹配可以大幅提升整个员工团队的生产力水平。此外，意识到员工具有学习能力，并将其融入人力资源决策中来可以帮助企业培养市场所需的技能组合，从而更有效地解决人才错配问题。例如，Wirojaragnd 等（2007）提到将员工团队的异质性融入决策中来可以大幅降低成本，同时也可以针对不同的员工制订不同的招聘、解聘和培训策略。同样，如果企业意识到员工都具有学习能力且学习速率各不相同，则可以充分利用员工通过经验积累而得到生产力提升。相反的，Neumann 和 Medbo（2017）中指出由于运作管理模型中常常忽略个体学习效应，因此对于系统表现的估计通常是不准确的。总而言之，将员工的个体学习效应融入企业的人力资源决策中来不仅可以帮助企业满足当前市场需求，同时也能为未来市场需求储备产能，抵御不确定性的风险。

在这一研究中，我们探究企业如何通过将员工的个体学习效应和未来周期信息同时融入当期人力资源决策中来以满足当前市场需求，以及为未来市场需求储备产能。我们研究的问题为员工与工作调度问题的一类变形。跟经典的员工与工作调度问题类似，我们的问题设置为一组员工团队需要为一组客户提供服务以满足需求。不同的服务类型需要相应的技能水平。这样的设定来源于生产企业、家居服务行业、实验室分析工作，以及家庭医疗服务等行业的实际情况。在所研究的问题中，我们将员工通过经验积累提高生产力水平的事实融入多周期员工与工作调度优化中来。其中，经验水平的度量是完成某类服务的次数，学习速率是用来度量员工学习的快慢。假设员工团队异质化，即员工在学习速率和经验水平等方面都存在显著差异，其中学习速率和初始经验水平已知。服务时间由员工在某类服务中所积累的经验水平，以及他的学习速率决定。每天开始时，可以观测到当天的客户需求。这一研究的目标函数为最小化计划周期内服务时间总和的期望。这一目标函数体现了企业通过技能组合优化最大化生产力的思想。我们称这一问题为“考虑基于经验的服务时间和随机客户需求的多周期技能型员工调度优化问题”。

为求解这一问题，本书提出一种近似动态规划算法，利用参数线性模型对每一周期的值函数进行近似计算。线性模型基于基底函数，将巨大的系统状态映射到一组数量较小的属性上。值得注意的是，基底函数可以帮助我们克服维数灾中状态集规模大的问题。对值函数进行近似计算面临两个挑战。首先，我们需要构造一个基底函数使其能够包含足够多的系统状态信息从而对值函数进行有效的近似计算。本书中选取的基底函数将状态集缩减为每名员工在所有服务种类上的经验水平之和。其次，我们需要确定基底函数模型中参数的取值。本书利用近似值函数迭代与迭代回归的方法来对参数进行调整。

本书的首要贡献体现在算法方面。尽管现有文献中不乏有对员工的个体学习效应在员工调度问题中影响的研究，但现有的算法最好也只是将下一个周期的信息融入当期决策中来。而本书则考虑了当期决策对剩余整个计划周期的影响，从而可以将更多的未来周期信息融入当期决策中来。同时，本书也展示了所研究的问题所对应的值函数并不具备任何现在近似动态规划算法所研究的函数结构性质，但是所提出的线性近似模型依然可以很好地对非线性问题进行近似计算。最后，本书进行了大量的数值试验，并以现有文献中的一步展望算法为基准。一步展望算法只考虑当期决策对下一周期决策的影响，数值试验的结果显示近似动态规划算法优于一步展望算法，同时我们也讨论了不同参数对近似动态规划算法表现的影响。

本书除了对利用所提出算法求解得到的高质量决策进行分析外，也对实际运作管理提出了一些指导性建议。具体来讲，首先企业可以通过牺牲当期的成本从而更好地对员工团队的技能组合进行优化。由于目标函数仅度量了每天服务时间的缩减，我们进一步加深了与员工团队技能组合优化相关的分析。在此背景下的分析显示企业决策者只需要在计划周期的开始阶段对员工团队进行优化。其次，在计划周期初期确定了员工团队的技能组合优化决策后，只需按此策略执行，并不需要每天都对策略进行调整。再次，是通常较好的决策是让员工团队中的每名员工从事各种各样的服务类型，也就是将员工培养成全能手而并非专家。最后，通常较好的决策对应员工团队中较为均衡的工作量分布，即使是对学习效率和经验水平都低的员工。

5.3.1 问题建模

这一节对所研究问题进行建模，这一模型由 Chen（2017）提出。我们假设计划周期为 T 天，集合 T = {1，2，…，T} 为计划周期内的时间序号集合。集合 K = {1，2，…，K} 为技能型员工的集合，在基本模型中，K 并不随着时间变化，即员工团队在整个计划周期内保持不变。集合 R = {1，2，…，R} 为所有可能出现的服务类型集合。在该研究中，我们假设技能型员工在每一类服务上的学习相互独立。但所提出的模型和求解方法都可以进行改进从而应对存在知识转移的情况。每位员工 k 在每项服务 r 上的服务时间不同，该服务时间由员工在这项服务上的经验水平，以及员工将经验水平转化为生产力提升的能力所决定。d_{r0}为具有最低经验水平的技能型员工完成 r 类服务所需要的时间。D_r^k为技能型员工 k 完成 r 类任务的稳态时间。个人学习参数L_r^k代表技能型员工 k 在 r 类服务上的学习速率。以上这些参数都可以通过实证数据进行估计。给定以上这些参数，我们可以根据学习曲线来确定员工 k 在第 t 天在 r 类服务任务上的服务时间。学习曲线需要员工第 t 天所累积的经验水平。我们通过 R 维向量Q_t^k = （q_{rt}^k）代表技能型员工 k 的经验水平，其中q_{rt}^k表示技能型员工 k 在 r 类服务上的经验水平。Q_0^k代表计划周期之初技能型员工 k 的初始经验水平。每类服务 r 对应的服务时间d_{rt}^k表示技能型员工 k 在第 t 天完成 r 类服务的时间。本书采用 Hyperbolic 学习曲线，由 $d_{rt}^k = \left(D_r^k \left(\frac{q_{rt}^k}{q_{rt}^k + L_r^k}\right)\right)^{-1}$ 可得员工 k 在第 t 天在 r 类服务上的服务时间。

给定周期 t，我们通过员工与工作的匹配来完成当天的客户需求。假设每位员工的工作时间上限为 C。同时，每天的客户需求只有在每天开始才可以观测到。我们的最终目标是最大限度地利用现有人力资源，所以目标函数为最小化计划周期内每天服务时间总和的期望。本书利用马尔可夫决策过程对考虑基于经验的服务时间和随机客户需求的多周期技能型员工调度优化问题进行建模。计划周期中每一天开始时进行决策，令 $t=1, 2\cdots, T$ 为决策期，第 T 天为计划周期的最后一天。系统状态包括进行调度决策所需的全部信息。具体而言，为了进行员工与工作的匹配决策，我们需要了解当天客户所需提供服务的类型及员工在当天开始时的经验水平。因此，第 t 天开始时系统状态为 $s_t = \{N_t, Q_t\}$。

给定状态 s_t，可以采取的行动为员工与工作的匹配方案集合。令行动 $a_t(s_t) = \{x_{it}^k: i \in N_t, k \in K\}$。其中，0－1 变量 x_{it}^k 为 1 代表技能型员工在第 t 天的客户 i 提供服务。为了表示方便，令 r（i）$\in R$ 代表任务 i 属于 r（i）类服务。因此，在第 t 天，可行的行动应满足以下约束。

$$\sum_{k \in K} x_{it}^k = 1, \quad \forall i \in N_t \tag{2}$$

$$\sum_{i \in N_t} x_{it}^k d_{r(i)t}^k \leqslant C, \quad \forall k \in K \tag{3}$$

$$x_{it}^k \in \{0, 1\}, \quad \forall i \in N_t, \quad \forall k \in K \tag{4}$$

约束（2）确保一项工作只能由一名员工完成，且该项工作只能被分配一次，约束（3）确保所有员工的工作时间在约束上限之内，约束（4）为整数约束。令 $A_t\{s_t\}$ 为第 t 天给定状态 s_t 前提下所有可行的行动集合。假设每名技能型员工的学习为确定性的，且由其所累积的经验水平决定。因此，给定系统状态 s_t，采取行动 a_t，系统将通过以下方程对员工的经验水平进行更新，从而发生一个确定性的状态转移，到决策后状态 $s_t^a = \{N_t, Q_t^a\}$。

$$q_{r(t+1)}^k(S_t, a_t) = q_{rt}^k + \sum_{i \in C_t} \sum_{j \in C_t \cup \{C_t+1\}} x_{ijt}^k z_{ir}, \quad \forall k \in K, \quad \forall r \in R$$

在以上方程中，员工的经验水平由完成相应类型服务的次数决定。该方程将员工已有的经验水平与当期所获得的新的经验水平加总。令 $W_{t+1} = (w_{1,t+1}, \cdots, w_{\check{N}_{t+1},t+1})$ 为第 t＋1 天的随机外生信息，其中 $W_{i,t+1}$ 为代表第 t＋1 天中客户需求 i 对应的服务类型随机变量。$\check{N}_{t+1}$ 为代表第 t＋1 天客户需求的序号。这两个随机变量在第 t＋1 天前都无法观测到。通过第 t＋1 天所观测到的外生信息，系统状态将转移到第 t＋1 个决策期，在这个决策期中，系统状态由决策后状态 S_t^a 转移到决策前状态

$s_{t+1}=\{N_{t+1}, Q_{t+1}\}$，其中$N_{t+1}$为第 t+1 天实际发生的外生信息过程。在这一部分转移中，技能型员工的经验水平保持不变，即$Q_{t+1}=Q_t^a$。技能型员工在第 t+1 天的生产力水平可以通过已知的经验水平和学习曲线进行计算。

在第 t 个决策周期，给定系统状态s_t，采取行动a_t，系统状态从决策前状态s_t转移到决策后状态s_t^a，产生成本 $C(s_t, a_t)=\sum_{k\in K}\sum_{i\in N_t}x_{it}^k d_{r(i)t}^k$，$\forall a\in A_t\{s_t\}$，即第 t 天完成所有客户需求所需要的服务时间总和。该问题的目标函数为$\min_{\pi\in\Pi}E\left[\sum_{t=1}^{T}C\left(s_t, \delta_t^{\pi}\left(s_t\right)\right)\right]$。其中，π 决定了计划周期内每一天所采取的行动，Π 为所有策略的集合。$\delta_t^{\pi}(s_t)$ 为决策规则，即状态s_t和行动a_t之间的映射函数。

5.3.2 求解方法

给定前文的一系列假设，我们可以通过求解著名的贝尔曼最优方程来找到最优策略。贝尔曼最优方程的一般形式如下。

$$V_t(s_t)=\min_{a_t\in A_t(S_t)}C(s_t, a_t)+E\left[V\left(s_{t+1}\right)\mid s_t, a_t\right]\}$$

虽然我们可以很容易地将所研究问题的贝尔曼方程写出来，但由于需要刻画系统状态中每一天的客户需求，维数灾的问题导致无法利用传统的逆向动态规划算法进行求解。本书提出一种值函数的近似方法，即将贝尔曼最优方程的第二项替换成近似函数。为了达到这一目的，我们采用较为简单的决策后状态，而非当前状态的后续决策前状态。这样，我们就可以得到近似贝尔曼最优方程$\bar{V}_t(s_t)=\min_{a_t\in A_t(S_t)}C(s_t, a_t)+\hat{V}(s_t^a)\}$，其中$\bar{V}_t(S_t)$表示当前系统状态对应的值函数的近似值，$\hat{V}(S_t^a)$为在状态$S_t$采取行动 a 后对应的值函数近似值。

如前文文献综述中提到的一样，许多现有文献在进行值函数逼近时会对值函数本身特殊的结构特征进行研究。特殊的结构可以帮助我们识别出合适的近似函数形式，同时也有利于参数调整。但在我们所研究的问题中，值函数并不具备这样的特殊结构。具体而言，我们利用三个反例来证明了所研究问题的值函数不是凸的（不论是对单个员工的经验水平还是从聚类层面来说）。即使没有特殊的性质，也可以利用线性分段函数来近似计算从而试图对值函数的结构进行学习。我们也做了一些相应的数值试验，但结果证明效果并不好，尤其是在算法收敛性上。同时，在现有文献中也没有此类近似动态规划算法成功的案例。

因此，我们选取线性近似模型来对值函数进行近似计算。值得注意的是，在所研究的问题中，工作任务与经验水平都是离散的。同时，每一天每种服务类型的最大值已知。因此，在每个时间段对每名员工，我们并不需要对每一个经验水平进行值函数逼近。因为，每个周期每名员工的经验水平只会位于某个区间内，而大部分系统状态并不会被访问。Ulmer（2017）展示了动态路径优化问题中存在同样的现象。例如，在第 t 天开始时，假设员工 1 在 2 类服务上的经验水平为 5，这一天 2 类服务一共有 7 个，由于所有可能分配给员工 1 的 2 类服务数量在 0 ~ 7 之间，则在第 t 天结束时，员工 1 在 2 类服务上的经验水平为 5 ~ 12 之间。因此，对于员工在 2 类服务上我们仅需要对[5，12]这一区间内的状态进行值函数逼近。由于存在以上现象，我们认为线性模型可以有效地对值函数进行近似计算。

我们利用基底函数对值函数进行线性近似计算。基底函数将巨大的系统状态集映射到一组数量较小的属性上。通常线性计算模型为 $\sum_{j=1}^{J}\theta_{jt}\varphi_{jt}(s_t^{a_t})$，其中 $\varphi_{jt}(s_t^{a_t})$ 为基底函数，它将决策后状态 S_t^a 映射到相应的属性上，每个 θ_{jt} 值为对应的权重或系数。在所研究的问题中，由于每名员工我们都创建一个属性，此外还有一个截距项的基底函数，则 $J = K + 1$。同时，我们选取的基底函数是针对每个决策周期的，这样可以帮助我们克服值函数没有特殊结构的问题。利用基底函数，近似贝尔曼最优方程可以改写为

$$\bar{V}_t(s_t) = \min_{a_t \in A_t(S_t)} C(s_t, a_t) + \sum_{j=1}^{J}\theta_{jt}\varphi_{jt}(s_t^a)\}$$

作为整数规划的近似贝尔曼最优方程在所研究的问题中，每名员工

的经验水平连接着计划周期中的每一天，因此员工的经验水平在值函数近似中至关重要。对于每个决策周期 t，令基底函数为$\varphi_{1t}(\cdot)$，$\varphi_{2t}(\cdot)$，…，$\varphi_{Jt}(\cdot)$，每一个基底函数即为将决策后状态映射到一个基于每名员工在所有服务类型上经验水平总额的实数。对于每一个决策后变量$s_t^{a_t}$，令$\varphi_{1t}(s_t^{a_t})=1$，其中$\theta_{1t}$为截距项。在每个决策周期，对每个员工 k，我们构造一个反映员工 k 采取行动 a 后在所有服务类型上的经验水平总和的基底函数$\varphi_{1+k,t}(s_t^{a_t})=\sum_{r\in R}q_{rt}^k+\sum_{i\in N_t}x_{it}^k$。这样，近似贝尔曼最优方程可以改写为以下整数规划模型。

$$(P)\ \bar{V}_t(s_t)=\sum_{k\in K}\sum_{i\in N_t}x_{it}^k d_{r(i)t}^k+\sum_{k\in K}\theta_{k+1,t}\left(\sum_{r\in R}q_{rt}^k+\sum_{i\in N_t}x_{it}^k\right)+\theta_{1,t}$$

为确定参数 θ 的值，我们利用值函数迭代及迭代回归的方法。这一方法是对 Powell（2011）的方法的改进。

5.3.3 数值试验设计

这一节我们首先对用来测试算法的算例进行描述。然后讨论数值试验设计中采用的比较基准，最后对数值试验的具体细节进行介绍。

这一节主要讨论用来检验所提出模型和算法价值的数值算例。算例中包含 30 个异质团队，每个团队有 5 名员工，他们具有不同的学习速率和初始经验水平。其中，学习速率和稳态生产力水平是按照实证数据所得的多变量正态分布中抽样而来。对于每一个员工团队，考虑 4 种工作时间限制：5，6，7，8，这些数值代表每名员工在每天可以工作的时长最上限。其中，5 为在确保问题存在可行解的前提下最强的工作时间限制。此外，算例还考虑了 5 种不同的客户多样化水平：5，7，10，13，20。因此，由 30 个异质团队，4 种工作时长限制和 5 种客户多样化水平，我们可以得到 600 个算例。我们对这 600 个算例在 120 天的计划周期内进行测试。为控制实验中的可变因素数量，假设每天的客户需求为 50。对于每一个算例，随机生成 120 天的客户需求集合。每一天，我们将 50 名客户按照均匀分布随机分配服务类型，从而生成一天的客户需求集合。

我们利用 Chen（2017）所提出的一步展望算法作为基准进行比较。这一方法利用一步展望的思想对贝尔曼最优方程中的第二项进行近似计算，其近似思想是利用当期决策对下一期的员工与工作分配情况及对应的服务时间总和进行预测。具体而言，对于每一名技能型员工和每一类服务任务，我们首先利用指数平滑预测方法$F_{rt}^{k}=\alpha F_{r,t-1}^{k}+(1-\alpha)A_{r,t-1}^{k}$对下一期的客户需求进行预测，其中$F_{r,t-1}^{k}$和$A_{r,t-1}^{k}$为技能型员工 k 在第 t－1 期完成 r 类服务次数的预测值和实际值，F_{rt}^{k}为技能型员工 k 在第 t 期完成 r 类服务次数的预测值。参数 α 为平滑因子。给定技能型员工 k 在第 t－1 期的任务分配情况$x_{i,t-1}^{k}$，我们可以利用$\sum_{i\in N_{t-1};r(i)=r}x_{i,t-1}^{k}$计算$A_{r,t-1}^{k}$。进而，给定技能型员工 k 在第 t－1 期的任务分配情况，我们可以计算员工 k 在第 t 天在 r 类服务上的服务时间预测值$\hat{d}_{rt}^{k}$。对于每一名技能型员工和每一类服务任务，$\hat{d}_{rt}^{k}$可以利用第 t－1 天的任务分配方案通过$\hat{d}_{rt}^{k}=\left(D_{r}^{k}\left(\frac{q_{r,t-1}^{k}+\sum_{i\in N_{t-1};r(i)=r}x_{i,t-1}^{k}}{q_{r,t-1}^{k}+\sum_{i\in N_{t-1};r(i)=r}x_{i,t-1}^{k}+L_{r}^{k}}\right)\right)^{-1}$进行计算。给定第 t 期的任务分配情况预测$F_{rt}^{k}$，以及相应的服务时间预测值$\hat{d}_{rt}^{k}$，对于每一名技能型员工和每一类服务任务，近似贝尔曼最优方程可以写成$\hat{V}(s_{t-1})=\min_{a\in A_{t}(s_{t-1})}\{C(s_{t-1},a)+\sum_{k\in K}\sum_{r\in R}F_{rt}^{k}\hat{d}_{rt}^{k}\}$。近似贝尔曼最优方程又可以改写成以下数学优化模型。

$$(F)\quad \min\sum_{k\in K}\sum_{i\in N_{t-1}}x_{i,t-1}^{k}d_{r(i),t-1}^{k}+\sum_{k\in K}\sum_{r\in R}Fx_{it}^{k}\hat{d}_{rt}^{k}$$

subject to（2），（3），（4）

$$F_{rt}^{k}=\alpha F_{r,t-1}^{K}+(1-\alpha)\sum_{i\in N_{t};r(i)=r}x_{i,t-1}^{k},\quad \forall k\in K,\ \forall r\in R \tag{10}$$

$$\hat{d}_{it}^{k}=\left(D_{r}^{k}\left(\frac{q_{r,t-1}^{k}+\sum_{i\in Nt-1;r(i)=r}x_{i,t-1}^{k}}{q_{r,t-1}^{k}+\sum_{i\in N_{t-1};r(i)=r}x_{i,t-1}^{k}+L_{r}^{k}}\right)\right)^{-1},\quad \forall r\in R,\ \forall k\in K \tag{11}$$

$$x_{i,t-1}^{k}\ \text{binary},\quad \forall k\in K,\ \forall i\in N_{t-1} \tag{12}$$

目标函数为最小化总服务时间和下期的预测服务时间总和。如前文所述，约束（2）到（4）定义了可行域。当 t - 1 = 1 时，约束（10）由$F_{rt}^{k}=\sum_{i\in N_{t-1};r(i)=r}x_{i,t-1}^{k}$代替，约束（11）根据预测分配方案计算预测服务时间，约束（12）为 0 - 1 变量约束。

模型（F）为非线性模型，我们需要通过现有文献中的方法对其进行变形来克服这一困难。变形方法利用了任务分配，以及经验水平为离散的且每类服务数量的最大值已知这些事实。因此，对于每一名技能型员工和每一类服务任务，我们可以遍历所有可能的服务时间的集合。

5.3.4 实验及结果分析

Algorithm 1 Approximate Post-Decision Value Iteration

1. Initialization: Initialize θ^0 . Set iteration counter n = 1.

2. Forward Pass:

   (a) Initialize the forward pass: initialize $\hat{\mathcal{Q}}_0^n$ to the initial state of the experience of the technicians at the beginning of day 1. Obtain a sample realization of $\{N_t : t \in T\}$, say $\{\hat{N}_t^n : t \in T\}$. Set t = 0 and initialize $\hat{s}_0 = (\hat{\mathcal{Q}}_0^n, \hat{N}_0^n)$.

   (b) Solve: for time period t, solve model (P) in Section 4 setting $\theta_t = \theta_t^{n-1}$ to get $\hat{a}_t^n = \{x_{it}^k : \forall k \in K, \forall i \in \hat{N}_t\}$.

   (c) Apply the system dynamics: set

   $$q_{r,t+1}^{k}(s_t, a_t) = q_{rt}^{k} + \sum_{i\in N_t^n : r(i)r} x_{it}^{k} \ \forall k \in K, \forall r \in R,$$

   and use these values to create the vector $\hat{\mathcal{Q}}_{t+1}^n$.

   (d) Advance time: set t = t + 1. If $t \in T$, set $\hat{s}_{t+1} = (\hat{\mathcal{Q}}_{t+1}^n, \hat{N}_{t+1}^n)$ to Step 2(b).

3. Backward Pass:

   (a) Initialize the backward pass: initialize $\hat{v}_T^n = 0$.

   (b) Value function update: for time period t, set $\hat{v}_t^n = C(\hat{s}_{t+1}, \hat{a}_{t+1}) + \hat{v}_{t+1}^n$ for $t = 1, \cdots, T-1$.

4. Recursive least square update: $\theta_t^n = U(\theta_t^{n-1}, \hat{v}_t^n, \hat{s}_t^{\hat{a}_t, n})$ for $t = 1, \cdots, T-1$.

5. Advance iteration counter: set n = n + 1. If $n \leqslant N$, go to Step 2.

在这一节的实验中，我们将基于基底函数的近似动态规划算法与一步展望算法进行比较，进而检验基于基底函数的近似动态规划算法的价值。我们对计划周期内 120 天的基于基底函数的近似动态规划算法，以及一步展望算法进行求解。具体而言，对基于基底函数的近似动态规划算法的测试分为两个部分。在训练阶段，我们利用以下算法来对值函数近似进行调参。在训练阶段结束时将得到基底函数对应的参数的取值。接下来，在测试阶段，我们利用训练阶段得到的值函数近似的参数值，以及不同的实际需求样本来检验现有值函数近似的解的质量。在实验中，我们选取 1000 次训练循环和 1000 次测试循环。为了进行比较，我们利用同样的实际需求样本来对一步展望算法进行求解。

先来看基于基底函数的近似动态规划算法相对于一步展望算法的表现。我们利用两种算法对每一个算例进行求解并记录下了计划周期中每一天的总服务时间。在周期 t，将基于基底函数的近似动态规划算法对应的每天的总服务时间记为Obj_{bf}^{t}，一步展望算法对应的每天的总服务时间记为Obj_{ol}^{t}。给定这些每天的服务时间值，我们计算两种算法之间的差距$\mathrm{gap}_{ol-bf}^{t}=\frac{\mathrm{Obj}_{ol}^{t}-\mathrm{Obj}_{bf}^{t}}{\mathrm{Obj}_{bf}^{t}}$。图 5－20 展示了不同客户多样化水平下的平均差异。平均值的计算是对所有员工团队和所有算例进行的平均。从图 5－20中可以看到清晰的趋势。首先，对于所有客户多样化水平下，基于基底函数的近似动态规划算法最终的表现优于一步展望算法。随着客户多样化水平变低，基于基底函数的近似动态规划算法表现更加出色。例如，在客户多样化水平为 5 时，基于基底函数的近似动态规划算法在后 60 天中的表现比一步展望算法好 2.5%。其次，对于所有的客户多样化水平，在计划周期的前期基于基底函数的近似动态规划算法比一步展望算法要差。在这一阶段，随着客户多样化水平的降低，基于基底函数的近似动态规划算法的表现更差。例如，在客户多样化水平为 5 时，一步展望算法在计划周期前 10 天的表现要比基于基底函数的近似动态规划算法好 5%。以上这些趋势我们可以看出基于基底函数的近似动态规划算法在制订当期员工与工作匹配方案时，不仅考虑当期的成本，同时也考虑当期决策对未来周期员工与工作匹配及对应的服务时间的影响。具体而言，在计划周期之初，基于基底函数的近似动态规划算法通过对员工团队技能组合的优化，从而权衡当期成本与未来周期服务时间。而这一权衡的力度随着客户多样化水平的变化而变化，当客户多样化水平低时，计划周期开始时基于基底函数的近似动态规划算法与一步展望算法之间的负向差异越大，随着时间推移，计划周期中后段基于基底函数的近似动态规划算法与一步展望算法的正向差异也越大。因此，基于基底函数的近似动态规划算法可以针对不同的客户多样化水平来调整现在与未来成本的权衡，从而更有效地对员工团队的技能组合进行优化。

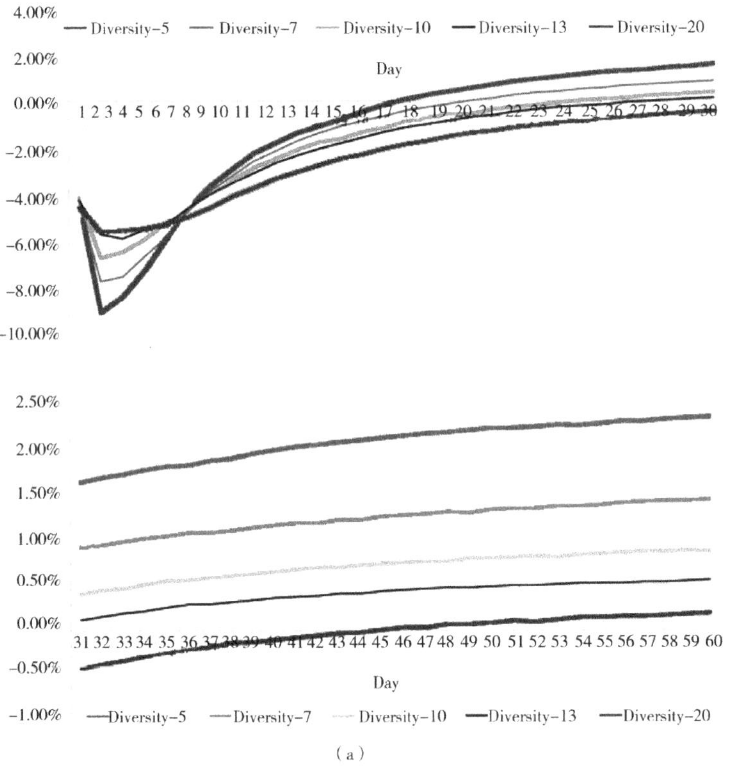

(a)

图 5-20 每日目标函数值的平均差异（不同客户多样化水平下）

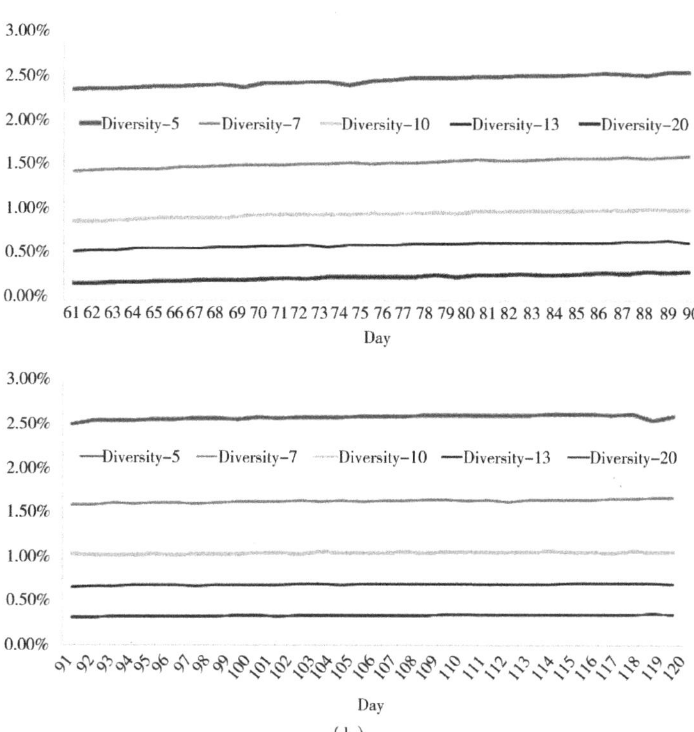

（b）

图 5－20　每日目标函数值的平均差异（不同客户多样化水平下）

接下来我们讨论在多长的一段时间内基于基底函数的近似动态规划算法需要对当期和未来成本进行权衡。具体来说，我们想要知道何时员工的经验水平积累使得员工团队的技能组合足以抵御未来市场的不确定性。为了找到答案，我们主要研究每天基于基底函数的近似动态规划算法中整数规划目标函数的第二项 $\sum_{k\in K}\theta_{k+1,t}\sum_{r\in R}q_{r,t+1}^{k}$。由于 $\sum_{r\in R}q_{r,t+1}^{k}=\sum_{r\in R}q_{r,t}^{k}+\sum_{i\in N_t}x_{i,t}^{k}$ 这一约束，可以将这一项改写为 $\sum_{k\in K}\theta_{k+1,t}\sum_{r\in R}q_{r,t}^{k}+\sum_{k\in K}\theta_{k+1,t}\sum_{i\in N_t}x_{i,t}^{k}$。其中，第一项是一个常数，而第二项为当期员工与工作匹配方案的函数。这样，当 $\theta_{k+1,t}=0$ 时，基于基底函数的近似动态规划算法求解即为第 t 天的单期问题。因此，我们通过计算每一期的平均值 $\bar{\theta}_t=\frac{\sum_{k\in K}|\theta_{k+1,t}|}{|K|}$ 来判断基于基底函数的近似动态规划算法

是否在当期决策与未来周期成本之间进行权衡。我们将每一期的$\bar{\theta}_t$值作为衡量基于基底函数的近似动态规划算法在多大程度上进行当期与未来周期权衡的变量。图 5－21 中左图展示了前 30 天中$\bar{\theta}_t$的变化趋势。

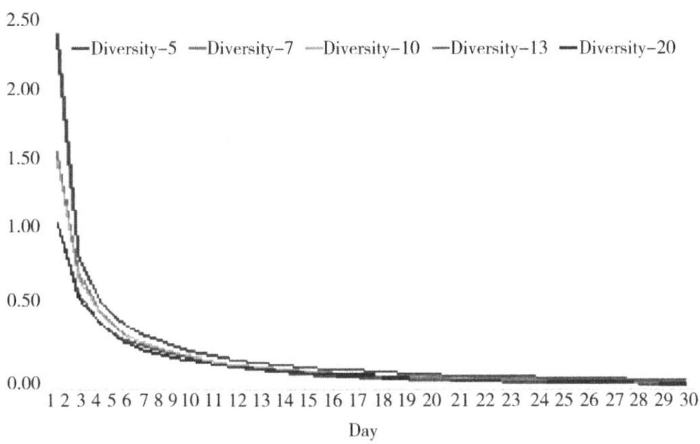

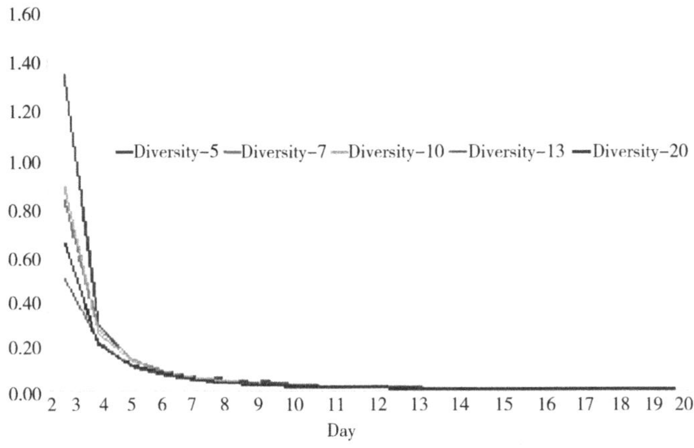

图 5－21　$\bar{\theta}_t$和Δ_t^{θ}的变化趋势

图 5－21 中左图展示了非常清晰的$\bar{\theta}_t$值的变化趋势。首先，对所有的客户多样化水平，$\bar{\theta}_t$值下降速度很快，在计划周期的第 15 天就已经接近零。这表明基于基底函数的近似动态规划算法在计划周期的最初几天对员工团队的技能组合进行优化，然后就可以转为近视策略。其次，

$\bar{\theta}_t$值取决于客户多样化水平，客户多样化水平越低$\bar{\theta}_t$值越大。这说明，基于基底函数的近似动态规划算法可以准确地估计当前决策导致的经验积累对未来周期服务时间的影响。

我们同时也想研究基于基底函数的近似动态规划算法改变其对当前决策对未来周期服务时间影响的估计的频率。具体而言，我们想研究相邻两天之间$\bar{\theta}_t$值的变化，因此我们计算$\Delta_t^{\theta} = \frac{\sum_{k \in K} | \theta_{k,t} - \theta_{k,t-1} |}{|K|}$。图5-21中右图展示了不同客户多样化水平下每一天的Δ_t^{θ}的平均值。可以看到，对于所有的客户多样化水平，Δ_t^{θ}迅速收敛，在第5天为0.07，在第21天变为零。从管理启示的角度来看，这些接近常数的$\bar{\theta}_t$值表明为了更好地对员工团队进行技能组合优化，企业并不需要每天变化决策，而是在计划周期初期通过对员工团队技能组合的优化达到一个可以抵御未来不确定性的员工团队，之后的计划周期中就可以按照这一固定的策略来进行决策。

我们观察到基于基底函数的近似动态规划算法优于一步展望算法，且服务时间的缩减程度由客户多样化水平决定，接下来，我们试图研究是否存在其他因素（参数）对两种算法之间的差异大小存在影响。因此，对计划周期中的每一天，我们计算参数与gap_{ol-bf}^{t}之间的相关系数。除了客户多样化水平之外，我们还考虑了每个员工的生产力水平，由每一天的服务时间来度量。最后，我们也讨论了员工团队的学习参数。在学习曲线中我们用到了三个学习参数：稳态生产力水平（D）、学习速率（L）及初始经验水平（I）。对于每一个员工团队，计算每名员工的学习参数的均值和方差，然后计算每天这些参数与gap_{ol-bf}^{t}之间的相关系数。图5-22中展示了这些相关系数，但我们发现只有客户多样化水平对gap_{ol-bf}^{t}有显著的影响。值得注意的是，客户多样化水平在计划周期中间的两个月对gap_{ol-bf}^{t}的影响最大，其原因是在经历了计划周期初始阶段的员工团队调整，我们逐渐看到基于基底函数的近似动态规划算法的优势。在第4个月时，员工团队的技能组合已经足以应对当前的需求可以更好地服务客户。

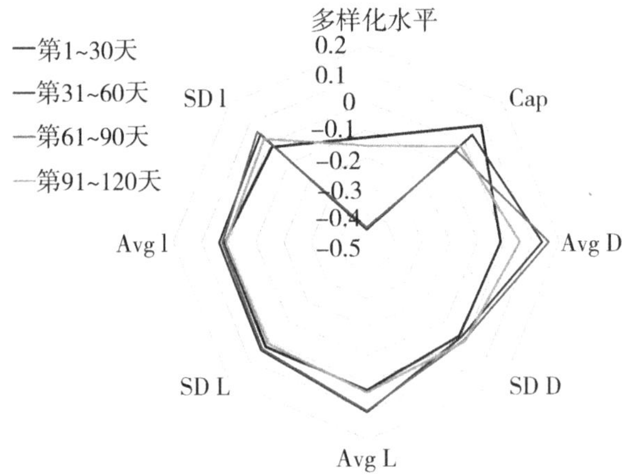

图 5－22　相关系数

我们再来看一下基于基底函数的近似动态规划算法与一步展望算法下员工与工作分配方案有什么不同。具体而言，我们首先研究是否有一种算法对员工的专业化水平高于另外一种算法。为此，我们选取员工完成不同类型服务的次数的变异系数作为专业化水平的测度。例如，在计划周期结束时，一名员工在 5 类服务上的服务次数分别为 5、1、2、3、4，则平均服务次数为 $\mu=\frac{5+1+2+3+4}{5}=3$，标准差为 $\sigma=\sqrt{[(5-3)^2+(1-3)^2+(2-3)^2+(3-3)^2+(4-3)^2]/5}=1.414$，$CV=\frac{1.414}{3}=0.471$。对于某一类员工的 CV 值，我们利用所有这一类员工 CV 值的均值来表示。图 5－23 展示了不同客户多样化水平和工作时间限制下的 CV 值。从图 5－23 中可以看出两个明显的趋势。首先，对所有的客户多样化水平和工作时间限制，基于基底函数的近似动态规划算法对应的 CV 值小于一步展望算法，即基于基底函数的近似动态规划算法对应的专业化水平较低。其次，对应不同的客户多样化水平来说，在较低的多样化水平下，基于基底函数的近似动态规划算法比一步展望算法更有效。基于基底函数的近似动态规划算法对于那些生产力高的员工反而对应较低的专业化水平。两种算法在任务分配上的另外一个差别体现在员工之间工作量的分配。为此，我们计算了每种方法中每名员工在计划周期中被分配的工作占总工作量的百分比。具体而言，对于每一个算例、每个员工团队、每名员工，我们计算该员工所完成的工作量的比例为$w_k = \frac{\sum_{r \in R} q_{r,120}^k}{\sum_{k \in K} \sum_{r \in R} q_{r,120}^k}$。我们对这一比例按照算例、员工团队、工作时间限制、客户多样化水平及算法进行平均，图 5－24 展示了分类结果。图 5－24 中的员工是按照完成工作量排序的，其趋势显示一步展望算法比起基于基底函数的近似动态规划算法来说能够更好地平衡员工之间的工作量分配。同时，随着客户多样化水平的增加，两种方法都可以更好地平衡员工之间的工作量分配。

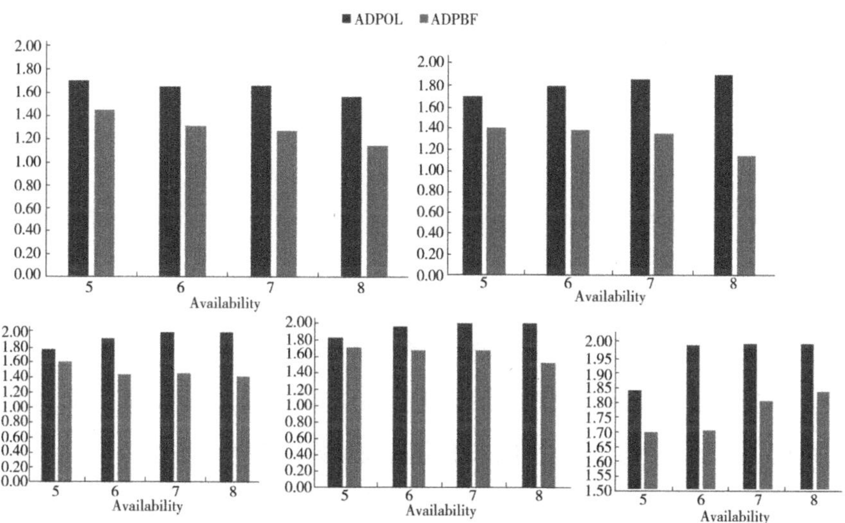

图 5－23　不同客户多样化水平和工作时间限制下的 CV 值

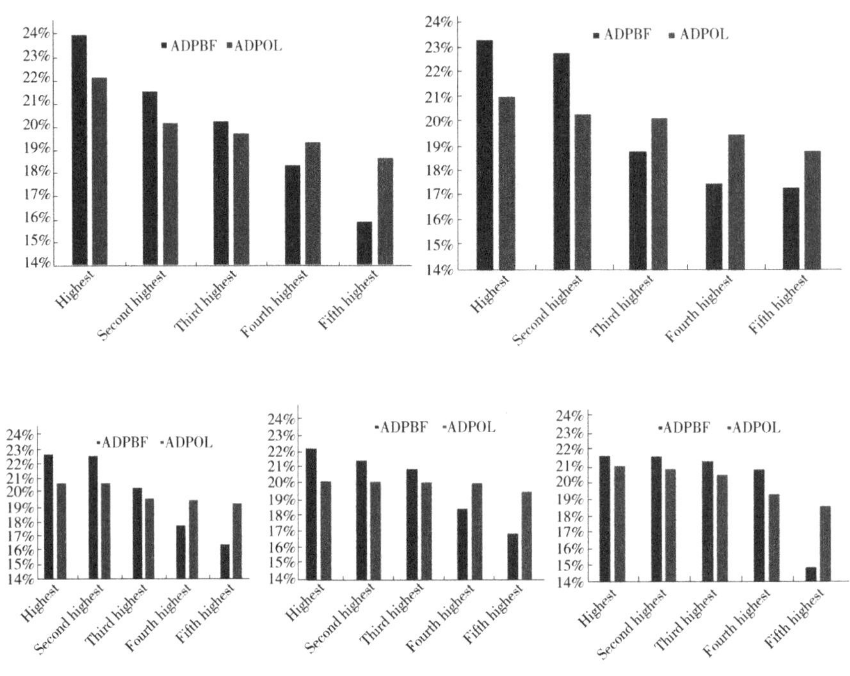

图 5－24　平均完成工作量的比例

5.3.5　结论

在本节中，我们研究了考虑基于经验的服务时间和随机客户需求的多周期技能型员工调度优化问题中将未来周期信息融入当期决策的价值。本节提出一种近似规划算法，主要利用基底函数来降低系统状态集的维度。之后利用值函数迭代来确定基底函数对应的参数值，并利用这些参数及基底函数来对值函数进行近似计算。与现有文献相比，这一方法试图将整个计划周期的信息都融入当期决策中来。为了更有效地进行估计，我们将每个决策周期的状态对应到一个线性基底函数。在每个决策周期，选取每名员工在所有服务类型上的经验水平总和作为基底函数的属性。接着利用线下仿真程序来迭代更新基底函数对应的参数向量，这将进一步加速执行阶段的决策速度。

本节以只考虑当期和下一期成本的一步展望算法作为基准，将基于基底函数的近似动态规划算法与其进行比较。数值试验的结果显示了所提出算法的价值。由于将更多的未来周期信息融入当期决策中，所提出的算法可以更有效地对员工团队技能组合进行优化，从而足以抵御未来需求的不确定性。因此，由于基于基底函数的近似动态规划算法可以更好地对员工团队进行调整从而可以将任务分配给多个具有相同生产力水平的员工，进而在较紧的工作时间限制时表现更为出色。但随着客户多样化水平和工作时间限制的增长，未来信息对于当期决策的帮助逐渐减小。同时，本节也展示了计划周期之初的决策将决定长期的生产力水平提升程度，因此企业可以在计划周期之初对员工团队技能组合进行优化，然后在某个时间点之后就可以转化为低成本的近似策略。最后，结果显示最优的团队应该是由全能手组成的而不是专家。

5.4　未来研究方向展望

5.4.1　考虑个体学习效应的员工调度和服务车辆路径优化联合决策研究

近年来，随着我国经济发展及人民生活水平的不断提升，家庭消费者对于家居产品及服务的需求日益增长。一方面，需求的增长带来了家居服务行业的快速发展。以我国家电企业为例，根据中国家用电器协会数据，2007 年中国家电行业销售产值为 5952.80 亿元，而 2014 年销售产值达到 1.41 万亿元，年均复合增长率均高于 13%。另一方面，企业的快速增长也使人才短缺问题日益加剧。家居服务企业不仅要为顾客提供实物家居商品，更要提供相应的售后服务。快速有效的服务已成为企业在竞争中立于不败之地的重要环节，而提供售后服务的环节主要涉及企业的人力资源及服务车辆调度。例如，海尔集团售后维修服务人员需要驾车到达目的地并进行维修服务，而决策者则需要根据服务人员的经验水平和客户信息协调人力资源及服务车辆的调度。

人力资源调度是指员工与客户及服务项目的匹配。然而，随着技能型人才市场呈现出明显的供不应求，人才短缺及人才错配成为困扰各类企业和组织的一大难题。这也使企业更加难以进行有效的人力资源调度。此外，由于社会老龄化的不断加剧，新生劳动力并不能完全填补专业技能岗位的空缺，人才短缺的局面在短期内并无明显改善的迹象。因此，企业只有充分利用现有人力资源进行合理调度才能在竞争中取胜。员工通过完成服务项目积累经验，从而降低服务时间，更加有效地服务客户。这是个体学习效应在多周期决策中的集中体现。所以，考虑员工的个体学习效应将为企业最大限度地利用其昂贵而有限的人才资源、克服人才短缺提供很好的契机。有效的员工与客户及服务项目的匹配不仅能够帮助企业满足当前市场需求，而且能够挖掘企业潜在产能应对未来市场需求的不确定性。同时，考虑个体员工的学习效应也可以使企业在面对战略性发展机遇时，通过技能优化组合来灵活应对挑战，从而在瞬息万变的商战中立于不败之地。售后服务的另一个重要决策为服务车辆调度。由于服务人员需驾车到达目的地为所分配客户提供售后服务，企业需要根据客户的地址及所需服务类型确定每辆车服务的客户及其先后顺序，即提供售后服务运输车辆的路径优化。

在企业的实际运营中，人力资源及服务车辆调度决策相互影响相互制约。因此，家居服务企业能否在人才短缺的环境下依然保持快速的发展取决于企业能否进行有效的人力资源及服务车辆调度。这一部分的研究旨在研究考虑个体学习效应的多周期动态人力资源及服务车辆调度问题，并研发相应的优化算法，为企业进行人力资源及服务车辆调度提供理论分析及算法支持，帮助企业应对日益加剧的人才短缺问题。

在理论层面，这一部分的研究首次将学习效应及异质员工团队引入经典人力资源及服务车辆调度模型，使其更加贴近企业实际运作情况。在算法层面，结合大数据背景，研发一系列基于近似动态规划的优化算法以克服由“维数灾”造成的大规模问题求解困难。

这一部分研究主要涉及三个领域：近似动态规划、学习效应、人力资源及服务车辆调度问题。下面将分别阐述关于这三个领域的国内外研究现状。

（1）近似动态规划相关研究。

近些年，近似动态规划方法在包括库存管理（Godfrey 等，2012）、期权定价（Tsitsiklis 等，2001）、网络收益管理（Adelman，2007）、指派问题（Topaloglu 等，2006）及运输调度问题（Goodson 等，2015）中得到广泛的应用。

通过线性基底函数来进行值函数逼近是近似动态规划中一种常用的策略。但基底函数的选取因问题而异，并没有统一标准。例如，Maxwell 等（2010）在研究急救系统救护车调度问题时，选取未到达呼叫、未覆盖呼叫率等作为基底函数来进行值函数逼近。其他学者则试图利用系统性能指标函数（cost - to - go）所具有的特殊方程形式来提高值函数逼近的效率。分段线性函数是一种常用的函数形式（Godfey 等，2002；Topaloglu 等，2006；He 等，2012；Papageorgiou 等，2014）。但这一部分所研究的问题并不具备可以识别的特殊函数形式，现有文献中的值函数逼近方法并不能完全适用。因此，这一部分的研究将提出一种新的基于基底函数的值函数逼近方法，其适用于一般函数形式。

（2）学习效应相关研究。

个人学习效应，是指当一个人重复地生产某一产品时，由于动作逐渐熟练，生产一件产品所需的直接劳动时间会随劳动产品积累数量的增加而减少。学习效应在生产计划中的应用主要涉及综合生产计划、物料需求计划、能力规划等方面（Ebert，1976；Chand 等，2008；Hiller 等，1983）。其中，Keachie 等（1966）率先考虑学习效应研究批量优化问题。

考虑个人学习效应和异质人力资源构成的文献充分说明了学习效应在建模中的重要性。Buzacott（2002）的研究表明单纯考虑异质人力资源构成本身就可以有效提高系统的生产力。作为以上工作的延伸，Shafer 等（2001）研究了异质学习和遗忘曲线对生产线系统的生产力的影响。此外，学习效应的影响还体现在呼叫中心（Gans 等，2001）、部门工作指派（Sayin 等，2007）、机器调度（Biskup，1999）、项目选择（Gutjahr 等，2008；Gutjahr，2011）和交通工具路线设计（Zhong 等，2007）等各个方面。

（3）人力资源及服务车辆调度问题相关研究。

现有文献囊括了一系列与人力资源及服务车辆调度相关问题的研究，其中 Chen 等（2016）提供了与此相关的文献综述。Dutot 等（2007）研究的人力资源调度问题中，员工被分成多个小组去完成不同的任务，每个任务所需技能水平各不相同。2007 年，法国运筹学协会在该论文的基础上组织了一次以解决电信公司员工调度问题为主题的竞赛，并由此产生了一系列相关论文（Hurkens，2009；Cordeau 等，2010；Hashimoto 等，2011；Firat 等，2012）。然而，以上论文所研究的问题都是确定性的，并且没有考虑学习效应和多周期问题。

在运输调度问题中，现有文献（Tsang 等，2013；Xu 等，2001；Alsheddy 等，2011；Kovacs 等，2012；Pillac 等，2013）主要研究了其不同确定性变形。有一部分学者则考虑了该问题的动态组成部分。例如，Souyris 等（2013）专注于研究服务时间的不确定性；而 Binart 等（2016）则研究运输时间的随机性。还有许多文章考虑了动态随机服务需求（Weintraub 等，1999；Bosetel 等，2008；Pillac 等，2012）。

综上所述，现有国内外研究中关于近似动态规划方法、学习效应和人力资源及服务车辆调度的独立研究众多。但在多周期动态人力资源及服务车辆调度中考虑个体学习效应的研究甚少。这一部分的研究在前人研究的基础上提出考虑个体学习效应的多周期动态人力资源及服务车辆调度模型，并研发一系列基于近似动态规划方法的算法来解决企业实际运作中的大规模调度问题，最后通过仿真实验及合作企业的数据对模型的有效性进行检验，使这一部分的研究成果具有理论价值和实践意义。

随着电子商务及网上购物平台的发展，消费者对于商家服务水平的要求不断提高，家居服务企业必须最大限度利用其现有资源提高核心竞争力。然而，面对日益严峻的人才短缺和错配，有效的人力资源及服务车辆调度才能帮助企业从现有人力资源中发掘出潜在产能，提高服务水平和客户满意度。

在大数据时代的背景下，家居服务企业每天都会产生大量的数据，这为这一部分的研究拟研发的模型和算法的实现提供了有利条件。同时，大量的数据支持也可以进一步验证模型和算法的有效性，并做出相应的改进。这一部分的研究拟研发的模型及算法能够大规模地利用企业自身所拥有的实时数据进行运营决策，有效降低决策成本。

此外，这一部分的研究具有较为广阔的应用前景，除了用于家居服务行业，还广泛适用于各类服务业。随着我国老龄化进程的加剧及人民健康意识的增强，家庭健康服务的需求不断增长。家庭健康服务行业旨在为老年人及不方便去医院就医的病人提供上门医疗健康服务，其运营中同样面临人力资源及服务车辆调度两个亟待解决的问题。因此，这一部分的研究结果同样适用。

这一部分的研究旨在研究基于个体学习效应企业如何进行有效的人力资源及服务车辆调度，通过员工技能组合的优化从而增加企业的生产力以应对未来不确定的市场需求，解决日益加剧的人才短缺问题。具体而言，这一部分的研究目标包括以下两个方面。

①在理论层面，研究人才短缺的情况下，家居服务企业人力资源及服务车辆调度所面临的困难和挑战；利用马尔可夫决策过程对考虑个体学习效应的多周期动态人力资源及服务车辆调度问题进行建模；逐步研发一系列基于近似动态规划的算法来解决企业运作过程中所遇到的大规模动态人力资源及服务车辆调度问题。

②在实践层面，利用仿真实验和合作单位提供的数据检验所提出模型及算法的有效性，并将相关研究成果积极推广到我国家居服务企业及其他同样面临人才短缺问题的服务业企业，为其运营提供更好的理论依据与决策支持。

这一部分所研究的问题与经典人力资源及服务车辆调度问题的不同体现在服务时间不仅受服务种类的影响，同时也取决于员工的经验水平。为了更好地刻画家居服务企业的实际运作情况，模型会考虑“学习效应”，即随着员工的经验水平提高，其生产力会逐渐提高（服务时间逐渐缩短）。同时，考虑异质员工团队组成，即团队中员工的初始经验水平和学习速率存在差异。

采用马尔可夫决策过程进行建模，通过分析决策系统的状态、策略集、转移函数、成本函数及目标函数来构建一个完整的马尔可夫决策模型。该模型可通过动态规划来求解。然而，为克服传统动态规划存在的“维数灾”问题，拟研发如下一系列基于近似动态规划的启发式算法。

①近视算法（Myopic Approach）。

首先需要研究的是个体员工学习效应对企业人力资源及服务车辆调度的影响。由于考虑学习效应会增加问题的复杂度，因此先考虑一种近视算法，将多周期调度问题转化为一系列单周期优化问题。单周期问题将考虑当期调度成本及与学习效应相关的策略选择，并利用混合整数规划求解。同时，由于学习效应的存在，当期的策略会影响员工在未来周期的经验水平，从而影响未来周期的相应决策及成本函数。项目拟利用包括记录更新算法（Record - to - record Travel）和模拟退火（Simulated Annealing）在内的一系列求解效果较好的启发式算法来求解单周期优化问题。

对与非线性的学习曲线，项目拟利用员工的经验水平和服务时间为有限集这一性质提出一种线性化方法。本阶段的模型和算法也适用于两类衍生问题，即存在员工团队变动和提供服务类型变动的情况。

②基于基底函数（Basis Function）的近似动态规划方法。

作为滚动优化的拓展，本阶段的模型将整个计划周期内的信息融入当期决策中。这样，企业可以最大限度地利用所有内外部信息来全面改善人力资源及服务车辆调度决策，取得整个计划周期内的全局最优。多周期这一维度的加入加重了“维数灾”问题。为从根本上解决“维数灾”，项目拟研发一种基于基底函数的近似动态规划方法，即利用基底函数建立模型状态变量与一组既定属性之间的映射关系以降低求解过程的复杂度。

为了得到一个满意的近似性能指标函数，项目面临两方面的挑战。首先，要选取一组既能反映状态变量重要元素信息，又能囊括性能指标函数信息的基底函数。其次，需要确定基底函数中各参数的取值。为此，项目拟运用值函数逼近及迭代回归的方法来确定这些参数值。

③综合参数无参数值函数逼近方法。

基于基底函数的值函数逼近方法属于有参数的值函数逼近，通常给予对一组属性变量函数形式的假设，对值函数进行近似计算。由于需要相对较少数量的观测样本，该方法计算速度快，结果可靠且适用于所有状态。但是对于给定状态，近似结果不够精确。与其相对的无参数逼近则不需要特定的函数形式，而是针对每一组属性变量的样本观测值直接估计一个对应的函数值，通常储存于查询表（Lookup Table）中。因此，对一般函数形式也可以得到较为精确的近似结果，但由于需要大量的观测样本，其计算速度较慢。因此，这一部分的研究拟综合利用基于基底函数的参数方法和基于状态集聚类的无参数方法进行值函数逼近，取其优点，舍其不足。首先利用两种方法同时进行值函数逼近，然后对其结果进行凸组合，从而得到最终的近似结果。

然后，我们将对模型和算法进行蒙特卡洛仿真实验，并结合蒙特卡洛仿真实验与合作企业的数据对各阶段提出的算法进行比较，分析学习效应对决策的影响。首先，拟通过仿真实验来量化考虑学习效应和异质员工团队为企业决策带来的好处，回答企业是否应该考虑员工的学习效应？其次，重点分析员工的专业化问题，回答企业是要将员工培养成“专家”还是“全能手”？最后，给出一套易于执行的决策指导建议，以帮助企业决策者制订有效的人力资源及服务车辆调度决策。

建模得到以下 3 种结论。

①本节拟建立考虑学习效应及异质员工团队的人力资源及服务车辆

调度模型，使其更加贴近家居服务行业的实际运作情况，并为企业提供一种增加生产力应对未来需求不确定性的途径，从而为指导该行业的人力资源及服务车辆调度提供更好的理论依据。

②本节提出的基于近似动态规划的算法将有效克服经典动态规划方法中所产生的“维数灾”问题。在考虑个体学习效应和异质员工团队的背景下，有效解决企业实际运营过程中产生的较大规模人力资源及服务车辆调度问题。

③本节的建模框架和部分算法都将未来周期的信息融入当期决策中，充分利用大数据时代企业可以获取的内外部数据信息，更有效地解决多周期动态人力资源及服务车辆调度问题。

根据前期相关研究，本书计划用到马尔可夫决策过程（MDP）、混合整数规划（MIP）、近似动态规划（ADP）、蒙特卡洛仿真实验 4 种研究方法，图 5－25 为这一部分研究的技术路线。

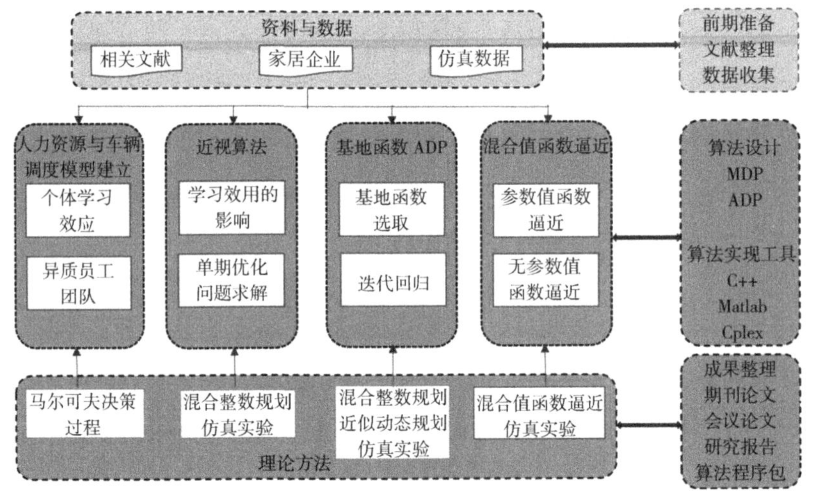

图 5－25　技术路线

这一部分的研究采用马尔可夫决策过程进行建模。给定周期 t，决策系统的状态包括所有客户（$C_t = \{1, 2, \cdots, C_t\}$）的地理位置和所需服务项目（$W_t$），以及每名员工（$K = \{1, 2, \cdots, K\}$）在每类服务项目（R = {1, 2, …, R}）上的经验水平（$Q_t = \{q_{rt}^k: k \in K, r \in R\}$）。因此，第 t 天的系统状态可以表示为$s_t = \{Q_t, W_t\}$。给定状态 s_t，相应的决策为一组服务当天所有客户的路径组合。令$x_{ijt}^k = 1$ 代表员工 k 为客户 i 提供服务并在服务结束后驶向客户 j，d_{rt}^k和τ_{ij}分别为服务时间和行驶时间。该决策可表示为$a_t(s_t) = \{x_{ijt}^k \mid i \in C_t \cup \{0\}, j \in C_t \cup \{C_{t+1}\}\}$，且应满足以下条件。

$$\sum_{i \in C_t \cup \{0\}} \sum_{k \in K} x_{ijt}^k = 1, \quad \forall j \in C_t \tag{1}$$

$$\sum_{i \in C_t \cup \{C_t + 1\}} x_{ojt}^k = 1, \quad \forall k \in K \tag{2}$$

$$\sum_{i \in C_t \cup \{0\}} x_{i(C_t+1)_t}^k t = 1, \quad \forall k \in K \tag{3}$$

$$\sum_{i \in C_t \cup \{0\}} x_{ijt}^k - \sum_{j \in C_t \cup \{C_t + 1\}} x_{ijt}^k = 0, \quad \forall i \in C_t, \quad \forall k \in K \tag{4}$$

$$d_{rt}^k = D_r^k + d_{ro} \left(q_{rt}^k\right)^{-L_r^k}, \quad \forall r \in R, \quad \forall t \in T, \quad \forall k \in K \tag{5}$$

$$B_j \geqslant \sum_{k \in K} \left(B_i + \sum_{r \in R} z_{ir} d_{rt}^k + \tau_{ij}\right) x_{ijt}^k, \quad \forall i \in C_t U \{0\}, \quad \forall j \in C_t \tag{6}$$

$$x_{ijt}^k \in \{0, 1\}, \quad \forall i \in C_t \cup \{0\}, \quad \forall j \in C_t \cup \{C_t + 1\}, \quad \forall k \in K \tag{7}$$

$$Bi \geqslant 0, \quad \forall i \in C \cup \{0, C_t + 1\} \tag{8}$$

其中，约束(1)确保每位客户只被分配给一名员工，约束(2)和约束(3)要求所有员工从企业所在地开始和结束每天的工作，约束(4)为流守恒约束，约束(5)表示了服务时间与经验水平反向变化，约束(6)确保了每条路线上服务客户的先后顺序。同时，在每一周期结束时我们需要以下等式来更新员工的经验水平，其中$z_{ir} = 1$ 代表客户 i 所需服务类型为 r。

$$q_{r(t+1)}^k \left(s_t + a_t\right) = q_{rt}^k \sum_{i \in C_t} \sum_{j \in C_t \cup \{C_t + 1\}} x_{ijt}^k z_{ir}, \quad \forall k \in K, \quad \forall r \in R \tag{9}$$

目标函数为最小化计划周期内期望服务时间和行驶时间的总和。

为克服传统方法所面临的“维数灾”问题，项目拟研发一系列基于近似动态规划的启发式算法。通过比较考虑和忽略学习效应两种模型来分析个体员工学习效应对企业人力资源及服务车辆调度的影响。利用近视算法将多周期问题转化为一系列单周期优化问题，运用混合整数规划求解单周期问题。为了克服近视算法的短视性，项目将整个计划周期内的信息融入当期决策中。为了从根本上解决“维数灾”，本阶段拟研发一种基于基底函数的近似动态规划方法，其重点是选择合适的基底函数和对函数参数进行估计。首先根据所研究问题的特点选取可以反映状态变量重要信息的基底函数，并通过值函数逼近和迭代回归的方法确定参数值。图 5 - 26 为基于基底函数的近似动态规划算法流程。

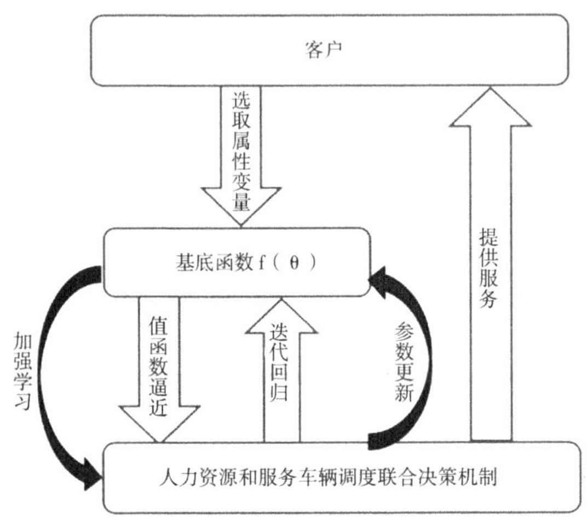

图 5 - 26 近似动态规划算法流程

基于基底函数的值函数逼近方法属于有参数的值函数逼近，通常给予对一组属性变量函数形式的假设，对值函数进行近似。由于需要相对较少数量的观测样本，该方法计算速度快，结果可靠且适用于所有状态。但是对于给定状态，近似结果不够精确。与其相对的无参数逼近则不需要特定的函数形式，而是针对每一组属性变量的样本观测值直接估计一个对应的函数值，通常储存于查询表（Lookup Table）中。因此对一般函数形式也可以得到较为精确的近似结果，但由于需要大量的观测样本，其计算速度较慢。因此，这一部分的研究拟综合利用基于基底函数的参数方法和基于状态集聚类的无参数方法进行值函数逼近，取其优点，舍其不足。首先，利用两种方法同时进行值函数逼近。其次，对其结果进行凸组合，从而得到最终的近似结果。最后，利用合作单位至少6个月的真实数据对所提出的调度模型进行检验，并与目前的决策方法进行比较，从而证明新模型和算法的有效性。

以上是对各个研究阶段核心研究方法的简要介绍。针对项目推进过程中可能出现的新问题，项目需要进行方法和思维上的创新，通过调整与改进，争取更好地解决核心问题。

本书3个创新点如下。

（1）本书将学习效应及异质员工团队引入人力资源及服务车辆调度模型。以家居服务行业为代表的多数企业在运营决策中并未考虑其员工团队组成都呈现出的异质性和学习效应，从而丧失了挖掘潜在生产力的机会。以上两项因素的引入使得该模型更加贴近家居服务行业的实际运作情况，并为企业提供一种提高生产力应对未来需求不确定性的途径，从而为指导该行业的人力资源及服务车辆调度提供更好的理论依据。

（2）本书研发的基于近似动态规划的算法可以有效克服经典动态规划方法中所产生的“维数灾”问题。家居服务行业企业所面对的客户数量和服务项目日益增加，学习效应的加入又增加了问题的复杂度，其都加大了由“维数灾”造成的实际问题的求解困难。这一部分的研究所提出的一系列基于近似动态规划方法的算法能够有效地克服这一问题，解决企业实际运营过程中产生的较大规模人力资源及服务车辆调度问题。

（3）这一部分研究的建模框架和部分算法都将未来周期的信息融入当期决策中，充分利用大数据时代企业可以获取的内外部数据信息。

随着计算机和网络技术的发展，企业自身获取和储存数据信息的能力得到空前提高。这一部分的研究提出的人力资源及服务车辆调度及相应的近似动态规划算法都为企业充分利用自身拥有，以及可获取的各种内外部数据信息进行企业运营决策提供了很好的契机。这对身处大数据时代的企业来说，真正意义上发挥了企业大数据的商业和社会价值。

5.4.2 两级城市物流系统动态定价与路径优化联合决策研究

2017 年 10 月，国务院办公厅发布了《关于积极推进供应链创新与应用的指导意见》，提出打造大数据支撑、网络化共享、智能化协作的智慧供应链体系。同时，党的十九大报告提出现代供应链。作为现代供应链的重要组成部分，物流行业担负着连接供应链各个环节的运输配送职能。同城配送，作为物流系统中的“最后/第一公里”，提供一个城市从 A 地到 B 地的配送服务，更是物流系统中的重中之重。《2017Q1 中国即时配送市场研究报告》显示，同城即时配送用户规模由 2014 年的 1.24 亿增长至 2016 年的 2.13 亿，其中 2016 年增长率高达 35.1%。城市物流 O2O 模式的兴起使得消费者在享受足不出户的便捷网购的同时，也能体验到实体店消费的“及时满足感（Instant Gratification）”。而精准高效的城市物流系统是保障 O2O 消费体验的决定性环节。

同城配送的主要模式大致分为两类：单件直达式配送和仓储式物流配送。其中，单件直达式配送在时效性方面具有较大优势，但为其付出的高额运输成本也是多数物流企业面临的困境。为提高配送服务的时效性，现有市场参与者多采用两轮摩托车或电动车作为运输工具。该方式可以避免拥堵同时节约成本，但近来涉及配送员的车祸事故日益增多，这一现象一定程度上也增加了物流企业的运营成本和风险。仓储式配送虽然利用规模效益降低了配送成本，但货物需要通过各级仓库进行分拣和存储，库存成本增加的同时也影响了配送的时效性。

因此，针对现有运作模式的弊端，这一部分的研究拟提出一种基于移动微仓和绿色运输工具的两级双向物流系统。该模式既能利用多级配送网络的规模效益降低成本，也可以通过运输车辆作为移动微仓提高配送时效性。同时，绿色运输工具（新能源汽车）的引入将有利于缓解物流对城市交通和环境的负面影响，从而提高物流系统的社会效益。

此外，城市物流系统通常提供多种可选择的配送方式，如半小时送达、4 小时送达等。为提高物流系统的服务水平及盈利能力，决策者需要根据物流系统可用资源及需求的实时信息对各种配送方式进行动态定价，从而引导客户选择有效的配送方式。同时，物流系统的需求受时间影响波动较大，如“双十一”“双十二”等节日的订单数量激增。动态定价将结合物流系统的可用资源及客户个人效用，有效引导需求，进行需求预测，进而最大限度利用系统内资源。由于定价方案将影响顾客对配送方式的选择，进而影响路径安排。同时，路径优化方案决定系统的可用资源，进而影响定价机制。因此，定价决策与路径优化相互影响相互制约。这一部分的研究旨在研究适用于该系统的动态定价和路径优化联合决策，并研发一系列优化算法，帮助城市物流系统提高服务水平和盈利能力。

在理论层面，率先将移动微仓和绿色运输工具引入城市物流系统，并研究新型物流系统中的动态定价和路径优化联合决策；在算法层面，结合大数据背景，研发一系列基于近似动态规划等数据驱动的强化学习优化算法以克服由“维数灾”造成的大规模问题求解困难；在实践层面，项目所提出的移动微仓和绿色运输工具等城市物流系统新元素不仅可以帮助物流企业降低成本提高效率，同时也将缓解城市环境污染和交通拥堵等问题。因此，联合决策模型及算法将为我国城市物流系统的运营提供更好的理论依据和决策支持。

这一部分的研究主要涉 3 个领域：两级路径优化、动态路径优化、路径优化与定价。下面将分别阐述这 3 个领域的国内外研究现状。

（1）两级路径优化。

两级路径优化问题源于现代城市物流系统的发展。Crainic 等（2009）正式提出了两级路径优化问题，并利用整数规划对考虑时间窗的多车场、多产品及异质车队的两级路径优化问题进行建模。此后，Baldacci 等（2013）、Jepsen 等（2013）、Perbol 等（2010）等分别研究了基于整数规划、混合整数规划及切平面等算法在内的精确求解方法，而 Crainic 等（2013）和 Hemmelmayr 等（2012）则提出了包括 ALNS 和 GRSAP 在内的多种启发式算法。国内对于该问题的研究较少，曾正洋等（2014）、魏占阳等（2015）和彭鹏等（2017）分别利用改进的变邻域搜索算法、离散差分进化算法，以及自适应大规模邻域搜索算法对两级路径优化问题的不同变形进行求解。以上文献通常忽略订单随机性和当日达时间窗等现实因素，这一部分的研究将提出相应算法应对现代城市物流系统中出现的多种现实因素。

（2）动态路径优化。

随着科技和商业模式的不断发展，学界和业界都更加关注动态路径优化问题的实际应用。Powell 等（1988）利用马尔可夫决策过程（MDP）对卡车的送取货问题进行建模。随后，近似动态规划方法被成功应用于路径优化（Powell 等，2005）和车队管理（Godfrey 等，2002；Simao 等，2009）问题中以克服实际问题带来的“维数灾”。同时，随着商家竞相推出“当日达”服务，其路径优化问题也备受关注。该问题最早来源于生鲜食品的配送（Campbell 和 Savelsbergh，2005/2006；Ehmke 和 Campbell，2014）。随后，学者们利用样本情景规划（Azi 等，2012）和近似动态规划（Klapp 等，2016；Ulmer 等，2016）等方法来应对时间窗约束和订单随机性等问题。

（3）路径优化与定价。

现有文献中涉及路径优化的定价机制通常通过预测未来订单和期望机会成本来完成（Yang 等，2014；Yang 和 Strauss，2016；Klein 等，2016），并依次进行定价和路径优化决策。鲜有文献探讨动态路径优化中的定价机制。Figliozzi 等（2007）利用一步展望算法帮助服务商确定动态路径优化问题中的定价机制获取客户订单。其中，客户需求已知，唯一的不确定性在于竞价是否成功。Topologlu 和 Powell（2007）研究了卡车分配问题中的定价决策。首先通过策略近似确定价格，然后基于固定价格进行路径优化，并用值函数逼近来决策订单是否接受。此外，国内关于物流定价的研究（张治，2006；齐海燕，2014；李剑锋等，

2013）大多集中在企业间的竞争或合谋问题上，多采用博弈论进行定价机制设计，并没有充分考虑客户的个人效用和配送选择的多样性。卢超等（2017）考虑配送期限的快递物流服务定价策略研究，讨论了不同情境下的定价分段函数，并进行了敏感度分析。与以上文献不同，这一部分重点研究状态相关的动态定价和路径优化联合决策。

综上所述，现有国内外研究中关于两级路径优化、动态路径优化和动态定价的独立研究众多，但两级双向物流系统中动态定价与路径优化联合决策的研究甚少。这一部分的研究在前人研究的基础上提出两级双向物流系统中动态定价与路径优化联合决策模型，并研发一系列基于近似动态规划方法等数据驱动的加强学习优化算法来解决物流系统实际运作中的大规模联合决策问题，最后通过仿真实验及合作企业的数据对模型和算法的有效性进行检验，使这一部分的研究成果具有理论价值和实践意义。

这一部分的研究提出一种基于移动微仓和绿色运输工具的两级双向城市物流系统，并研究适用于该系统的动态定价和路径优化联合决策。进而研发一系列基于近似动态规划等数据驱动的强化学习优化算法，有效利用物流系统运作过程中产生的大量实时数据，帮助物流系统提高服务水平和盈利能力。具体而言，这一部分的研究目标包括以下两个方面。

（1）在理论层面，提出基于移动微仓和绿色运输工具的两级双向物流系统；利用马尔可夫决策过程对该系统的动态定价和路径优化联合决策问题进行建模；逐步研发一系列基于数据驱动的强化学习优化算法帮助物流系统进行决策，从而提高服务水平和盈利能力。

（2）在实践层面，利用仿真实验和合作单位提供的数据检验所提出模型和算法的有效性，并将相关研究成果积极推广到我国城市物流系统中，为其运营提供更好的理论依据与决策支持。

围绕上述研究目标，这一部分的研究将在国内外现有研究成果的基础上，开展以下两方面研究。

（1）两级双向物流系统（移动微仓+绿色运输工具）模型。

这一部分的研究提出的物流系统主要包括两个层级：第一层为干线传输层，负责收揽来自第二层的配送货物，并根据订单的时间窗进行分拣或临时存储，通过该层运输网络与同级或下一级车辆进行交驳，完成移动分拣。第二层为末端运输。采用普通和绿色两种运输工具，负责将货物从干线传输层配送到终端客户同时收揽订单。绿色运输工具的使用不仅避免了交通拥挤对配送时效的影响，同时也缓解了物流对城市环境的污染。与传统的多级配送网络不同，这一部分的研究提出的物流系统以运输车辆充当移动微仓作为连接两级物流网的枢纽，一方面降低了存储成本，另一方面有效地提高了分拣和配送的效率。

为实现该物流系统的有效运行，这一部分将研究适用于该系统的动态定价和路径优化联合决策。采用马尔可夫决策过程进行建模，通过分析决策系统的状态、策略集、转移函数、成本函数及目标函数来构建一个完整的马尔可夫决策模型。该模型可通过动态规划来求解。然而，为克服传统动态规划存在的“维数灾”问题，拟研发一系列基于近似动态规划等数据驱动的强化学习优化算法，进行物流系统的动态定价及路径优化联合决策。

（2）动态定价和路径优化联合决策算法研究。

联合决策进一步加大了求解过程中的“维数灾”问题，为此项目拟设计一种基于底价和机会成本的动态定价机制，并综合利用策略逼近和值函数逼近等近似动态规划算法进行动态定价和路径优化联合决策。

①路径优化。

对于每个新订单，系统需要根据订单配送地址及现有运输资源提供可行的配送方式（如 2 小时送达、4 小时送达），并针对每种配送方式进行路径优化。由于这一部分的研究提出的物流系统加入了绿色运输工具、移动交驳和双向物流等新元素，传统算法并不完全适用，因此拟设计一种综合策略逼近和值函数逼近的近似动态规划算法进行两级物流系统的路径优化。

一是绿色运输工具。

末端配送车队包括普通和绿色两种运输车辆。其中，绿色运输车辆的单次行驶距离有限，因此，拟利用策略逼近方法求解订单分配的距离阈值（R），并将订单距离小于 R 的优先分配给绿色车辆，进而利用基于距离的聚类及最小成本插入等启发式算法求解带时间窗和运力限制的多车场路径优化问题对两种车辆分别进行路径优化。

二是移动交驳和双向物流。

由于该物流网络利用运输车辆作为移动微仓，干线和末端车辆的移动交驳成为连接两级网络的枢纽。根据末端路径优化及订单更新信息，决策者要对各交驳点的订单分配信息进行有效预测，从而进行交驳点选取和干线车辆分配，即末端路径、交驳点选取和干线车辆分配三者相互影响、相互制约。此外，双向物流系统中车辆的运力不再是单调变动，由于配送和收揽订单同时进行，当期决策将直接影响未来周期各级车辆的运力，因此确定性算法并不能提供有效的路径优化以最大限度利用物流系统的运力。为将未来决策周期的信息融入当期决策中，帮助物流系统利用内外部信息来完善当期决策，进行更加有效的路径优化，取得整个计划周期内的全局最优，这一部分的研究拟研发一种基于基底函数的近似动态规划方法，对干线车辆进行分配和路径优化。

三是迭代爬山改进。

以上两部分算法通过顺序求解末端和主干线两级物流网的路径优化问题确定整个物流系统的路径。但在多周期问题中，两级网络的路径决策相互影响。干线网络中各交驳点的供给和需求由末端路径决定，同时，干线网络车辆分配和路径优化的结果又将更新各交驳点的供给和需求，从而影响下一周期末端路径优化。因此，在以上路径优化结果的基础上，本阶段采用迭代爬山法对两级物流系统的整体路径进行循环求解和改进。

②动态定价。

对每一个新订单，根据上一节的路径优化算法可以为每种配送方式提供一种优化路径。本节将根据每种路径对应的系统可用资源和客户的个人效用函数进行动态定价机制设计。项目拟利用底价与机会成本相结合的定价机制，即$P_k^i(C)=\max(p_k^i, O(S_k, L_k^i))$。其中，$p_k^i$为底价，$O(S_k, L_k^i)$为相应状态和决策$(S_k, L_k^i)$条件下的机会成本。由于“维数灾”的存在，精确计算每个状态对应的底价和机会成本非常困难，因此，需要综合利用策略逼近和值函数逼近算法对其进行近似求解。

假设每种配送方式的底价为客户效用的一个固定比例（ρ）。利用策略近似算法确定ρ的取值，并利用基于基底函数的值函数逼近方法进行改进。然后，结合参数与无参数值函数逼近算法对机会成本进行估计。这一部分的研究拟结合这两种近似算法，取其优点，舍其不足。首先利用两种方法对机会成本进行近似计算，其次对其结果进行凸组合，从而得到最终的近似结果。

（1）项目率先将动态定价和路径优化联合决策引入两级城市物流系统。通过动态定价机制引导顾客选择有效的配送方式，准确预测需求，提高路径优化的质量，进而提高物流系统的服务水平和盈利能力。联合决策加大了问题的复杂度，这一部分的研究拟研发基于近似动态规划等数据驱动的强化学习算法，以克服大规模实际问题产生的“维数灾”问题。

（2）这一部分的研究提出在城市物流网络中将运输工具作为移动微仓取代传统的转运仓，大幅降低多级仓储环节带来的库存和交驳成本，提高交驳效率和物流服务水平。该元素的加入也加大了动态定价和路径优化联合决策的复杂度，项目拟研发有效的优化算法来匹配两级物流网络的订单传送车辆和交驳过程。该算法的设计及优化求解过程为难点。

（3）绿色运输工具的引入将大大降低物流对城市环境造成的负面

影响。但异质车队的引入也加大了路径优化问题的求解难度。项目综合利用策略逼近和值函数逼近算法对两种交通工具的路径优化问题进行综合求解，以充分发挥两种交通工具各自的优势，并最大程度利用物流系统运力。

根据前期相关研究，这一部分的研究计划用到马尔可夫决策过程（MDP)、混合整数规划（MIP)、近似动态规划（ADP）（如策略逼近和值函数逼近)、蒙特卡洛仿真实验 4 种研究方法，图 5－27 为这一部分研究框架。

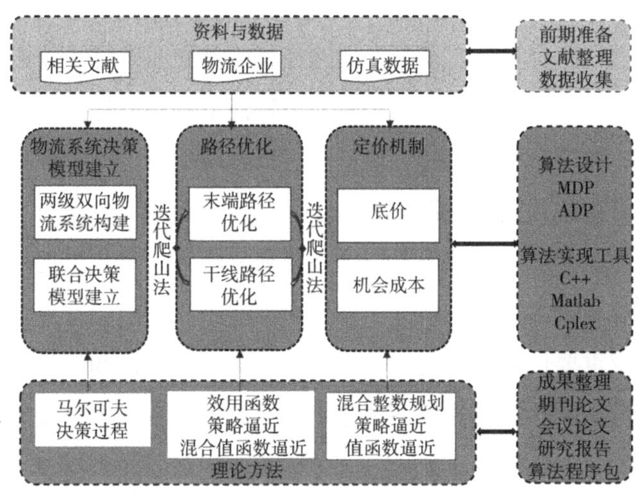

图 5－27　研究框架

这一部分的研究采用马尔可夫决策过程进行建模。每产生一个新订单，则为一个决策周期。给定周期 t，决策系统的状态包括：新订单产生的时间点、现有路径、已安排订单和新订单信息。给定状态s_t，决策集为每一种配送方式对应的价格及路径安排。其中，路径安排需满足以下约束：① 每辆车需在工作结束时间前返回交驳点；②每个订单恰由一辆车提供服务；③满足每个订单的时间窗。目标函数为最大化计划周期内的经济收益和社会收益总和，其中经济收益为完成订单所得利润，社会收益为绿色运输工具带来的减排数量。

为了克服传统方法所面临的“维数灾”问题，项目拟设计一种基于底价和机会成本并综合策略逼近和值函数逼近的近似动态规划算法进行动态定价和路径优化联合决策。

根据订单配送地址确定可行的配送方式，并针对每种可行的配送方式利用启发式算法求解两级网络路径优化及分配问题。对于末端网络，拟利用策略逼近方法求解订单分配的距离阈值（R），并将订单距离小于R的优先分配给绿色车辆，进而利用基于距离的聚类及最小成本插入等启发式算法求解带时间窗和运力限制的多车场路径优化问题对两种车辆分别进行路径优化。基于末端路径，确定交驳点订单分配及干线车辆路径安排，并采用迭代爬山法对两级物流系统的整体路径进行循环求解和改进。然后，根据实时订单信息进行路径更新。该阶段将整个计划周期内的信息融入当期决策中。为了从根本上解决“维数灾”，本阶段拟研发一种基于基底函数的近似动态规划方法，其重点是选择合适的基底函数和对函数参数进行估计。首先根据所研究问题的特点选取可以反映状态变量重要信息的基底函数，并通过值函数逼近和迭代回归的方法确定参数值。图5－28为基于基底函数的近似动态规划算法流程。

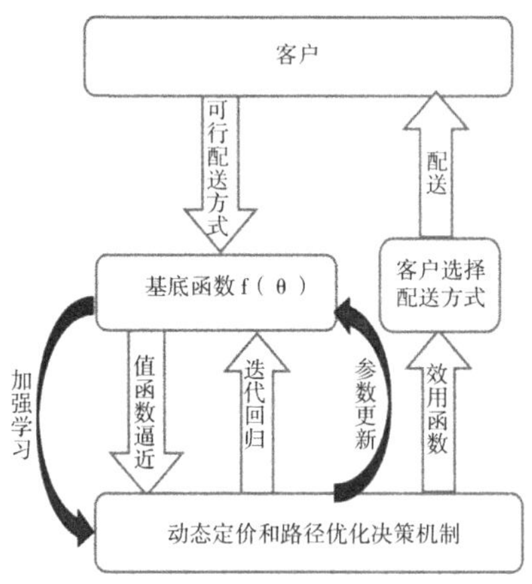

图5－28　基底函数ADP流程

然后，根据路径更新可以确定可利用运输资源等系统状态。利用策略近似算法及值函数逼近方法确定每个状态的配送方式底价，并结合参数与无参数值函数逼近算法对机会成本进行估计。参数逼近方法是基于对一组属性变量的函数形式的假设，对该函数的参数进行近似估计。其近似结果快速、可靠但不精确。而无参数逼近方法并没有确定的函数形式，而是针对每一组属性变量的样本直接估计一个对应的函数值，并储存在查询表中（Lookup Table）。其近似结果精确，但计算速度慢且对其他状态不可靠。首先，利用两种方法对机会成本进行近似；其次，对其结果进行凸组合，从而得到最终的近似结果；最后，利用合作单位至少 6 个月的真实数据对所提出的模型和算法进行检验，并与目前的决策方法进行比较，从而验证新模型和算法的有效性。

5.4.3　基于知识转移和个体学习效应的员工调度与库存管理协同优化研究

“如何应对市场需求的不确定性”一直以来都是业界和学界关注的热点问题。两类主要的应对方式包括安全库存和产能调节。然而，这两种方式在企业的实际运营中都会产生相应的成本。一方面，安全库存不仅要考虑持有库存所产生的成本，同时还要承担持有库存给企业带来的风险，既包括产品毁损、过时等直接风险，还包括阻碍企业创新及掩饰质量问题等间接风险。因此，单一的安全库存并不能很好的应对需求的不确定性。另一方面，企业除了拥有长期固定产能外，通常还利用柔性产能来应对临时的市场需求波动。柔性产能可以及时根据市场变化进行调节，虽然不能完全替代安全库存，但可以降低企业安全库存水平，从而降低库存成本和风险。企业通常通过雇用临时员工或加班生产等方式来建立传统的柔性产能。近年来，由于土地资源成本上涨及融资困难，企业构建长期固定产能的成本也大幅提高。同时，国家统计局的数据显示，近 10 年生产企业的平均工资年均上涨 14%，由于外部人力资源成本上涨，通过传统方式构建柔性产能的成本也大幅上涨。因此，面对日益上涨的外部成本，企业应着眼于内部资源，充分利用现有员工团队，合理有效地挖掘其潜在产能，以构建企业的柔性产能，并与库存管理协同优化，更好地应对市场需求的不确定性。

多数企业在实际运作过程中通常忽略了现有员工对提高企业生产力和构建柔性产能的潜在价值。员工在生产中通过完成工作积累经验从而学习成长，同时，员工间的知识转移也通过间接经验提高员工的生产力水平，这都为企业最大限度地利用其昂贵而有限的人力资源、克服外部人力成本上涨提供了很好的契机。企业通过员工在不同产品间的生产调度，使员工在各种产品上的生产力水平得到调整，从而有针对性地调节每种产品的产能水平。因此，有效的员工与工作匹配可以起到调节企业产能的作用，帮助企业创造柔性产能，挖掘企业潜在产能以应对未来市场需求的不确定性。同时，考虑个体员工的学习效应和知识转移也可以使企业在面对战略性发展机遇时，通过技能优化组合来灵活应对挑战，从而在瞬息万变的商战中立于不败之地。

在企业的实际运营中，员工调度与库存管理决策相互影响、相互制约，因此生产企业能否有效应对需求的不确定性取决于员工调度和库存管理的协同优化。本书旨在研究考虑知识转移和个体学习效应时企业如何通过有效的员工调度构建柔性产能，协同优化员工调度与库存管理以应对未来不确定的市场需求，并研发相应的优化算法，为企业进行员工调度和库存管理的协同优化提供理论分析及算法支持。在理论层面，研究外部成本上涨的情况下，企业员工调度和库存管理所面临的困难和挑战；利用马尔可夫决策过程对考虑知识转移和个体学习效应时企业的员工调度与库存管理协同优化问题进行建模；逐步研发一系列基于近似动态规划的算法来解决企业运作过程中所遇到的大规模协同优化问题。在实践层面，利用仿真实验和合作单位提供的数据检验所提出模型及算法的有效性，并将相关研究成果积极推广到我国生产企业，为帮助我国企业有效应对市场需求的不确定性贡献力量。

在大数据时代的背景下，随着电子商务及网上购物平台的发展，消费需求的飞速增长产生大量的可利用信息和数据。这为企业更加深入地了解客户和员工、优化运营决策、提供更高水平的产品和服务提供了便利，同时这也为本书拟研发的模型和算法的实现提供了有利条件。此外，《北京市大数据和云计算发展行动计划（2016—2020 年）》和 2017 年 6 月 1 日召开的北京市政府常务会议指出要大力发展产业大数据，引导生产龙头企业开放数据和服务资源，提升产业竞争力，选择典型企业开展工业大数据应用试点。大量的数据支持不仅可以进一步验证模型和算法的有效性，并做出相应的改进，同时，本书拟研发的算法也将更好地贯彻北京市提出的利用产业大数据促进生产企业升级转型的指导思想。本书拟研发的模型和算法能够帮助企业充分利用外部数据及时把握市场需求，同时利用自身所拥有的大规模实时数据进行运营决策，有效地降低决策成本。因此，本书具有较为广阔的应用前景，广泛适用于各类生产企业。

本书主要涉及 3 个领域：产能和库存管理、学习效应和知识转移、近似动态规划。下面将分别阐述这 3 个领域的国内外研究现状及存在问题。

（1）产能和库存管理。

现有文献中对产能和库存管理的研究多数都未能考虑员工的个体学习效应和员工间的知识转移。Archibald 等（2015）探讨了新兴企业的库存资本投资和产能管理，并得出库存和产能同向变化的结论。Angelus 和 Porteus（2002）研究了短生命周期产品的产能和生产联合决策，并提出了一种目标区间决策。Chan 等（2006）提出并分析多种定价、库存及生产策略（延迟生产、延迟定价、固定定价）来研究随机需求的多周期生产、库存及定价问题。Mincsovics 等（2009）提出一种综合利用固定产能和临时产能的按库存生产系统来应对随机市场需求。与以上文献不同，Terwiesch 等（2001）研究了单个产品在生产增长期中生产过程改进（学习效应）、产能利用率和产出之间的权衡，考虑了培训和自主学习两种途径产生的学习效应，其中培训将导致产能的暂时降低。研究结论表明，企业需要权衡培训产生的近期成本和长期收益，从而达到整体目标最优。本书与以上研究的不同在于将员工的个体学习效应和知识转移同时引入到产能和库存管理中。

（2）学习效应和知识转移。

个人学习效应，是指当一个人重复地生产某一产品时，由于动作逐渐熟练，生产一件产品所需的直接劳动时间会随劳动产品积累数量的增加而减少。学习效应在生产计划中的应用主要涉及综合生产计划、物料需求计划、能力规划等方面（Ebert，1976；Chand 等，2008；Hiller 等，1983）。Keachie 等（1966）第一个考虑学习效应研究批量优化问题。

考虑个人学习效应和异质人力资源构成的文献充分说明了学习效应在建模中的重要性。Buzacott（2002）的研究表明单纯考虑异质人力资源构成本身就可以有效提高系统的生产力。作为以上工作的延伸，Shafer 等（2001）研究了异质学习和遗忘曲线对生产线系统生产力的影响。此外，学习效应的影响还体现在呼叫中心（Gans 等，2001）、部门工作指派（Sayin 等，2007）、机器调度（Biskup，1999）、项目选择（Gutjahr 等，2008；Gutjahr，2011）和交通工具路线设计（Zhong 等，2007）等方面。

除了自主学习，员工还可以通过其他员工的知识转移提高生产力。Faraj（2000）和 Lewis（2003）提出团队工作经历对提高工作质量有显著作用。Lancaster（2003）探讨了信任如何促进知识转移。现有文献鲜有对知识转移进行量化的研究。Nembhard 和 Bentefouet（2015）通过转移系数将知识转移融入学习曲线中。本书将综合考虑员工的个体学习效应和知识转移，并探讨这两种学习因素对企业员工调度和库存决策的影响。

（3）近似动态规划。

近些年，近似动态规划方法在包括库存管理（Godfrey 等，2012）、期权定价（Tsitsiklis 等，2001）、网络收益管理（Adelman，2007）、指派问题（Topaloglu 等，2006）及运输调度问题（Goodson 等，2015）中得到广泛的应用。

通过线性基底函数来进行值函数逼近是近似动态规划中一种常用的策略。该方法的实现面临两个难题。基底函数的选取因问题而异，并没有统一标准。例如，Maxwell 等（2010）在研究急救系统救护车调度问题时，选取未到达呼叫、未覆盖呼叫率等作为基底函数来进行值函数逼近。其他学者则试图利用系统性能指标函数（cost - to - go）所具有的特殊方程形式来提高值函数逼近的效率。分段线性函数是一种常用的函数形式（Godfey 等，2002；Topaloglu 等，2006；He 等，2012；Papageorgiou 等，2014）。但本书所研究的问题并不具备可以识别的特殊函数形式，现有文献中的值函数逼近方法并不能完全适用。因此，本书拟研发一种新的基于基底函数的值函数逼近方法，该方法适用于一般函数形式。

综上所述，现有国内外研究中关于产能和库存管理、学习效应和近似动态规划方法的独立研究众多，但在多周期动态员工调度和库存管理中考虑个体学习效应和知识转移的研究甚少。本书在前人研究的基础上提出基于学习效应和知识转移的员工调度与库存管理协同优化模型，并研发一系列基于近似动态规划方法的算法来解决企业实际运作中的大规模协同优化问题，最后通过仿真实验及合作单位的数据对模型的有效性进行检验，使这一部分的研究成果具有理论价值和实践意义。

本书旨在研究考虑知识转移和个体学习效应时企业如何通过有效的员工调度构建柔性产能，协同优化员工调度与库存管理以应对未来不确定的市场需求，以及日益加剧的外部资源成本上涨问题。在理论层面，研究外部资源成本大幅上涨情况下，企业员工调度和库存管理所面临的困难和挑战；利用马尔可夫决策过程对考虑知识转移和学习效应时企业的员工调度与库存管理协同优化问题进行建模；逐步研发一系列基于近似动态规划的算法来解决企业运作过程中所遇到的大规模协同优化问题。在实践层面，利用仿真实验和合作单位提供的数据检验所提出模型及算法的有效性，并将相关研究成果积极推广到我国生产企业，为帮助我国企业有效应对市场需求的不确定性贡献力量。

第一阶段：通过合理的员工调度构建柔性产能。

面对土地及外部劳动力成本的大幅上涨压力，生产企业亟待解决的问题就是如何有效调度现有员工，利用企业现有资源构建柔性产能以应对市场需求的不确定性。因此，这一部分的研究将对考虑知识转移和员工个体学习效应时企业的员工团队构成与工作匹配问题进行建模。

企业考虑有限计划周期内多种产品平行生产系统的员工与生产任务匹配问题。企业员工具有多种产品的生产技能，由于知识转移和员工个体学习效应同时存在，员工通过完成生产任务或观察同事的工作可以积累各种任务的经验水平，不同程度地提高自己在不同产品上的生产力水平。从企业决策者的角度来看，员工通过学习效应而产生的生产力水平变化将直接影响企业的总体产能。同时，通过员工在不同产品间的优化调度，企业可以根据市场需求的变化调节每种产品的产能。因此，企业决策者可以根据市场需求的波动，通过优化员工与任务的匹配达到调节企业产能的目的，增强其柔性。

在该平行生产系统中，所有产品生产工作已按照相似程度进行分类。同时，为方便知识转移，同种工作通常被放置到相近的位置。企业将通过优化员工团队组成及团队与工作的匹配从而最大化企业的产出。假设每项工作最多由一名员工完成，并且每名员工最多只能完成一项工作。员工可以通过两种途径进行学习从而提高自己的生产力水平：①自主学习，即员工通过完成生产任务累积在该类产品上的直接经验水平（D_{ij}^t）。②知识转移，即员工通过观察同事的工作，以及同事之间的互动交流而积累在某类产品上的间接经验水平（S_{ij}^t）。因此，员工 i 在工作 j 上的累积经验水平可以表示为$c_{ij}^t = \theta_i S_{ij}^t + D_{ij}^t$，其中$\theta_i \in [0, 1]$为知识转移系数。进而通过学习曲线可以求得相应的生产力水平。该问题可以通过非线性整数混合规划来建模。

由于学习曲线为非线性，单期优化问题为非线性整数混合规划问题。面对企业实际运作中所遇到的大规模问题，无法对该问题进行直接精确求解。因此，基于 Nembhard 和 Bentefonet（2012）提出的员工专业化理论，本书提出一种线性化方法。基于该理论，通过列举所有可能的员工与生产任务匹配方案，可以将原模型进行线性变换，并通过线性整数规划问题来求解原问题。

最后，将对模型和算法进行蒙特卡洛仿真实验，通过比较考虑和忽略企业中员工的知识转移和学习效应的两种模型及解的性质，分析这两种学习因素对企业产出、员工团队发展及员工调度计划的影响，从而指导企业通过有效的员工调度构建柔性产能。

第二阶段：员工调度与库存管理协同优化。

第一阶段研究了企业决策者如何通过优化员工与任务的匹配达到调节企业产能的目的，增强其柔性。利用前一阶段的研究，企业可以通过员工在不同产品之间的调度调节各种产品的产能，同时，企业也可以通过安全库存来应对不确定的市场需求。以上两种方式相互影响、相互制约，并且成本需要权衡。因此，本阶段将重点研究企业如何通过有效的员工及工作匹配从而综合利用库存管理及柔性产能来应对计划周期内企业所面临的市场需求的不确定性。本阶段所研究问题的特点体现在任务完成时间不仅受任务种类的影响，同时也取决于员工的经验水平。为了更好地刻画生产企业的实际运作情况，我们考虑随着员工的经验水平提高，其生产力也提高（即生产时间缩短），即“学习效应”。同时，我们考虑异质员工团队组成，即团队中员工的初始经验水平和学习速率存在差异。

前文提到，综合利用产能调节和库存管理可以更加有效的应对市场需求的不确定性。为研究员工产能发展和库存之间的相互关系，本阶段考虑以下问题：一家生产企业生产多种产品，产品生产过程由多个步骤顺序完成。每个决策周期期初，生产厂商可以观测到当期需求，并选择通过库存或生产来满足需求。因此，生产厂商需要对员工与工作匹配及库存水平进行协同优化决策。

以上问题可以采用马尔可夫决策过程进行建模。决策系统的状态包括库存水平（I_t），需求（D_t），以及员工的经验水平（E_t）。因此，第 t 天的系统状态可以表示为$s_t = \{E_t, I_t, D_t\}$。给定状态s_t，相应的决策为员工与工作匹配及生产决策。该决策可表示为$a_t(s_t) = (x_t, o_t)$，并且应满足以下匹配和生产约束。

$$\sum_{p\in P}\sum_{j\in J(P)}(x_\tau)_{ij}^{pt} + (y_\tau)_{pt}^{ij} \leqslant 1,\ \forall i \in I,\ t \in \tau,$$

$$\sum_{i\in I}(x_\tau)_{ij}^{pt} \leqslant 1,\ \forall p \in P,\ \forall j \in J(P),\ t \in \tau,$$

$$(O_\tau)_{ij}^{pt} \leqslant (x_\tau)_{ij}^{pt} K_{ij}^{P} \left(\frac{\sum_{k=1}^{t-1}((x_\tau)_{ij}^{pk} + (y_\tau))_{ij}^{pk} + E_{oij}^{P}}{\sum_{k=1}^{t-1}((x_\tau)_{ij}^{pk} + (y_\tau)_{ij}^{pk}) + E_{oij}^{P} + L_{IY}^{P}}\right),$$

$$\forall i,\ \forall p,\ \forall j,\ \forall t$$

状态转移函数包括库存水平的更新，以及员工经验水平的更新。每个决策期所产生的成本函数为生产厂商的当期利润。目标函数是最大化整个计划周期内的期望总利润。

该模型可通过动态规划来求解。但传统的动态规划方法存在“维数灾”的问题。对于多周期问题，需要将未来决策周期的信息融入当期决策中，帮助企业利用内外部信息来完善当期决策，进行更加有效的协同优化。同时，考虑知识转移和学习效应将增加问题的复杂度。为了克服“维数灾”带来的求解困难，以下提出一系列基于近似动态规划的启发式算法。

（1）滚动优化——一步展望算法。

基于滚动优化的思想，将多周期问题分解成为一系列两周期优化问题，并通过求解混合整数规划问题来完成决策。本阶段的两周期问题将通过对未来周期员工与工作匹配问题的预测来近似当期决策对于未来周期的影响（即值函数）。由于学习曲线为非线性，我们利用员工的经验水平和任务完成时间为有限集这一性质提出一种线性化方法。本阶段还将探讨该模型和算法在以下两类衍生问题中的适用性，即存在员工团队变动和产品种类更新的情况。

（2）基于基底函数的近似动态规划方法。

作为滚动优化算法的拓展，进一步研发基于基底函数的近似动态规划算法，将整个计划周期内的信息融入当期决策中。这样，企业可以最大限度地利用所有内外部信息来全面改善库存和产能管理决策，取得整个计划周期内的全局最优。多周期这一维度的加入加重了“维数灾”问题。为从根本上解决“维数灾”，我们提出一种基于基底函数的近似动态规划方法，即利用基底函数建立模型状态变量与一组既定属性之间的映射关系以降低求解过程的复杂度。

为得到一个满意的近似性能指标函数，我们面临两方面的挑战。首先，要选取一组既能反映状态变量重要元素信息又能囊括性能指标函数信息的基底函数。项目拟选取员工在各类任务上的累积经验水平及当期库存水平作为基底函数的组成要素。其次，运用值函数逼近及迭代回归的方法来确定基底函数中各参数的取值。最后，将对模型和算法进行蒙特卡洛仿真实验，分析知识转移和学习效应对决策的影响。一是拟通过仿真实验来量化考虑知识转移和个体学习效应为企业决策带来的好处，回答企业应如何通过有效的员工及工作匹配从而综合利用库存管理及产能调节来应对计划周期内企业所面临的市场需求的不确定。二是研究产品利润率、需求波动及员工学习能力对决策的影响。三是利用合作企业的数据对提出的多种算法进行比较，分析其相应解的结构，并最终提出一套易于执行的决策指导建议，以帮助企业决策者制订有效的员工调度和库存管理协同优化决策。

本书拟解决以下关键科学问题。

（1）本书拟建立考虑知识转移和个体学习效应的员工调度和库存管理协同优化模型，对以上两种学习因素的量化方法进行探讨，使其更加贴近企业的实际运作情况，并为企业提供一种构建柔性产能应对未来需求不确定性的途径，从而为指导企业进行员工调度和库存管理协同优化提供更好的理论依据。

（2）本书提出的基于近似动态规划的算法将有效克服经典动态规划方法中所产生的“维数灾”问题。在考虑知识转移和学习效应的背景下，有效解决企业实际运营过程中产生的较大规模员工调度和库存管理协同优化问题。

（3）本书的建模框架和算法都将未来周期的信息融入当期决策中，充分利用大数据时代企业可以获取的内外部数据信息，更有效地解决多周期员工调度和库存管理协同优化问题。

本书创新点有以下 3 个。

（1）率先将员工的个体学习效应和知识转移同时引入员工调度和库存管理协同优化模型。多数生产企业在运营决策中并未考虑员工的个体学习效应和员工之间的知识转移，从而丧失了挖掘潜在柔性产能的机会。以上两项因素的引入使得该模型更加贴近生产企业的实际运作情况，并为其提供一种构建柔性产能来应对需求不确定性的途径，从而为生产企业员工调度和库存管理的协同优化提供更好的理论依据。

（2）基于近似动态规划方法研发一系列启发式算法求解企业实际运作中面临的大规模协同优化问题。生产企业的产品种类和需求量日益增加，个体学习效应和知识转移的加入又增加了问题的复杂度。以上因素都加大了求解实际问题的“维数灾”困难。本书所提出的基于近似动态规划方法的算法能够有效地克服这一问题，解决企业实际运营过程中的较大规模协同优化问题。

（3）本书的建模框架和算法都将未来周期的信息融入当期决策中，充分利用大数据时代企业可以获取的内外部数据信息。本书提出的协同优化模型，以及相应的近似动态规划算法都为企业充分利用自身拥有及可获取的各种内外部数据信息进行企业运营决策提供了很好的契机。这对身处大数据时代的企业来说，真正意义上发挥了企业大数据的商业和社会价值。

本书计划用马尔可夫决策过程（MDP）、混合整数规划（MIP）、近似动态规划（ADP）、蒙特卡洛仿真实验 4 种研究方法。

第一阶段利用非线性整数规划对利用员工调度构建柔性产能问题进行建模。目标函数为最大化整个计划周期内所有员工生产所有种类产品的产出，即$\sum_{i,j,t} o_{i,j}^{t}$，其中$o_{i,j}^{t}$为周期 t 员工 i 在产品 j 上的产出水平。模型约束分为两个部分：知识转移和工作匹配。其中，约束（2）~约束（4）为知识转移部分的约束。

$$S_{ij}^{t}=\sum_{i'\in I;i'\neq i}\ \sum_{k\in J;k\neq j}\ \sum_{t'<t}f_{jk\varphi ik}\left(C_{ik}^{t'}\right),\ i\in I,\ j\in J,\ t\in\tau \tag{2}$$

$$C_{ij}^{t}=\theta_{i}S_{ij}^{t}+D_{ij}^{t},\ i\in I,\ j\in J,\ g\in g,\ t\in\tau \tag{3}$$

$$\varphi_{ij}\left(C_{ij}^{t}\right)=K_{ij}^{t}\frac{C_{ij}^{t}+p_{ij}}{C_{ij}^{t}+p_{ij}+r_{ij}},\ i\in I,\ j\in J,\ t\in\tau \tag{4}$$

约束（4）利用学习曲线计算员工在每种产品上的生产力水平（$\varphi_{i,j}$），其中的经验水平（c_{ij}^{t}）可以通过约束（3）由直接经验水平D_{ij}^{t}和间接经验$\theta_{i}S_{ij}^{t}$计算求得，约束（2）定义S_{ij}^{t}为其他员工的总产出水平。

以下约束为工作匹配部分，其中约束（5）~约束（7）确保员工团队构成和任务分配，约束（8）要求员工的产出不能超过其生产力上限。

$$\sum_{g\in G}y_{ig}=1,\ i\in I \tag{5}$$

$$\sum_{j\in g}x_{ij}^{t}\leqslant y_{ig},\ i\in I,\ g\in G \tag{6}$$

$$\sum_{i\in I}x_{ij}^{t}\leqslant 1,\ j\in J,\ t\in T \tag{7}$$

$$o_{ij}^{t}\leqslant x_{ij}^{t}\varphi_{ij}^{t}\left(C_{ij}^{t}\right),\ i\in I,\ j\in J,\ t\in T \tag{8}$$

然后，利用该问题所具有的特殊结构性质，将非线性问题进行线性转化，运用混合整数规划求解。进而通过比较考虑和忽略企业中员工的知识转移和学习效应的两种模型及解的性质，分析其对企业产出、员工团队发展及员工调度计划的影响。最后利用蒙特卡洛仿真实验对模型进行比较和验证。

基于第一阶段的研究，第二阶段探讨企业如何通过有效的员工及工作匹配从而综合利用库存管理及柔性产能来应对计划周期内企业所面临的市场需求的不确定性。采用马尔可夫决策过程进行建模。决策系统的状态包括库存水平（I_t），需求（D_t），以及员工的经验水平（E_t）。因此，第 t 天的系统状态可以表示为$s_t=\{E_t,\ I_t,\ D_t\}$。给定状态s_t，相应的决策为员工与工作匹配及生产决策。该决策可表示为

$a_t(s_t)=(x_t, o_t)$，并且应满足以下匹配和生产约束。

$$\sum_{p\in P}\sum_{j\in J(p)}(x_\tau)_{ij}^{pt}+(y_\tau)_{ij}^{pt}\leqslant 1,\ \forall i\in I,\ t\in\tau,$$

$$\sum_{i\in I}(x_\tau)_{ij}^{pt}\leqslant 1,\ \forall p\in P,\ \forall j\in J(p),\ t\in\tau,$$

$$(o_\tau)_{ij}^{pt}\leqslant (x_\tau)_{ij}^{pt}K_{ij}^{p}\left(\frac{\sum_{k=1}^{t-1}((x_\tau)_{ij}^{pt}+(y_\tau)_{ij}^{pt})+E_{0ij}^{p}}{\sum_{k=1}^{t-1}((x_\tau)_{ij}^{pt}+(y_\tau)_{ij}^{pt})+E_{0ij}^{p}+L_{ij}^{p}}\right),$$

$$\forall i,\ \forall p,\ \forall j,\ \forall t$$

前两个约束确保一项工作只分配给一名员工，同时一名员工只分配一项工作。第三个约束说明每名员工所分配的工作产出不得超过该员工的生产力上限。状态转移函数包括库存水平的更新，以及员工经验水平的更新。每个决策期所产生的成本函数为生产厂商的当期利润。目标函数是最大化整个计划周期内的期望总利润。

为了克服传统方法所面临的“维数灾”问题，项目拟研发一系列基于近似动态规划的启发式算法。首先，将下一周期的需求信息融入当期决策中，利用滚动优化的思想，通过一步展望算法逐步求解多个两期优化问题来提高当期决策。其中，混合整数规划和启发式算法是求解两期优化问题的关键方法。

作为上一部分的拓展，将整个计划周期内的信息融入当期决策中。为从根本上解决“维数灾”问题，进一步提出一种基于基底函数的近似动态规划方法，其重点是选择合适的基底函数和对函数的参数进行估计。首先，根据所研究问题的特点选取可以反映状态变量重要信息的基底函数，并通过值函数逼近和迭代回归的方法确定参数值。其次，利用合作单位至少 3 个月的真实数据对项目提出的优化模型和算法进行检验，并与其当前决策方法进行比较，从而证明模型的有效性和优化程度。

第六章　智慧物流

从 2014 年开始，国务院印发了《物流业发展中长期规划（2014—2020 年)》，提出将物流业作为“支撑国民经济发展的基础性、战略性产业”。自此，物流业在国民经济中的地位稳步提升。同时，近几年来国家又相继出台了一系列文件（《关于进一步推进物流降本增效促进实体经济发展的意见》和《新一代人工智能发展规划》等），积极推进物流产业智能化升级。

随着计算机技术和大数据技术的进一步发展和创新，以及受政策环境等各种利好因素的推动，智慧物流已经成为物流行业的一个主要发展方向。近些年，物流行业的发展受到了物流科技的深刻影响，同时物流行业的科技应用也为技术的发展提供了良好的条件。同时，物流领域的智能落地和应用进展得如火如荼。根据中国物流与采购联合会数据，当前物流企业对智慧物流的需求主要包括物流数据、物流云、物流设备三大领域。2016 年智慧物流市场规模超过 2000 亿元，到 2025 年智慧物流市场规模将超过万亿。智慧物流的具体发展方向正从自动化、无人化向数据化、智能化发展。在具体的技术方面，无人机、机器人、智能快递柜、可穿戴设备、3D 打印、大数据分析等技术已经逐步开始商用。

国内外的各种互联网科技公司，以及物流相关企业（以亚马逊、UPS、DHL、京东、阿里巴巴、顺丰、四通一达等为代表）都非常注重通过科技手段提升物流效率。对于互联网科技企业来说，他们自身是互联网起家，其技术方面是核心优势，依托自身互联网科技基因，在智慧物流各领域积极布局，力图实现弯道超车。对于物流公司来说，他们在物流网络方面有着先天的优势，不论是国内外各地的货仓及各种物流交通工具团队，还是先进的物流技术。他们通常拥有自己强大的研发团队，并且可以跟第三方合作。对于市场需求的预测，他们也拥有数据的优势。因此，他们对于与自身需求紧密的相关智慧物流技术（如无人机、仓内 AGV 机器人）正在进行紧锣密鼓的研发，进行积极布局。还有一类智慧物流物联网企业，他们拥有最先进的物联网技术，跟前面提到的物流公司和互联网技术企业不同，他们的关注点在于物联网、大数据和人工智能平台开发和服务，具有很强的技术实力和商业模式优势。以上提到的这几类公司都在具有互联网思维的专业团队和资本的助力下，发展前景巨大。因此，在未来智慧物流市场的竞争中，以上企业若想取胜，必须要结合自身特性、洞察所在领域的客户、市场变化，做好智慧物流的提前布局，追赶者应以更加开放的心态拥抱科技，拥抱智慧物流，实现转型升级。

6.1 智慧物流的定义

物流业是国家经济支撑性产业。根据亿欧智库发布的《2020 智能物流产业研究报告》中的数据，2009—2016 年，全国社会物流总费用在 GDP 中的占比由 18.1% 下降至 15.5%，但与发达国家物流费用占 GDP 约 10% 的比例相比还有很大差距。因此，不论是物流企业、政府还是物流服务的消费者都将提高物流效率，降低物流成本看成是物流业将来发展的一个重要目标。在这一目标的指引下，2016 年，国家发改委发布《物流业降本增效专项行动方案》，交通运输部也规划从基础设施建设等四方面着手帮助促进物流业降本增效。2014 年，国务院印发了《物流业发展中长期规划（2014—2020 年）》，提出将物流业作为支撑国民经济发展的基础性、战略性产业。近几年来，我国相继出台了《关于进一步推进物流降本增效促进实体经济发展的意见》和《新一代人工智能发展规划》等一系列文件，积极推进物流产业智能化升级。受政策环境及技术进步等各种利好因素的推动，近年来物流领域的智能落地和应用进展得如火如荼。物流行业的发展受到了物流科技的深刻影响，同时物流行业的科技应用也为技术的发展提供优渥土壤。

根据各种科技发展和应用的程度，我们可以将智慧化物流的发展大致分为三个阶段：①自动化物流阶段，这一阶段的特点是状态感知、联网互动、判断决策、自动执行；②智能化物流阶段，这一阶段的特点是实时分析、科学决策、精准执行；③智慧化物流阶段，这一阶段的特点是自主决策、学习提升。

智慧物流是指通过智能硬件、物联网、大数据等智慧化技术与手段，提高物流系统分析决策和智能执行的能力，提升整个物流系统的智能化、自动化水平。智慧物流不再是为终端客户提供一种单一的货物配送服务，而是将多种物流相关服务和功能整合在一起。这更像是我们现在都在讨论的生态。因此，智慧物流的出现和发展从一定程度上体现了现代经济运作特点的需求，也就是强调信息流与物质流快速、高效、通畅地运转，从而实现将整个社会的各方面资源有效的整合到一起，从而进一步降低社会成本，提高生产效率的目的。根据中国物流与采购联合会数据，当前物流企业对智慧物流的需求主要包括物流数据、物流云、物流设备三大领域。

智慧物流形成的一个表现就是数据服务市场，这个市场在我国还处于起步阶段。我国的数据服务市场中，数据主要是来源于各大电商物流大数据，随着数据量积累及物流企业对数据的逐渐重视，未来物流行业对大数据的需求前景广阔。智慧物流的运作主要是通过云服务市场进行的。这一部分的功能主要是基于云计算应用模式的物流平台服务。物流服务云平台的主要功能就是将所有的物流公司、行业协会等的资源都集中整合起来，各个资源相互展示和互动，从而有效地将需求和供给进行匹配，达成意向，从而降本增效。在这一方面，阿里巴巴和亚马逊等知名企业都已经进行了布局。智慧物流的执行主要是依靠设备市场，它是智慧物流市场的一个重要细分领域，主要包括自动化分拣线、物流无人机、冷链车、二维码标签等各类智慧物流产品。

智能物流是指利用集成智能化技术，使物流系统能模仿人的智能，具有思维、感知、学习、推理判断和自行解决物流中某些问题的能力。由中国物流与采购联合会和京东物流联合发布的《中国智慧物流 2025 应用展望》，基于领先企业最佳实践及物流行业发展趋势，描绘了智慧物流应用框架及主要内容。其中，指出智慧物流应用的整体架构自上而下分为：智慧化平台（大脑）、数字化运营（中枢）、智能化作业（四肢），如图 6－1 所示。

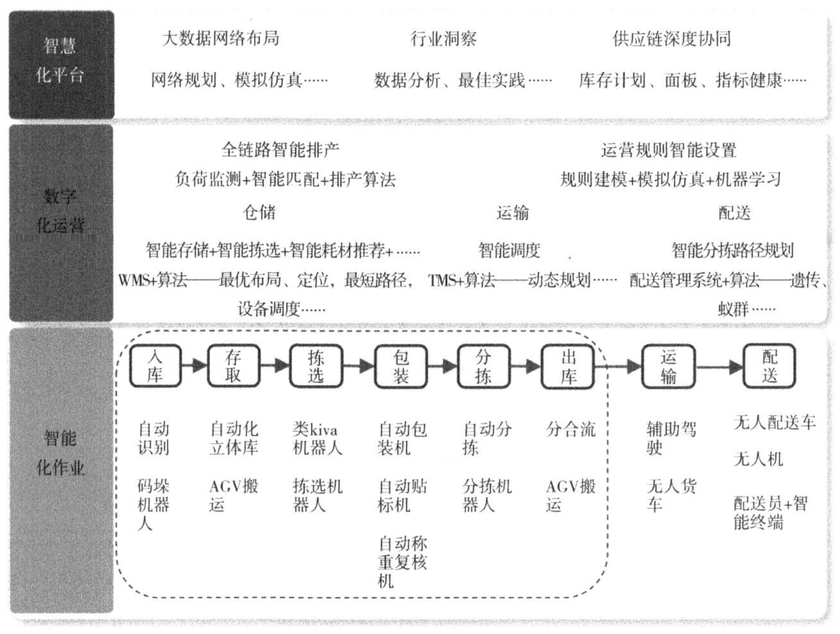

图 6－1　智慧物流框架

从以上的智慧物流框架中我们可以看出，智能化作业即智能物流是智慧物流应用的基础环节，智能物流强调的是技术和能力层面的进步，因此需要通过不断地研发新技术和创新活动来实现各种功能的更新换代。跟智能物流不同的是，智慧物流其本质是一种整体运作模式，强调系统中各个部分的合作与协同，将系统中的各部分资源进行有效的整合从而发挥更强大的协同作用。总体来讲，基于智能物流各个部分所能实现的状态感知、实时分析、科学决策与精准执行，智慧物流利用其平台和整合作用进一步达到了自主决策和学习提升。智能物流强调技术能力的发展和创新，智慧物流强调系统合作与协同。因此，智能物流是物流系统向智慧化物流进化的重要阶段，是智慧物流体系实现的重要基础。

6.2　物流行业背景

中国物流业景气指数（LPI）是由中国物流与采购联合会发布，此项指数由业务总量、新订单、从业人员、库存周转次数、设备利用率5项指数加权合成，以50%作为经济强弱的分界点，反映物流业经济发展的总体变化情况。根据亿欧智库发布的《2020智能物流产业研究报告》，由图6－2可以看出，近年来的物流业景气指数基本处于50%分界点以上，这表明中国物流业经济的发展在近年来一直处于持续增长态势之中。与此同时，我们也可以看到最近两年的物流业景气指数平均水平相对前两年有所降低。接下来，我们也可以看到，与此相关的一系列其他物流指标也有相同的发展趋势。

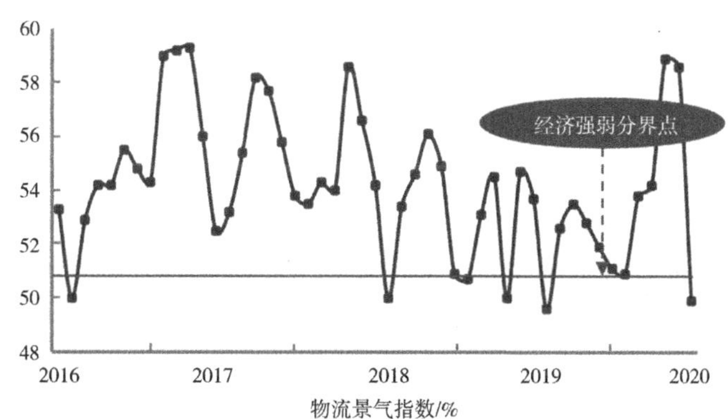

图6－2　中国物流业景气指数（LPI）

来源：中国物流信息中心

其中，第一个重要的指标是社会物流总额，它是指第一次进入国内需求领域，产生从供应地向接受地实体流动的物品的价值总额。根据中国物流与采购联合会的数据显示，2018 年全国社会物流总额为 283.1 万亿元，同比增长 6.4%，增速比上年同期回落 0.3 个百分点（见图 6－3）。中国物流与采购联合会会长何黎明指出，目前物流需求总体保持平稳增长，受宏观经济下行压力影响，2018 年增速略有回落，但物流需求结构有所优化。

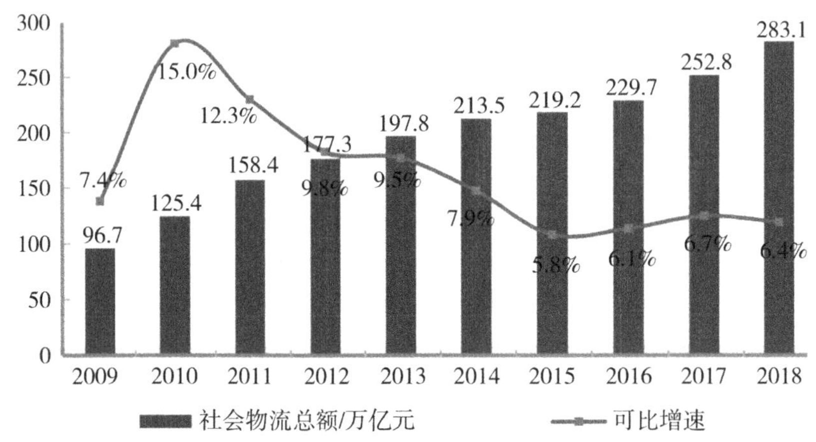

图 6－3 社会物流总额

来源：中国物流与采购联合会

根据以上关于 2009—2018 年社会物流总额及可比增速的数据我们可以观察到，中国社会物流总额依旧保持持续上升，近几年增速相较前些年下降显著但增速水平逐渐趋于平稳。这一变化与景气指数保持持续景气但水平有所降低是相辅相成的。2018 年数据显示，全社会物流总额中工业品物流总额为 256.8 万亿元，占比约为 90.7%，同时近年来工业品物流总额占全社会物流总额的比例一直都保持在 90% 左右。因此，从各类物流总额增速的趋势线中也可以观察到，社会物流总额增速与工业品物流总额增速十分接近，即工业品物流是物流行业发展的重要驱动力，如图 6－4 所示。

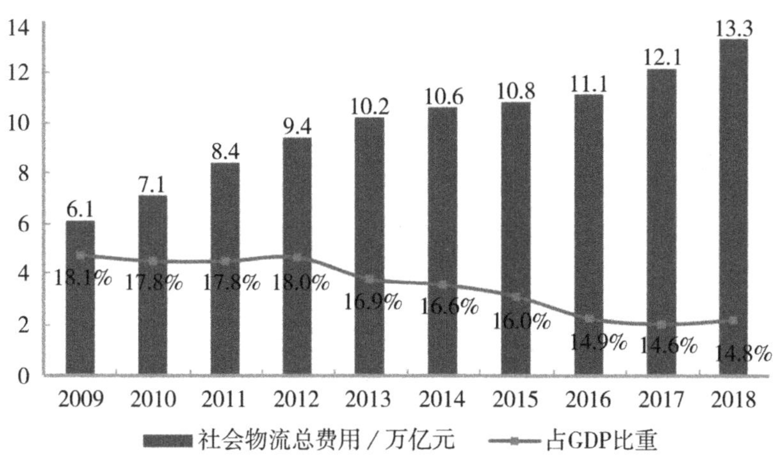

图6－4　社会物流成本

来源：国家统计局，中国物流与采购联合会

在以上的数据中有一个值得注意的点是，2018 年单位与居民物品物流总额同比增长 22.8%，比社会物流总额增速高出 16.4 个百分点。从各类物流总额增速的趋势线中可以看出，相对比于其他类型的物流总额，单位与居民物品物流总额增速自 2010 年以后一直保持在较高水平。这其中，在网络零售领域这一趋势尤为明显，主要原因是受到电商消费快速增长拉动。随着新零售和新制造这些概念的兴起，网络消费已经成为大家生活中不可或缺的一部分。生活节奏加快和对生活品质，以及消费体验要求的提升使得网络零售业的发展越来越快。即便在社会物流总额中占比较小，但消费与民生领域的物流需求的较高增速对物流行业产生了一定的拉动作用。社会物流总费用是报告期内国民经济各方面用于社会物流活动的各项费用支出的总和，主要划分为运输费用、保管费用、管理费用。

从 2009—2018 年社会物流总费用数据可看出，社会物流总费用在逐年增长，此趋势对应于社会物流总需求的不断上升。同时，社会物流总费用占 GDP 比重从 2013 年开始基本处于逐年下降趋势，此项数据表明我国社会物流效率近年来在逐步提高，国家在降本增效层面做的大量工作产生了一定效果。

中国物流与采购联合会会长何黎明指出，即便2018年的占比数字相较2017年有所上升，但这受物流费用的结构性因素影响。在下行过程中出现波动，甚至出现阶段性反弹，属于正常走势变化，不改变物流运行效率提高、社会物流费用水平整体下降的基本判断。

6.3 智慧物流发展驱动因素

2014年，国务院印发了《物流业发展中长期规划（2014—2020年)》，确定了物流业的地位为支撑国民经济发展的基础性、战略性产业，进一步提升了各级政府对物流业发展的关注度，于是逐步形成了自上而下的国家级、省级和市级物流业发展的政策支持体系。自2016年起，国家进一步出台了一系列物流相关政策及规划，为巩固物流降本增效成果，增强物流企业活力，提升行业效率效益水平，畅通物流全链条运行，国家各级政府机构出台了鼓励物流行业向智能化，智慧化发展的政策，并积极鼓励企业进行物流模式的创新，主要方向如下表所示。

表　物流相关政策及规划概述

时间	发布单位	名称	相关内容
2014年9月	国务院	《物流业发展中长期规划（2014—2020年)》	提出到2020年基本建立现代物流服务体系，以着力降低物流成本、提升物流企业规模化集约化水平、加强物流基础设施网络建设为发展重点
2016年9月	国家发改委	《物流业降本增效专项行动方案（2016—2018年)》	目的是解决物流领域长期存在的成本高、效率低等突出问题，大力推动物流业降本增效，推进物流业转型升级，提升行业整体发展水平，更好地服务于经济社会发展

续表

时间	发布单位	名称	相关内容
2018年1月	商务部与9部委联合发布	《关于推广标准托盘发展单元化物流的意见》	要求到2020年，物流标准化水平明显提升；物流降本增效取得明显进展；企业装卸成本大幅降低，货损率显著下降，装卸货效率、车辆周转率明显提高
2018年6月	财政部	《关于开展2018年流通领域现代供应链体系建设的通知》	强化物流基础设施建设，夯实供应链发展基础。加快发展大市场、大物流、大流通，实现供应链提质增效降本
2019年3月	国家发改委、交通运输部等24个部门联合发布	《关于推动物流高质量发展促进形成强大国内市场的意见》	旨在巩固物流降本增效成果，增强物流企业活力，提升行业效率效益水平，畅通物流全链条运行，加快推动提升区域经济和国民经济综合竞争力
2015年10月	国务院	《关于促进快递业发展的若干意见》	要求加快人机智能交互、工业机器人、智能物流管理、增材制造等技术和装备在生产过程中的应用
2016年7月	国家发改委	《“互联网+”高效物流实施意见》	提出构建物流信息互联共享体系，提升仓储配送智能化水平，发展高效便捷物流新模式，营造开放共赢的物流发展环境4项主要任务
2017年2月	国家邮政局	《快递业发展“十三五”规划》	推动实现快件自动分拨和快速转运。鼓励快递企业采用先进适用技术和 装备，推进机器人、无人机、无人车研发和应用

续表

时间	发布单位	名称	相关内容
2017 年 12 月	工信部	《促进新一代人工智能产业发展三年行动计划（2018—2020 年）》	要求提升高速分拣机、多层穿梭车、高密度存储穿梭板等物流装备的智能化水平，实现精准、柔性、高效的物料配送和无人化智能仓储。到 2020 年开发 10 个以上智能物流与仓储装备
2019 年 9 月	中共中央、国务院	《交通强国建设纲要》	发展“互联网＋”高效物流，创新智慧物流营运模式。加快快递扩容增效和数字化转型，推进智能收投终端和末端公共服务平台建设。积极发展无人机（车）物流递送、城市地下物流配送等

在大力推进“互联网＋”物流发展的背景下，物流企业和相关企业需要进一步发挥互联网平台实时、高效、精准的优势，对线下运输车辆、仓储等资源进行合理调配、整合利用，提高物流资源使用效率，实现运输工具和货物的实时跟踪和在线化、可视化管理。例如，国务院办公厅《关于深入实施“互联网＋流通”行动计划的意见》中提出，鼓励发展分享经济新模式，激发市场主体创业创新活力，鼓励包容企业利用互联网平台优化社会闲置资源配置，扩大社会灵活就业。鼓励物流模式创新，重点发展多式联运、共同配送、无车承运人等高效现代化物流模式。《2015 年流通业发展工作要点》中提出，深入推进城市共同配送试点，总结推广试点地区经验，完善城市物流配送服务体系，促进物流园区分拨中心、公共配送中心、末端配送点三级配送网络合理布局，培育一批具有整合资源功能的城市配送综合信息服务平台，推广共同配送、集中配送、网订店取、自助提货柜等新型配送模式。加强物流信息化和数据化建设，《关于推进线上线下互动加快商贸流通创新发展转型

升级的意见》中提出，鼓励运用互联网技术大力推进物流标准化，推进信息共享和互联互通；大力发展智慧物流，运用北斗导航、大数据、物联网等技术，构建智能化物流通道网络，建设智能化仓储体系、配送系统。

另外，新的商业模式和新业态的不断涌现也对智慧物流的未来发展提出了更高的要求。在过去的 15 年中，电子商务、新零售、新制造，OTO、C2M 等各种新型商业模式快速发展，同时消费者需求也从单一化、标准化，向差异化、个性化转变，这些变化对物流服务提出了更高的要求。首先是电子商务和网购平台的快速发展，电商带动快递业从 2007 年开始连续 9 年保持 50% 左右高速增长，2016 年业务量突破 300 亿件大关，达 313. 5 亿件。行业爆发式增长的业务量对物流行业更高的包裹处理效率，以及更低的配送成本提出了要求。原来以购物节“双十一”和“618”为代表的购物高潮，现在已经更为普遍。未来电商将持续高速发展，阿里研究院预计 2020 年网络零售额将超过 10 万亿元，2017 年，阿里巴巴集团创始人马云更是提出一天 10 亿包裹数量，不会超过 8 年，估计在 6、7 年左右就能实现。新零售兴起，企业以互联网为依托，通过运用大数据、人工智能等先进技术手段，对线上服务、线下体验及现代物流进行深度融合的零售新模式。这一模式下，企业将产生如利用消费者数据合理优化库存布局，实现零库存，利用高效网络妥善解决可能产生的逆向物流等诸多智慧物流需求。C2M 兴起，由用户需求驱动生产制造，去除所有中间流通加价环节，连接设计师、制造商，为用户提供顶级品质，平民价格，个性且专属的商品。这一模式下，消费者诉求将直达制造商，个性化定制成为潮流，对物流的及时响应、定制化匹配能力提出了更高的要求。

6.4　智慧物流发展现状

由于互联网技术和大数据技术的进一步发展，物流运作模式得到了进一步的创新和发展，这在一定程度上推动了智慧物流的发展。在“互联网+”战略的指引下，物流行业与互联网行业的结合越来越密切。这也使得物流行业传统的市场环境和运作模式出现了很大程度的改变。在互联网技术的助力下，新的物流模式和新业态不断涌现。这其中具有代表性的新物流模式包括：车辆与货物的精准匹配、运力众包模式和多模式联运。随着新基建的投入和进展，以及信息化程度的不断提升，以上的新物流模式在实际运作中的应用也是越来越成熟，与之相适应的智慧物流也在快速增长。

车辆和货物的匹配问题一直都是困扰业界和学界的一个重要物流问题。车辆和货物分别代表着物流配送的供给和需求两个方面，车辆和货物的匹配通常包括同城货运匹配和城际货运匹配。随着云计算和物流信息共享平台的应用，供给和需求双方可以在物流云平台上发布运输需求和供给，云平台可以根据双方提供的包括货物属性、配送距离、所需车型等具体的配送要求对货物和平台注册的运力进行智能匹配，并同时提供一系列增值服务。要达到精准匹配的要求，平台需要在物流的数据处理、车辆状态信息跟踪等方面具备较高的能力。

运力众包是城市物流系统发展的一个必然产物，它主要服务于城市内的物流配送。同城配送，作为物流系统中的“最后/第一公里”，提供一个城市从 A 地到 B 地的配送服务，更是物流系统中的重中之重。《2017Q1 中国即时配送市场研究报告》显示，同城即时配送用户规模由 2014 年的 1.24 亿增长至 2016 年的 2.13 亿，其中 2016 年增长率高达 35.1%。城市物流 O2O 模式的兴起使得消费者在享受足不出户的便捷网购的同时，也能体验到实体店消费的“及时满足感（Instant Gratification）”。而精准高效的城市物流系统是保障 O2O 消费体验的决定性环节。同城配送的主要模式大致分为两类：单件直达式配送和仓储式物流配送，其中单件直达式配送在时效性方面具有较大优势，但为其付出的高额运输成本也是多数物流企业面临的困境。为提高配送服务的时效性，现有市场参与者多采用两轮摩托车或电动车作为运输工具。该方式可以避免拥堵同时节约成本，但近来涉及配送员的车祸事故日益增多，这一现象一定程度上也增加了物流企业的运营成本和风险。仓储式配送虽然利用规模效益降低了配送成本，但货物需要通过各级仓库进行分拣和存储，库存成本增加的同时也影响了配送的时效性。

运力众包可以帮助解决同城配送中现有的一些问题。通常，众包平台主要是通过对各类个人配送资源进行有效的整合，为客户提供即时的同城配送服务。众包平台的智慧物流挑战也主要集中在对个人运力和配送需求的精准匹配。在前面提到的沃尔玛众包案例中，其主要思想是通过到店消费的顾客作为临时配送员帮助完成线上的订单配送。通常情况下，沃尔玛并不会将一个线上订单立刻分配给刚到店的临时配送员，留一部分等待时间一方面可以为当前订单寻找更合适的临时配送员，另一方面可以为临时配送员寻找更合适的网上订单。因此，在众包情境下的动态路径优化问题更具有研究价值，不仅网上订单的需求是随机的，临时配送员的到达也是随机的。这就使得问题的复杂性进一步加强。应对动态需求和供给的一个主要方法就是进行有效的预测，从而降低未来的不确定性。在沃尔玛众包的案例中，我们可以通过利用先进的技术对网上订单和临时配送员的具体情况进行预测。大数据革命，即对海量数据进行有效的分析将其转化为决策，将帮助提升预测的质量。大规模动态配送系统将在未来成为常态，因此，研发可以应对规模大且存在不确定性的动态因素，并能够进行有效预测的算法才是关键。

沃尔玛众包配送的案例中另外一个值得注意的方面是当日达的问题。由于沃尔玛需要保证所有网上订单当日配送完毕，所以除了到店消费的临时配送员外，还需要雇用物流公司的司机进行配送。在这个案例中，各种复杂的因素都需要考虑进来，即使是确定性/静态问题本身也很难求解。例如，物流公司的司机数量比临时配送员的数量多很多，而临时配送员完成配送后不需要回到车场，临时配送员的成本远低于雇用的物流公司司机，这些因素共同构成了一类新的问题，即考虑临时配送员的路径优化问题。这一方面的研究显示，对于临时配送员的补偿机制将直接决定众包这一模式的成功与否。

随着网络和信息的不断融合，包括海运、陆运、铁运和空运在内的多种运输模式已经可以以网络协同的形式为企业和大众提供各种各样的物流服务。经典的多式联运模式包括：海铁、公铁、铁公机等多种类型。近年来，随着“一带一路”倡议的布局实施，多式联运模式已成为这一战略的实施的重要物流手段。多式联运模式作为一种集约高效的现代化运输组织模式已经迎来了加速发展的重要机遇。由于该模式在运输过程中涉及多种运输工具，对于这些运输工具实现全程可追溯及各个系统之间的信息共享和协同，信息化的运作起到了十分重要的作用。同时，新型技术如无线射频、物联网等的应用大大提高了多式联运换装转运的自动化作业水平。

在微观层面，大数据和无人技术等智慧物流相关技术日趋成熟。无人机、机器人与自动化、大数据等已相对成熟。这些技术在局部地区和部门的应用已经取得了成功，并将在不远的将来进行商用。另一个值得注意的方面是基于人工智能技术的可穿戴设备和 3D 打印技术都将在未来 10 年左右逐步成熟，将广泛应用于仓储、运 输、配送、末端等各物流环节。

仓内技术主要是指物流仓库内采用的各种智能技术，主要包括 AGV（自动导引运输车）、无人叉车、货架穿梭车、分拣机器人等在内的机器人技术。他们的主要用途是进行物流货仓内货物的搬运、上架和分拣等操作。机器人技术的应用可以有效提升仓内的操作效率，降低成本。

“最后一公里”配送一直都是物流行业中面临的最大挑战。随着时代的发展，城市物流所面临的挑战也在不断变化，从而促使“最后一公里”物流面临更多的挑战。同时，随着城市化进程的不断推进，城市人口越来越多，如果不能很好地解决城市物流所面临的挑战，将会造成很多不必要的交通拥挤、温室效应排放，从而对城市人们的生活质量产生更多的负面影响。在解决“最后一公里”配送问题的过程中，无人机技术将扮演重要的角色。由于无人机可以在不影响城市交通和环境的前提下，对货物进行更加快速和精准的配送。无人机技术主要包括干线无人机与配送无人机两类，其中配送无人机研发已较为成熟，主要应用于末端“最后一公里”配送。

DHL 发布的雷达报告中列举了一些国内外物流和互联网企业在以上这些新技术和新模式方面的尝试。

我们来看一下国外电商平台亚马逊在智慧物流方面的一些创新。2012 年起，为了能够更好地应对快速增长的客户需求，亚马逊收购全球著名的仓内机器人初创企业 KIVA Robotics，从而率先进入了仓内机器人领域。亚马逊的仓内机器人主要用于仓内货架搬运、分拣。2013—2014 年年底，亚马逊首先在美国的 10 个亚马逊物流中心布局 1.5 万个机器人，随后亚马逊将 KIVA 部署向其全球各地转运中心拓展。截至 2016 年，亚马逊已在其全球 13 个物流中心部署了超过 3 万个 KIVA 机器人。仓内机器人技术给亚马逊带来了运营效率的明显提升。在仓内机器人的帮助下，亚马逊每笔订单的处理都能节省 1 个小时，捡货到发货时间从要 1.5 个小时缩减为 15 分钟。这样算下来，仓内机器人每年可以帮助亚马逊节省约 9 亿美元的人力成本。2016 年，KIVA 正式更名为 Amazon Robotics。此外，亚马逊还致力于打造新型机器人平台，除研发新型 AGV 机器人外，还将致力于研发可胜任打包、分拣等复杂环节的先进机器人，最终实现仓储无人化的目标。

在无人机技术方面，亚马逊成立专门部门 Prife Air，对无人机技术进行研发和升级，但受限于美国无人机政策，距离正式商用仍有距离。2013 年，亚马逊“下一代实验室”牵头启动无人机项目，进行无人机项目研发，已实现高效、无人化配送，进一步向亚马逊全自动化运营的目标迈进。2016 年通过对欧洲一个著名计算机团队的收购，完成了针对无人机的视觉系统的升级，实现对降落环境的监测，确保降落准确度。至2018年已提出无人机“多层次运营中心”等多项无人机相关专利申请。经过多年的研发和测试，2016年，亚马逊在英格兰的农村地区启动无人机送货项目，并首次成功送出第一单。2017年，亚马逊的无人机送货部门Prime Air在美国公开亮相，并首次对外发布亚马逊无人机产品。Prime Air无人机计划实现30分钟内将产品送到顾客手中，将在120米以下的空域里自动飞行，主要负责运送5磅以下的小包裹。但由于美国对无人机使用规定的限制，当前尚未进行大规模应用。未来，亚马逊计划在无人机上添加更多功能模块，在2017年提交的一份亚马逊专利申请中显示，其计划将航拍画面等数据加以分析，然后得出消费者的需求，由无人机进行定制化的商品推荐，如客户的屋顶如果看起来有缺陷，那么亚马逊无人机可以推荐屋顶维修服务。

国内物流行业中在物流新技术方面发展较快的包括京东和菜鸟。

为了进行智慧物流新技术的研发，京东成立X事业部，并与新松机器人合作进行研发。仓内机器人技术的应用主要体现在搬运、上架、分拣等仓内环节。这一技术帮助京东在“618”“双十一”等购物高峰时期提高仓内运作效率，保证消费者体验，同时也大大降低了企业整体运营成本。2014年，京东开始正式布局仓内机器人技术，同样也是为实现其无人仓的战略目标，同年京东研制的第一代仓储机器人投入“亚洲一号”系列仓库进行实地操作。2016年成立的X事业部除了进行仓内机器人项目的研发，组建无人仓团队外，还成功开发了SHUTTLE货架穿梭车、DELTA型分拣机器人、六轴机器人6-AIS等6种型号机器人。京东与新松机器人签订战略合作协议，共同探索机器人在京东仓库中的开发应用，获取相应软硬件技术。目前，京东已经具备了自主批量研发、生产智能物流机器人的能力，研究开发的各类机器人可覆盖从搬运到分拣的全程操作。

2017年，京东的昆山无人分拣中心正式亮相，在国内率先实现前后端无人AGV自动装卸车作业。同时，在仓储的商品上架、分拣各环节，京东还部署了其研发的SHUTTLE货架穿梭车等各型号机器人，基本实现了仓储全流程自动化。仓内机器人的应用也是京东向无人仓这一战略目标迈进的关键举措，通过部署自动机器人，京东无人仓的存储效率可达到传统人工横梁货架存储效率的10倍以上。未来，京东将进一步加快机器人及自动化技术研发（已有10余款机器人在研发计划中），在北京亦庄附近建设无人设备工厂，实现仓储机器人等无人设备更大规模量产。其核心特色体现为数据感知、机器人融入和算法指导生产，全面改变目前仓储的运行模式。

在无人机方面，京东也是进行了大量的投入，开发多款无人机产品，建设无人机调度中心，已初步实现商用化，未来将依托无人机基本实现对中国农村的全覆盖，是目前市场上无人机技术应用最领先的企业之一。京东农村战略的成功落地使农村市场订单量快速增长，但是农村人口密度低，单位面积下支撑的订单量有限，沿用之前的配送方式无疑意味着运营成本升高，订单周期拉长，客户体验降低。京东尝试用无人机来替代人工送货，将货物从各城镇末级站点送至各村配送点，实现15～25公里范围内的自动配送。2015年年末，京东启动无人机研发项目，由京东物流实验室（后转为X事业部）负责，同时与航天局等国家部门及领先的第三方无人机企业紧密合作。经过多年研发，京东在飞行控制、主动避障、智能化和集群飞行等方面进行了大量技术积累。2016年，成功设计了VTOL固定翼无人机等多款载重5～10千克不等的无人机。2017年，京东加大对无人机研发投入，在西安成立西北无人机研发中心。京东的无人机项目一开始就以商业为目的，2016年京东成功利用自主研发无人机在宿迁完成物流首单配送，2017年更是率先在宿迁建立无人机运营调度中心，标志着京东无人机常态化运营将逐步开展，无人机项目已进入实际应用的快车道。2017年“618”期间实现多省市无人机配送常态化运营，已经完成1000余单配送。未来，京东将持续加大物流无人机的研发与应用，将尝试开发大型载重无人机，拓展配送品类。在四川、陕西建立约300个无人机机场。建成后将实现24小时内送达中国的任何城市，并期望未来每天能用无人机为40万个村庄送货。

菜鸟同样也建立菜鸟 ET 实验室，开发仓内机器人，以 AGV（自动导引运输车/机器人）为主，已在天津、惠阳仓大规模投入使用，未来将拓展机器人型号。2015 年，菜鸟成立 ET 实验室，目标通过研发物流前沿科技产品，追求符合未来科技发展的物流生产方式，并牵头进行仓内机器人研发，开发出造价高达上百万的“曹操”仓内机器人，其能顶起的重量可达到 500 克，同时还能灵活旋转，通过在天津仓部署“曹操”机器人迅速定位商品区位、规划最优拣货路径，提升仓内操作效率。2017 年 8 月，菜鸟广东惠阳机器人仓投入使用，仓内部署上百台自主研发 AGV 机器人，主要用于货物搬运，提高仓内效率。除了 AGV 外，菜鸟还尝试在仓储其他环节研发生产机器人，如广州仓库在包装等环节使用机器人，天津武清仓已在使用自主研发的仓内分拣机器人（托举机器人）。未来，菜鸟将进一步探索机器人与云端智能调度算法、自动化设备的磨合，在更多仓内环节应用机器人，并与合作伙伴将会在多个仓库内复制机器人模式。

参考文献

[1] 德勤咨询．中国智慧物流发展报告［EB/OL］．2018.

[2] DHL. Logistics Trend Radar［EB/OL］．2018.

[3] 高德软件有限公司，毕马威企业咨询（中国）有限公司北京分公司．“智能＋出行”社会经济价值研究蓝皮书［EB/OL］．2019.

[4] 刘小南．中国物流 70 年：砥砺奋进跨越发展［N］．中国改革报，2019－8－15.

[5] 亿欧智库．2020 智能物流产业研究报告［EB/OL］．2019.

[6] 中华人民共和国国务院．物流业发展中长期规划（2014—2020 年）［Z］．2014－9－12.

[7] 中华人民共和国国务院．关于促进快递业发展的若干意见［Z］．2015－10－23.

[8] 中华人民共和国国家发展和改革委员会．“互联网＋”高效物流实施意见［Z］．2016－7－29.

[9] 中华人民共和国国家发展和改革委员会．物流业降本增效专项行动方案（2016—2018 年）［Z］．2016－9－26.

[10] 中华人民共和国国家邮政局．快递业发展“十三五”规划［Z］．2017－2－13.

[11] 中华人民共和国工业和信息化部．促进新一代人工智能产业发展三年行动计划（2018—2020 年）［Z］．2017－12－13.

[12] 中华人民共和国商务部，等．关于推广标准托盘发展单元化物流

的意见［Z］. 2018－1－18.

［13］中华人民共和国商务部，中华人民共和国财务部. 关于开展2018年流通领域现代供应链体系建设的通知［Z］. 2018－5－31.

［14］中华人民共和国国家发展和改革委员会. 关于推动物流高质量发展促进形成强大国内市场的意见［Z］. 2019－3－2.

［15］中国共产党中央委员会，中华人民共和国国务院. 交通强国建设纲要［Z］. 2019－9－19.

［16］中国物流与采购联合会，京东物流. 中国智慧物流2025应用展望［EB/OL］. 2017.

［17］Aarts E, Lenstra J. Local Search in Combinatorial Optimization［M］. Princeton: Princeton Univ Pr, 2003.

［18］Ahuja R, Ergun O, Orlin J, Punnen A. A Survey of Very Large－scale Neighborhood Search Techniques［J］. Discrete Applied Mathematics, 2002, 123 (1－3).

［19］Alba E. Parallel Metaheuristics: A New Class of Algorithms［M］. Hoboken NJ: Wiley－Interscience, 2005.

［20］Alba E, Dorronsoro B. Computing Nine New Best－so－far Solutions for Capacitated VRP with a Cellular Genetic Algorithm［J］. Information Processing Letters, 2006, 98 (6).

［21］Alegre J, Laguna M, Pacheco J. Optimizing the Periodic Pick－up of Raw Materials for a Manufacturer of Auto Parts［J］. European Journal of Operational Research, 2007, 179 (3).

［22］Aleman R, Hill R. A Tabu Search with Vocabulary Building Approach for the Vehicle Routing Problem with Split Demands［J］. International Journal of Metaheuristics, 2010, 1 (1).

［23］Alonso F, Alvarez M J, Beasley J E. A Tabu Search Algorithm for the Periodic Vehicle Routing Problem with Multiple Vehicle Trips and Accessibility Restrictions［J］. Journal of the Operational Research Society, 2008, 59 (7) .

[24] Alvarenga G, Mateus G, De Tomi G. A Genetic and Set Partitioning Two - phase Approach for the Vehicle Routing Problem with Time Windows [J] . Computers & Operations Research, 2007, 34 (6) .

[25] Andersson H, Hoff A, Christiansen M, Hasle G, Lokketangen A. Industrial Aspects and Literature Survey: Combined Inventory Management and Routing [J] . Computers & Operations Research, 2010, 37 (9) .

[26] Archetti C, Hertz A, Speranza M G. Metaheuristics for the Team Orienteering Problem [J] . Journal of Heuristics, 2006, 13 (1) .

[27] Archetti C, Speranza M. Vehicle Routing Problems with Split Deliveries [J] . International Transactions in Operational Research , 2012, 19 (1 -2) .

[28] Archetti C, Speranza M, Savelsbergh M. An Optimization - based Heuristic for the Split Delivery Vehicle Routing Problem [J] . Transportation Science, 2008, 42 (1) .

[29] Assad A. Modeling and Implementation Issues in Vehicle Routing [M] // Golden B, Assad A. Vehicle Routing: Methods and Studies. Amsterdam: North - Holland, 1988.

[30] Badeau P, Guertin F, Gendreau M, Potvin J Y, Taillard E. A Parallel Tabu Search Heuristic for the Vehicle Routing Problem with Time Windows [J] . Transportation Research Part C: Emerging Technologies, 1997, 5 (2) .

[31] Baldacci R, Bartolini E, Mingozzi A, Valletta A. An Exact Algorithm for the Period Routing Problem [J] . Operations Research , 2011a , 59 (1) .

[32] Baldacci R, Battarra M, Vigo D. Routing a Heterogeneous Fleet of Vehicles [M] // Golden B, Raghavan S, Wasil E. The Vehicle Routing

Problem: Latest Advances and New Challenges. New York: Springer, 2008a.

[33] Baldacci R, Christofides N, Mingozzi A. An Exact Algorithm for the Vehicle Routing Problem Based on the Set Partitioning Formulation with Additional Cuts [J]. Mathematical Programming, 2008b, 115 (2).

[34] Baldacci R, Mingozzi A. A Unified Exact Method for Solving Different Classes of Vehicle Routing Problems [J]. Mathematical Programming, 2009, 120 (2).

[35] Baldacci R, Mingozzi A, Roberti R. New Route Relaxation and Pricing Strategies for the Vehicle Routing Problem [J]. Operations Research, 2011b, 59 (5).

[36] Baldacci R, Toth P, Vigo D. Recent Advances in Vehicle Routing Exact Algorithms [J]. 4OR, 2007, 5 (4).

[37] Balseiro S, Loiseau I, Ramonet J. An Ant Colony Algorithm Hybridized with Insertion Heuristics for the Time Dependent Vehicle Routing Problem with Time Windows [J]. Computers & Operations Research, 2011, 38 (6).

[38] Barr R, Golden B, Kelly J, Resende M, Stewart J R W. Designing and Reporting on Computational Experiments with Heuristic Methods [J]. Journal of Heuristics, 1995, 1 (1).

[39] Beasley J. Route First – cluster Second Methods for Vehicle Routing [J]. Omega, 1983, 11 (4).

[40] Bektas T, Laporte G. The Pollution – routing Problem [J]. Transportation Research Part B: Methodological, 2011, 45 (8).

[41] Belenguer J M, Martinez M C, Mota E. A Lower Bound for the Split Delivery Vehicle Routing Problem [J]. Operations Research, 2000, 48 (5).

[42] Bell J, Mc Mullen P. Ant Colony Optimization Techniques for the Ve-

hicle Routing Problem [J]. Advanced Engineering Informatics, 2004, 18 (1).

[43] Bent R, Van Hentenryck P. A Two-stage Hybrid Algorithm for Pickup and Delivery Vehicle Routing Problems with Time Windows [J]. Computers & Operations Research, 2006, 33 (4).

[44] Bent R, Van Hentenryck P. Spatial, Temporal, and Hybrid Decompositions for Large-scale Vehicle Routing with Time Windows [M] // Cohen D. Proceedings of CP10, LNCS. Heidelberg: Springer, 2010.

[45] Berbeglia G, Cordeau J F, Gribkovskaia I, Laporte G. Static Pickup and Delivery Problems: a Classification Scheme and Survey [J]. Top, 2007, 15 (1).

[46] Berbeglia G, Cordeau J F, Laporte G. Dynamic Pickup and Delivery Problems [J]. European Journal of Operational Research, 2010, 202 (1).

[47] Blum C, Puchinger J, Raidl G, Roli A. Hybrid Metaheuristics in Combinatorial Optimization: A Survey [J]. Applied Soft Computing, 2011, 11 (6).

[48] Blum C, Roli A. Metaheuristics in Combinatorial Optimization: Overview and Conceptual Comparison [J]. ACM Computing Surveys (CSUR), 2003, 35 (3).

[49] Bodin L, Berman L. Routing and Scheduling of School Buses by Computer [J]. Transportation Science, 1979, 13 (2).

[50] Bodin L, Golden B. Classification in Vehicle Routing and Scheduling [J]. Networks, 1981, 11 (2).

[51] Bodin L D. A Taxonomic Structure for Vehicle Routing and Scheduling Problems [J]. Computers & Urban Society, 1975, 1 (1).

[52] Boese K. Cost Versus Distance in the Traveling Salesman Problem [R]. Tech. rep, 1995.

[53] Bortfeldt A. A hybrid algorithm for the Capacitated Vehicle Routing Problem with Three – dimensional Loading Constraints [J] . Computers & Operations Research, 2012, 39 (9) .

[54] Boudia M, Prins C, Reghioui M. An Effective Memetic Algorithm with Population Management for the Split Delivery Vehicle Routing Problem [M] // Hybrid Metaheuristics. LNCS. Heidelberg: Springer, 2007.

[55] Bouly H, Dang D C, Moukrim A. A Memetic Algorithm for the Team Orienteering Problem [J] . 4OR, 2009, 8 (1) .

[56] Boussier S, Feillet D, Gendreau M. An Exact Algorithm for Team Orienteering Problems [J] . 4OR, 2006, 5 (3) .

[57] Brandäo J. A New Tabu Search Algorithm for the Vehicle Routing Problem with Backhauls [J] . European Journal of Operational Research , 2006, 173 (2) .

[58] Brandäo J. A Tabu Search Algorithm for the Heterogeneous Fixed Fleet Vehicle Routing Problem [J] . Computers & Operations Research , 2011, 38 (1) .

[59] Braeysy O. A Reactive Variable Neighborhood Search for the Vehicle – routing Problem with Time Windows [J] . INFORMS Journal on Computing , 2003, 15 (4) .

[60] Braeysy O, Gendreau M. Vehicle Routing Problem with Time Windows, Part I: Route Construction and Local Search Algorithms [J] . Transportation Science, 2005a, 39 (1) .

[61] Braeysy O, Gendreau M. Vehicle Routing Problem with Time Windows, Part II: Metaheuristics [J] . Transportation Science , 2005b, 39 (1) .

[62] Braeysy O, Gendreau M, Hasle G, Lokketangen A. A Survey of Heuristics for the Vehicle Routing Problem Part I: Basic Problems and Supply Side Extensions [J] . Sintef, Norway: Tech. rep, 2008a.

[63] Braeysy O, Gendreau M, Hasle G, Lokketangen A. A Survey of Heuristics for the Vehicle Routing Problem Part II: Demand Side Extensions [J]. Sintef, Norway: Tech. rep, 2008b.

[64] Bullnheimer B, Hartl R, Strauss C. An Improved Ant System Algorithm for the Vehicle Routing Problem [J]. Annals of Operations Research, 1999 (89).

[65] Burke E, Hyde M, Kendall G, Ochoa G, Özcan E, Woodward J. A Classification of Hyper – heuristic Approaches [M] // Gendreau M, Potvin J Y. Handbook of Metaheuristics. New York: Springer, 2010.

[66] Chandran B, Raghavan S. Modeling and Solving the Capacitated Vehicle Routing Problem on Trees [M] // Golden B, Raghavan S, Wasil E. The Vehicle Routing Problem: Latest Advances and New Challenges. New York: Springer, 2008.

[67] Chao I, Golden B, Wasil E. The Team Orienteering Problem [J]. European Journal of Operational Research, 1996, 88 (3).

[68] Chen P, Huang H K, Dong X Y. Iterated Variable Neighborhood Descent Algorithm for the Capacitated Vehicle Routing Problem [J]. Expert Systems with Applications, 2010, 37 (2).

[69] Chen S, Golden B, Wasil E. The Split Delivery Vehicle Routing Problem: Applications, Algorithms, Test Problems, and Computational Results [J]. Networks, 2007, 49 (4).

[70] Christofides N. The Vehicle Routing Problem [J]. RAIRO Operations Research, 1976, 10 (2).

[71] Christofides N, Eilon S. Algorithms for Large – scale Travelling Salesman Problems [J]. Operational Research Quarterly, 1972, 23 (4).

[72] Christofides N, Mingozzi A, Toth P. The Vehicle Routing Problem [M] //Christofides N, Mingozzi A, Toth P, Sandi C. Combined Optimization. Chichester: Wiley, 1979.

[73] Clarke G, Wright J W. Scheduling of Vehicles from a Central Depot to a Number of Delivery Points [J] . Operations Research, 1964, 12 (4) .

[74] Coelho L, Cordeau J F, Laporte G. Thirty Years of Inventory – routing [R] . Montreal: Tech. rep. CIRRELT, 2012.

[75] Cordeau J F, Gendreau M, Hertz A, Laporte G, Sormany J. New Heuristics for the Vehicle Routing Problem [M] //Langevin A, Riopel D. Logistics Systems: Design and Optimization. New York : Springer , 2005.

[76] Cordeau J F, Gendreau M, Laporte G. A Tabu Search Heuristic for Periodic and Multi – depot Vehicle Routing Problems [J] . Networks, 1997, 30 (2) .

[77] Cordeau J F, Laporte G. A Tabu Search Heuristic for the Static Multi – vehicle Dial – a – ride Problem [J] . Transportation Research Part B: Methodological, 2003, 37 (6) .

[78] Cordeau J F, Laporte G, Mercier A. A Unified Tabu Search Heuristic for Vehicle Routing Problems with Time Windows [J] . Journal of the Operational Research Society, 2001, 52 (8) .

[79] Cordeau J F, Laporte G, Ropke S. Recent Models and Algorithms for One – to – one Pickup and Delivery Problems [M] //Golden B, Raghavan S, Wasil E. The Vehicle Routing Problem: Latest Advances and New Challenges. New York: Springer, 2008.

[80] Cordeau J F, Laporte G, Savelsbergh M, Vigo D. Vehicle routing [M] //Barnhart C, Laporte G. Transportation. Amsterdam: Elsevier, 2007.

[81] Cordeau J F, Maischberger M. A Parallel Iterated Tabu Search Heuristic for Vehicle Routing Problems [J] . Computers & Operations Research , 2012, 39 (9) .

[82] Corne D, Dorigo M, Glover F. New Ideas in Optimisation [M] .

Maidenhead: McGraw – Hill, 1999.

[83] Crainic T. Parallel Solution Methods for Vehicle Routing Problems [M] //Golden B, Raghavan S, Wasil E. The Vehicle Routing Problem: Latest Advances and New Challenges. New York: Springer , 2008.

[84] Crainic T, Crisan G, Gendreau M, Lahrichi N, Rei W. Multi – thread Integrative Cooperative Optimization for Rich Combinatorial Problems [EB/OL] . Proceedings of IPDPS 09 , 2009.

[85] Crainic T, Toulouse M. Parallel Meta – heuristics [M] //Gendreau M, Potvin J Y. Handbook of Metaheuristics. Boston: Springer , 2010.

[86] Creput J C, Koukam A. The Memetic Self – organizing Map Approach to the Vehicle Routing Problem [J] . Soft Computing, 2008, 12 (11) .

[87] Dang D C, Guibadj R, Moukrim A. A PSO – based Memetic Algorithm for the Team Orienteering Problem [M] //Applications of Evolutionary Computation. LNCS. Heidelberg: Springer, 2011.

[88] Dantzig G, Ramser J. The Truck Dispatching Problem [J] . Management Science, 1959, 6 (1) .

[89] De Franceschi R, Fischetti M, Toth P. A New ILP – based Refinement Heuristic for Vehicle Routing Problems [J] . Mathematical Programming, 2006, 105 (2) .

[90] De Landgraaf W, Eiben A, Nannen V. Parameter Calibration Using Meta – algorithms [EB/OL] . Proceedings of CEC07, 2007.

[91] Dell'Amico M, Maffioli F, Värbrand P. On Prize – collecting Tours and the Asymmetric Travelling Salesman Problem [J] . International Transactions in Operational Research, 1995, 2 (3) .

[92] Derigs U, Kaiser R. Applying the Attribute – based Hill Climber Heuristic to the Vehicle Routing Problem [J] . European Journal of Operational Research, 2007, 177 (2) .

[93] Derigs U, Li B, Vogel U. Local Search – based Metaheuristics for the Split Delivery Vehicle Routing Problem [J] . Journal of the Operational Research Society, 2009.

[94] Desaulniers G, Desrosiers J, Erdmann A, Solomon M, Soumis F. VRP with PIckup and Delivery [M] //Toth P, Vigo D. The Vehicle Routing Problem. Philadelphia: SIAM, 2002.

[95] Desrochers M, Jones C, Lenstra J, Savelsbergh M, Stougie L. Towards a Model and Algorithm Management System for Vehicle Routing and Scheduling Problems [J] . Decision Support Systems , 1999, 25 (2) .

[96] Desrochers M, Lenstra J, Savelsbergh M. A Classification Scheme for Vehicle Routing and Scheduling Problems [J] . European Journal of Operational Research, 1990, 46 (3) .

[97] Desrosiers J, Dumas Y, Solomon M, Soumis F. Time Constrained Routing and Scheduling [M] //Ball M, Magnanti T L, Monma C, Nemhauser G. Network Routing. North – Holland, Amsterdam, 1995.

[98] Doerner K, Hartl R, Benkner S, Lucka M. Parallel Cooperative Savings Based Ant Colony Optimization: Multiple Search and Decomposition Approaches [J] . Parallel Processing Letters, 2006, 16 (3) .

[99] Doerner K, Hartl R, Kiechle G, Lucka M, Reimann M. Parallel Ant Systems for the Capacitated Vehicle Routing Problem [M] //Gottlieb J, Raidl G. Evolutionary Computation in Combinatorial Optimization, LNCS. Heidelberg: Springer, 2004.

[100] Doerner K, Schmid V. Survey: Matheuristics for Rich Vehicle Routing Problems [M] // Hybrid Metaheuristics. LNCS. Heidelberg: Springer, 2010.

[101] Dongarra J. Performance of Various Computers Using Standard Linear Equation Software [R] . Tech. rep, University of Tennessee, 2011.

[102] Dorigo M, Stützle T. Ant Colony Optimization [M]. Cambridge: MIT Press, 2004.

[103] Dorronsoro B, Arias D, Luna F, Nebro A, Alba E. A Grid – based Hybrid Cellular Genetic Algorithm for Very Large – scale Instances of the CVRP [M] //Smari W. Proceedings of HPCS′07. Czech Republic, Prague, 2007.

[104] Dreo J, Petrowski A, Siarry P, Taillard E. Métaheuristiques Pour L′optimisation Difficile [M]. Paris: Eyrolles, 2003.

[105] Drexl M. Synchronization in Vehicle Routing – a survey of VRPs with Multiple Synchronization Constraints [J]. Transportation Science, 2012, 46 (3).

[106] Dueck G. New Optimization Heuristics: the Great Deluge Algorithm and the Record – to – record Travel [J]. Journal of Computational Physics, 1993, 104 (1).

[107] Duhamel C, Lacomme P, Quilliot A, Toussaint H. A Multi – start Evolutionary Local Search for the Two – dimensional Loading Capacitated Vehicle Routing Problem [J]. Computers & Operations Research, 2011, 38 (3).

[108] Duin J H R V. City Logistics: Network Modelling and Intelligent Transport Systems [M]. Bradford: Emerald, 2001.

[109] Eksioglu B, Vural A, Reisman A. The Vehicle Routing Problem: a Taxonomic Review [J]. Computers & Industrial Engineering, 2009, 57 (4).

[110] Feillet D, Dejax P, Gendreau M. Traveling Salesman Problems with Profits [J]. Transportation Science, 2005, 39 (2).

[111] Fischetti M, Toth P, Vigo D. A Branch – and – bound Algorithm for the Capacitated Vehicle Routing Problem on Directed Graphs [J]. Operations Research, 1994, 42 (5).

[112] Fisher M, Jaikumar R. A Generalized Assignment Heuristic for Vehicle Routing [J]. Networks, 1981, 11 (2).

[113] Fleischmann B, Gietz M, Gnutzmann S. Time – varying Travel Times in Vehicle Routing [J]. Transportation Science, 2004, 38 (2).

[114] Fleszar K, Osman I, Hindi K. A Variable Neighbourhood Search Algorithm for the Open Vehicle Routing Problem [J]. European Journal of Operational Research , 2009, 195 (3).

[115] Francis P, Smilowitz K, Tzur M. The Period Vehicle Routing Problem and its Extensions [M] // Golden B, Raghavan S, Wasil E. The Vehicle Routing Problem: Latest Advances and New Challenges. New York: Springer, 2008.

[116] Fuellerer G, Doerner K, Hartl R, Iori M. Ant Colony Optimization for the Two – dimensional Loading Vehicle Routing Problem [J]. Computers & Operations Research, 2009, 36 (3).

[117] Fukasawa R, Longo H, Lysgaard J, Aragão M, Reis M, Uchoa E, Werneck R. Robust Branch – and – cut – and – price for the Capacitated Vehicle Routing Problem [J]. Mathematical Programming, 2006, 106 (3).

[118] Funke B, Grünert T, Irnich S. Local Search for Vehicle Routing and Scheduling Problems: Review and Conceptual Integration [J]. Journal of Heuristics , 2005, 11 (4).

[119] Gajpal Y, Abad P. Multi – ant Colony System (MACS) for a Vehicle Routing Problem with Backhauls [J]. European Journal of Operational Research, 2009, 196 (1).

[120] Gaskell T. Bases for Vehicle Fleet Scheduling [J]. Operational Research Quarterly, 1967, 18 (3).

[121] Gehring H, Homberger J. A Parallel Hybrid Evolutionary Metaheuristic for the Vehicle Routing Problem with Time Windows [M] //Pro-

ceedings of EURO - GEN'99, 1999.

[122] Gendreau M, Hertz A, Laporte G. New Insertion and Postoptimization Procedures for the Traveling Salesman Problem [J]. Operations Research, 1992, 40 (6).

[123] Gendreau M, Hertz A, Laporte G. A Tabu Search Heuristic for the Vehicle Routing Problem [J]. Management Science, 1994, 40 (10).

[124] Gendreau M, Iori M, Laporte G, Martello S. A Tabu Search Algorithm for a Routing and Container Loading Problem [J]. Transportation Science, 2006, 40 (3).

[125] Gendreau M, Iori M, Laporte G, Martello S. A Tabu Search Heuristic for the Vehicle Routing Problem with Two - dimensional Loading Constraints [J]. Networks, 2008a, 51 (1).

[126] Gendreau M, Laporte G, Potvin J Y. Metaheuristics for the Capacitated VRP [EB/OL]. Philadelphia: SIAM, 2002.

[127] Gendreau M, Potvin J, Bräysy O, Hasle G, Lokketangen A. Metaheuristics for the Vehicle Routing Problem and its Extensions: a Categorized Bibliography [M] //Golden B, Raghavan S, Wasil E. The Vehicle Routing Problem: Latest Advances and New Challenges. New York: Springer, 2008b.

[128] Gendreau M, Potvin J Y. Metaheuristics in Combinatorial Optimization [J]. Annals of Operations Research, 2005, 140 (1).

[129] Gendreau M, Potvin J Y. Handbook of Metaheuristics [M]. Berlin: Springer, 2010.

[130] Gendreau M, Tarantilis C. Solving Large - scale Vehicle Routing Problems with Time Windows: the State - of - the - art [R]. Tech. rep, CIRRELT, 2010.

[131] Ghaziri H. Supervision in the Self - organizing Feature Map: Applica-

tion to the Vehicle Routing Problem [M] //Osman I, Kelly J. Meta - heuristics: Theory & Applications. Boston: Kluwer, 1996.

[132] Gillett B, Miller L. A Heuristic Algorithm for the Vehicle - dispatch Problem [J]. Operations Research, 1974, 22 (2).

[133] Glover F. Heuristics for Integer Programming Using Surrogate Constraints [J]. Decision Sciences, 1977 (8).

[134] Glover F. Future Paths for Integer Programming and Links to Artificial Intelligence [J]. Computers & Operations Research, 1986, 13 (5).

[135] Glover F. Tabu Search—Part I [J]. ORSA Journal on Computing, 1989, 1 (3).

[136] Glover F. Tabu Search—Part II [J]. ORSA Journal on Computing, 1990, 2 (1).

[137] Glover F. New Ejection Chain and Alternating Path Methods for Traveling Alesman Problems [M] // Balci O, Sharda R, Zenios S. Computer Science and Operations Research: New Developments in Their Interfaces. Oxford: Pergamon Press, 1992.

[138] Glover F. Ejection Chains, Reference Structures and Alternating Path Methods for Traveling Salesman Problems [J]. Discrete Applied Mathematics, 1996, 65 (1 - 3).

[139] Glover F, Hao J K. The Case for Strategic Oscillation [J]. Annals of Operations Research, 2011, 183 (1).

[140] Glover F, Kochenberger G. Handbook of Metaheuristics [M]. Berlin: Springer, 2003.

[141] Glover F, Laguna M. Tabu Search [M]. Boston: Kluwer Academic Publishers, 1998.

[142] Goel A. Vehicle Scheduling and Routing with Drivers' Working Hours [J]. Transportation Science, 2009, 43 (1).

[143] Goel A. Truck Driver Scheduling in the European Union [J].

Transportation Science, 2010, 44 (4).

[144] Goel A, Kok L. Truck Driver Scheduling in the United States [J]. Transportation Science, 2012, 46 (3).

[145] Goel A, Vidal T. Hours of Service Regulations in Road Freight Transport: An Optimization – based International Assessment [R]. Tech. rep, CIRRELT, 2012.

[146] Goetschalckx M, Jacobs – Blecha C. The Vehicle Routing Problem with Backhauls [J]. European Journal of Operational Research, 1989, 42 (1).

[147] Golden B, Assad A. Vehicle Routing: Methods and Studies [M]. Amsterdam: North – Holland, 1988.

[148] Golden B, Raghavan S, Wasil E. The Vehicle Routing Problem: Latest Advances and New Challenges [M]. New York: Springer, 2008.

[149] Golden B, Wasil E, Kelly J, Chao I. The Impact of Metaheuristics on Solving the Vehicle Routing Problem: Algorithms, Problem Sets, and Computational Results [M] // Crainic T, Laporte G. Fleet Management and Logistics. Boston: Kluwer Academic Publishers, 1998.

[150] Graham R, Lawler E, Lenstra J, Rinnooy Kan A. Optimization and Approximation in Deterministic Sequencing and Scheduling: a Survey [J]. Annals of Discrete Mathematics, 1979 (5).

[151] Groer C, Golden B, Wasil E. The Consistent Vehicle Routing Problem [J]. Manufacturing & Service Operations Management, 2008, 11 (4).

[152] Groer C, Golden B, Wasil E. A Parallel Algorithm for the Vehicle Routing Problem [J]. INFORMS Journal on Computing, 2011, 23 (2).

[153] Gulczynski D, Golden B, Wasil E. Recent Developments in Modeling and Solving the Split Delivery Vehicle Routing Problem [M] //Chen Z, Raghavan S. Tutorials in Operations Research. Hanover: IN-

FORMS, 2008.

[154] Gulczynski D, Golden B, Wasil E. The Period Vehicle Routing Problem: New Heuristics and Real – world Variants [J] . Transportation Research Part E: Logistics and Transportation Review, 2011, 47 (5) .

[155] Hansen P, Mladenovi'c N, Moreno Pérez J. Variable Neighbourhood Search: Methods and Applications [J] . Annals of Operations Research , 2010, 175 (1) .

[156] Hashimoto H, Ibaraki T, Imahori S, Yagiura M. The Vehicle Routing Problem with Flexible Time Windows and Traveling Times [J] . Discrete Applied Mathematics, 2006, 154 (16) .

[157] Hashimoto H, Yagiura M. A Path Relinking Approach with an Adaptive Mechanism to Control Parameters for the Vehicle Routing Problem with Time Windows [M] // Hemert J, Cotta C. Evolutionary Computation in Combinatorial Optimization, LNCS. Heidelberg: Springer , 2008.

[158] Hashimoto H, Yagiura M, Ibaraki T. An Iterated Local Search Algorithm for the Time – dependent Vehicle Routing Problem with Time Windows [J] . Discrete Optimization, 2008, 5 (2) .

[159] Hashimoto H, Yagiura M, Imahori S, Ibaraki T. Recent Progress of Local Search in Handling the Time Window Constraints of the Vehicle Routing Problem [J] . 4OR, 2010, 8 (3) .

[160] Hays plc. The Hays Global Skills Index [EB/OL] . 2014.

[161] Hemmelmayr V, Cordeau J F, Crainic T. An Adaptive Large Neighborhood Search Heuristic for Two – echelon Vehicle Routing Problems Arising in City Logistics [J] . Computers & Operations Research , 2012, 39 (12) .

[162] Hemmelmayr V, Doerner K, Hartl R. A Variable Neighborhood Search Heuristic for Periodic Routing Problems [J] . European

Journal of Operational Research, 2009, 195 (3) .

[163] Ho S, Gendreau M. Path Relinking for the Vehicle Routing Problem [J] . Journal of Heuristics, 2006, 12 (1 –2) .

[164] Holland J. Adaptation in Natural and Artificial Systems: An Introductory Analysis with Applications to Biology, Control and Artificial Intelligence [M] . Ann Arbor: The University of Michigan Press, 1975.

[165] Ibaraki T, Imahori S, Kubo M, Masuda T, Uno T, Yagiura M. Effective Local Search Algorithms for Routing and Scheduling Problems with General Time – window Constraints [J] . Transportation Science , 2005, 39 (2) .

[166] Ibaraki T, Imahori S, Nonobe K, Sobue K, Uno T, Yagiura M. An Iterated Local Search Algorithm for the Vehicle Routing Problem with Convex Time Penalty Functions [J] . Discrete Applied Mathematics, 2008, 156 (11) .

[167] Ichoua S, Gendreau M, Potvin J. Vehicle Dispatching with Time – dependent Travel Times [J] . European Journal of Operational Research, 2003, 144 (2) .

[168] Iori M, Martello S. Routing Problems with Loading Constraints [J] . Top, 2010, 18 (1) .

[169] Irnich S, Funke B, Grünert T. Sequential Search and its Application to Vehicle – routing Problems [J] . Computers & Operations Research, 2006, 33 (8) .

[170] Jepsen M, Petersen B, Spoorendonk S, Pisinger D. Subset – row Inequalities Applied to the Vehicle – routing Problem with Time Windows [J] . Operations Research, 2008, 56 (2) .

[171] Jin J, Crainic T, Lokketangen A. A Guided Cooperative Parallel Tabu Search for the Capacitated Vehicle Routing Problem [EB/OL]. Proceedings of NIK11 , 2011.

[172] Jin J, Crainic T, Lokketangen A . A Parallel Multi – neighborhood Cooperative Tabu Search for Capacitated Vehicle Routing Problem [J] . European Journal of Operational Research, 2012, 222 (3) .

[173] Johnson D, McGeoch L. The Traveling Salesman Problem: a Case Study in Local Optimization [M] //Aarts E, Lenstra J. Local Search in Combinatorial Optimization. Princeton Univ Pr, 1997.

[174] Jones T. Fitness Distance Correlation as a Measure of Problem Difficulty for Genetic Algorithms [M] // Proceedings ICGA'95. San Francisco: Morgan Kaufmann, 1995.

[175] Kallehauge B, Larsen J, Madsen O. Lagrangian Duality Applied to the Vehicle Routing Problem with Time Windows [J] . Computers & Operations Research, 2006, 33 (5) .

[176] Ke L, Archetti C, Feng Z. Ants Can Solve the Team Orienteering Problem [J] . Computers & Industrial Engineering , 2008, 54 (3) .

[177] Kilby P, Prosser P, Shaw P. Guided Local Search for the Vehicle Routing Problem with Time Windows [M] // Stefan Voss , Ibrahim H Osman , catherine Roucairol. Meta – Heuristics: Advances and Trends in Local Search Paradigms for Optimization. Princeton : Kluwer Academic Publishers, 1999.

[178] Kindervater G, Savelsbergh M. Vehicle Routing: Handling Edge Exchanges [M] // Aarts E, Lenstra J. Local Search in Combinatorial Optimization. Princeton : Princeton Univ Pr, 1997.

[179] Kirkpatrick S, Gelatt C, Vecchi M. Optimization by Simulated Annealing [J] . Science, 1983, 220 (4598) .

[180] Kovacs A, Parragh S, Hartl R. A Template Based Adaptive Large Neighborhood Search for the Consistent Vehicle Routing Problem [J] . Networks , 2014, 63 (1) .

[181] Kubiak M. Distance Measures and Fitness - distance Analysis for the Capacitated Vehicle Routing Problem [M] //Metaheuristics: Progress in Complex Systems Optimization. New York: Springer, 2007.

[182] Kytojoki J, Nuortio T, Braysy O, Gendreau M. An Efficient Variable Neighborhood Search Heuristic for Very Large Scale Vehicle Routing Problems [J]. Computers & Operations Research, 2007, 34 (9).

[183] Lahrichi N, Crainic T, Gendreau M, Rei W, Crisan G, Vidal T. An Integrative Cooperative Search Framework for Multi - Decision - Attribute Combinatorial Optimization [R]. Tech. rep, CIRRELT, 2012.

[184] Laporte G. Fifty Years of Vehicle Routing [J]. Transportation Science, 2009, 43 (4).

[185] Laporte G, Osman I. Routing Problems: a Bibliography [J]. Annals of Operations Research, 1995, 61 (1).

[186] Laporte G, Semet F. Classical Heuristics for the Capacitated VRP [M]. Philadelphia: SIAM, 2002.

[187] Lau H, Chan T, Tsui W, Pang W. Application of Genetic Algorithms to Solve the Multidepot Vehicle Routing Problem [J]. IEEE Transactions on Automation Science and Engineering, 2010, 7 (2).

[188] Le Bouthillier A, Crainic T. A Cooperative Parallel Meta - heuristic for the Vehicle Routing Problem with Time Windows [J]. Computers & Operations Research, 2005a, 32 (7).

[189] Le Bouthillier A, Crainic T. A Guided Cooperative Search for the Vehicle Routing Problem with Time Windows [J]. Intelligent Systems, IEEE, 2005b, 20 (4).

[190] Lee C, Epelman M, White III C, Bozer Y. A Shortest Path Approach to the Multiple - vehicle Routing Problem with Split Pick - ups [J]. Transportation Research Part B: Methodological, 2006, 40 (4).

[191] Letchford A, Lysgaard J, Eglese R. A Branch - and - cut Algorithm for the Capacitated Open Vehicle Routing Problem [J]. Journal of the Operational Research Society, 2006, 58 (12).

[192] Li F, Golden B, Wasil E. Very Large - scale Vehicle Routing: New Test Problems, Algorithms, and Results [J]. Computers & Operations Research, 2005, 32 (5).

[193] Li F, Golden B, Wasil E. A Record - to - record Travel Algorithm for Solving the Heterogeneous Fleet Vehicle Routing Problem [J]. Computers & Operations Research, 2007a, 34 (9).

[194] Li F, Golden B, Wasil E. The Open Vehicle Routing Problem: Algorithms, Large - scale Test Problems, and Computational Results [J]. Computers & Operations Research, 2007b, 34 (10).

[195] Li H, Lim A. A Metaheuristic for the Pickup and Delivery Problem with Time Windows [M] // Proceedings of ICTAI'01. IEEE Comput. Society, 2001.

[196] Lin S. Computer Solutions of the Traveling Salesman Problem [J]. Bell System Technical Journal, 1965, 44 (10).

[197] Lin S, Kernighan B. An Effective Heuristic Algorithm for the Traveling - salesman Problem [J]. Operations Research, 1973, 21 (2).

[198] Lourenço H, Martin O, Stützle T. Iterated local search: framework and applications [M] //Gendreau M, Potvin J Y. Handbook of Metaheuristics. Boston: Springer, 2010.

[199] Malandraki C, Daskin M. Time Dependent Vehicle Routing Problems: Formulations, Properties and Heuristic Algorithms [J]. Transportation Science, 1992, 26 (3).

[200] Marinakis Y, Marinaki M. A Hybrid Genetic - particle Swarm Optimization Algorithm for the Vehicle Routing Problem [J]. Expert

Systems with Applications, 2010, 37 (2) .

[201] Marinakis Y, Marinaki M. Bumble Bees Mating Optimization Algorithm for the Vehicle Routing problem [M] // Handbook of Swarm Intelligence. Heidelberg: Springer, 2011.

[202] Marinakis Y, Marinaki M, Dounias G. A Hybrid Particle Swarm Optimization Algorithm for the Vehicle Routing Problem [J] . Engineering Applications of Artificial Intelligence, 2010, 23 (4) .

[203] Marinakis Y, Migdalas A, Pardalos P. A New Bilevel Formulation for the Vehicle Routing Problem and a Solution Method Using a Genetic Algorithm [J] . Journal of Global Optimization , 2006, 38 (4) .

[204] Masutti T. A Neuro – immune Algorithm to Solve the Capacitated Vehicle Routing Problem [M] // Artificial Immune Systems. LNCS. Heidelberg : Springer, 2008.

[205] Mester D, Bräysy O. Active – guided Evolution Strategies for Large – scale Capacitated Vehicle Routing Problems [J] . Computers & Operations Research, 2007, 34 (10) .

[206] Mingozzi A, Giorgi S, Baldacci R. An Exact Method for the Vehicle Routing Problem with Backhauls [J] . Transportation Science, 1999, 33 (3) .

[207] Mingozzi A, Roberti R, Toth P. An Exact Algorithm for the Multi – trip Vehicle Routing Problem [J] . INFORMS Journal on Computing, 2012.

[208] Mladenovic´ N, Hansen P. Variable Neighborhood Search [J] . Computers & Operations Research, 1997, 24 (11) .

[209] Mole R, Jameson S. A Sequential Route – building Algorithm Employing a Generalised Savings Criterion [J] . Operational Research Quarterly , 1976, 27 (2) .

[210] Moscato P. On Evolution, Search, Optimization, Genetic Algorithms

and Martial Arts: Towards Memetic Algorithms [R]. Pasadena: California Institute of Technology, 1989.

[211] Moscato P, Cotta C. A Modern Introduction to Memetic Algorithms [M] //Gendreau M, Potvin J Y. Handbook of Metaheuristics. Boston: Springer, 2010.

[212] Mota E, Campos V, Corberán A. A New Metaheuristic for the Vehicle Routing Problem with Split Demands [M] //Evolutionary Computation in Combinatorial Optimization. LNCS. Heidelberg: Springer, 2007.

[213] Mühlenbein H, Gorges - Schleuter M, Kramer O. Evolution Algorithms in Combinatorial Optimization [J]. Parallel Computing, 1988, 7 (1).

[214] Nagata Y, Braysy O. Efficient Local Search Limitation Strategies for Vehicle Routing Problems [M] //Hemert J, Cotta C. Evolutionary Computation in Combinatorial Optimization, LNCS. Heidelberg: Springer, 2008.

[215] Nagata Y, Braysy O. Edge Assembly - based Memetic Algorithm for the Capacitated Vehicle Routing Problem [J]. Networks, 2009, 54 (4).

[216] Nagata Y, Braysy O, Dullaert W. A Penalty - based Edge Assembly Memetic Algorithm for the Vehicle Routing Problem with Time Windows [J]. Computers & Operations Research, 2010, 37 (4).

[217] Nagata Y, Kobayashi S. A Memetic Algorithm for the Pickup and Delivery Problem with Time Windows Using Selective Route Exchange Crossover [M] // Proceedings of PPSN '11. LNCS. Heidelberg: Springer, 2011.

[218] Nagy G, Salhi S. Location - routing: Issues, Models and Methods [J]. European Journal of Operational Research, 2007, 177 (2).

[219] Nannen V, Eiben A. Efficient Relevance Estimation and Value Cali-

bration of Evolutionary Algorithm Parameters [R]. Proceedings of CEC07. IEEE, 2007.

[220] Newton R, Thomas, W. Bus Routing in a Multi – school System [J]. Computers & Operations Research, 1974, 1 (2).

[221] Ngueveu S, Prins C, Wolfler Calvo R. An Effective Memetic Algorithm for the Cumulative Capacitated Vehicle Routing Problem [J]. Computers & Operations Research, 2010, 37 (11).

[222] Olivera A, Viera O. Adaptive Memory Programming for the Vehicle Routing Problem with Multiple trips [J]. Computers & Operations Research, 2007, 34 (1).

[223] Ombuki – Berman B, Hanshar F. Using Genetic Algorithms for Multi – depot Vehicle Routing [M] // Pereira F, Tavares J. Bio – inspired Algorithms for the Vehicle Routing Problem. New York: Springer, 2009.

[224] Or I. Traveling Salesman – type Combinatorial Problems and Their Relation to the Logistics of Regional Blood Banking [D]. Evanston IL: Northwestern University, 1976.

[225] Osman I. Metastrategy Simulated Annealing and Tabu Search Algorithms for the Vehicle Routing Problem [J]. Annals of Operations Research, 1993, 41 (1 –4).

[226] Osman I, Laporte G. Metaheuristics: A Bibliography [J]. Annals of Operations Research, 1996, 63 (5).

[227] Ostertag A. Decomposition Strategies for Large Scale Multi Depot Vehicle Routing Problems [D]. Vienna: Universität Wien, 2008.

[228] Parragh S, Doerner K, Hartl R. A Survey on Pickup and Delivery Problems. Part I: Transportation between Customers and Depot [J]. Journal für Betriebswirtschaft, 2008a, 58 (1).

[229] Parragh S, Doerner K, Hartl R. A Survey on Pickup and Delivery

Problems. Part II: Transportation between Pickup and Delivery Locations [J] . Journal für Betriebswirtschaft , 2008b, 58 (2) .

[230] Parragh S, Doerner K, Hartl R. Variable Neighborhood Search for the Dial - a - ride Problem [J] . Computers & Operations Research, 2010, 37 (6) .

[231] Penna P H V, Subramanian A, Ochi L S. An Iterated Local Search Heuristic for the Heterogeneous Fleet Vehicle Routing Problem [J] . Journal of Heuristics, 2011.

[232] Perboli G, Pezzella F, Tadei R. EVE - OPT: A Hybrid Algorithm for the Capacitated Vehicle Routing Problem [J] . Mathematical Methods of Operations Research, 2008, 68 (2) .

[233] Pessoa A, de Aragão M, Uchoa E. Robust Branch - cut - and - price Algorithms for Vehicle Routing Problems [M] //Golden B, Raghavan S, Wasil E. The Vehicle Routing Problem: Latest Advances and New Challenges. Boston: Springer, 2008.

[234] Pisinger D, Ropke S. A General Heuristic for Vehicle Routing Problems [J] . Computers & Operations Research, 2007, 34 (8) .

[235] Pisinger D, Ropke S. Large Neighborhood Search [M] //Gendreau M, Potvin J Y. Handbook of Metaheuristics. Boston: Springer, 2010.

[236] Potvin J Y. State - of - the Art Review: Evolutionary Algorithms for Vehicle Routing [J] . INFORMS Journal on Computing, 2009, 21 (4) .

[237] Potvin J Y, Rousseau J M. An Exchange Heuristic for Routeing Problems with Time Windows [J] . Journal of the Operational Research Society, 1995, 46 (12) .

[238] Prahalad CK. In Volatile Times, Agility Rules [J] . BusinessWeek , 2009 (2180) .

[239] Prescott – Gagnon E, Desaulniers G, Drexl M, Rousseau L M. European Driver Rules in Vehicle Routing with Time Windows [J]. Transportation Science, 2010, 44 (4).

[240] Prescott – Gagnon E, Desaulniers G, Rousseau L. A Branch – and – price – based Large Neighborhood Search Algorithm for the Vehicle Routing Problem with Time Windows [J]. Networks, 2009, 54 (4).

[241] Prins C. A Simple and Effective Evolutionary Algorithm for the Vehicle Routing Problem [J]. Computers & Operations Research, 2004, 31 (12).

[242] Prins C. A GRASP – evolutionary Local Search Hybrid for the Vehicle Routing Problem [M] //Pereira F, Tavares J. Bio – Inspired Algorithms for the Vehicle Routing Problem. Heidelberg: Springer, 2009a.

[243] Prins C. Two Memetic Algorithms for Heterogeneous Fleet Vehicle Routing Problems [J]. Engineering Applications of Artificial Intelligence, 2009b, 22 (6).

[244] Raidl R, Puchinger J, Blum C. Metaheuristic Hybrids [M] // Gendreau M, Potvin J Y. Handbook of Metaheuristics. Boston: Springer, 2010.

[245] Rancourt M É, Cordeau J F, Laporte G. Long – haul Vehicle Routing and Scheduling with Working Hour Rules [J]. Transportation Science, 2013, 47 (1).

[246] Rego C. Node – ejection Chains for the Vehicle Routing Problem: Sequential and Parallel Algorithms [J]. Parallel Computing, 2001, 27 (3).

[247] Reimann M, Doerner K, Hartl R. D – ants: Savings – based Ants Divide and Conquer the Vehicle Routing Problem [J]. Computers &

Operations Research, 2004, 31 (4) .

[248] Repoussis P, Tarantilis C, Braysy O, Ioannou G. A Hybrid Evolution Strategy for the Open Vehicle Routing Problem [J] . Computers & Operations Research, 2010, 37 (3) .

[249] Repoussis P, Tarantilis C, Ioannou G. Arc - guided Evolutionary Algorithm for the Vehicle Routing Problem with Time Windows [J] . IEEE Transactions on Evolutionary Computation, 2009, 13 (3) .

[250] Resende M, Ribeiro C, Glover F, Marti R. Scatter Search and Path - relinking: Fundamentals, Advances, and Applications [M] // Gendreau M, Potvin J Y. Handbook of Metaheuristics. Boston: Springer, 2010.

[251] Ribeiro G, Laporte G. An Adaptive Large Neighborhood Search Heuristic for the Cumulative Capacitated Vehicle Routing Problem [J] . Computers & Operations Research, 2012, 39 (3) .

[252] Rochat Y, Taillard E. Probabilistic Diversification and Intensification in Local Search for Vehicle Routing [J] . Journal of Heuristics, 1995, 1 (1) .

[253] Ronen D. Perspectives on Practical Aspects of Truck Routing and Scheduling [J] . European Journal of Operational Research, 1988, 35 (2) .

[254] Ropke S, Cordeau J, Laporte G. Models and Branch - and - cut Algorithms for Pickup and Delivery Problems with Time Windows [J] . Networks, 2007, 49 (4) .

[255] Ropke S, Pisinger D. A Unified Heuristic for a Large Class of Vehicle Routing Problems with Backhauls [J] . European Journal of Operational Research, 2006a, 171 (3) .

[256] Ropke S, Pisinger D. An Adaptive Large Neighborhood Search Heuristic for the Pickup and Delivery Problem with Time Windows [J] .

Transportation Science, 2006b, 40 (4) .

[257] Salari M, Toth P, Tramontani A. An ILP Improvement Procedure for the Open Vehicle Routing Problem [J] . Computers & Operations Research , 2010, 37 (12) .

[258] Salhi S, Petch R J. A GA Based Heuristic for the Vehicle Routing Problem with Multiple Trips [J] . Journal of Mathematical Modelling and Algorithms , 2007, 6 (4) .

[259] Sarvanov V, Doroshko N. The Approximate Solution of the Travelling Salesman Problem by a Local Algorithm with Scanning Neighborhoods of Factorial Cardinality in Cubic time (in Russian) [R] . Minsk: Mathematical Institute of the Belorussian Academy of Sciences, 1981.

[260] Savelsbergh M. The Vehicle Routing Problem with Time Windows: Minimizing Route Duration [J] . ORSA Journal on Computing, 1992, 4 (2) .

[261] Schulz C. Efficient Local Search on the GPU Investigations on the Vehicle Routing Problem [EB/OL] . SINTEF Report, 2011 -05 -24.

[262] Shaw P. Using Constraint Programming and Local Search Methods to Solve Vehicle Routing Problems [M] . Heidelberg: Springer, 1998.

[263] Solomon M. Algorithms for the Vehicle Routing and Scheduling Problems with Time Window Constraints [J] . Operations Research, 1987, 35 (2) .

[264] Sorensen K, Sevaux M. MAPM: Memetic Algorithms with Population Management [J] . Computers & Operations Research, 2006, 33 (5) .

[265] Souffriau W, Vansteenwegen P, Vanden Berghe G, Van Oudheusden D. A Path Relinking Approach for the Team Orienteering Problem [J] . Computers & Operations Research, 2010, 37 (11) .

[266] Subramanian A. Heuristic, Exact and Hybrid Approaches for Vehicle

Routing Problems [D] . Niteroi: Universidade Federal Fluminense, 2012.

[267] Subramanian A, Drummond L, Bentes C, Ochi L, Farias R. A Parallel Heuristic for the Vehicle Routing Problem with Simultaneous Pick-up and Delivery [J] . Computers & Operations Research , 2010, 37 (11) .

[268] Subramanian A, Penna P, Uchoa E, Ochi L . A Hybrid Algorithm for the Heterogeneous Fleet Vehicle Routing Problem [J] . European Journal of Operational Research , 2012, 221 (2) .

[269] Taillard E. Parallel Iterative Search Methods for Vehicle Routing Problems [J] . Networks , 1993, 23 (8) .

[270] Taillard E. A Heuristic Column Generation Method for the Heterogeneous Fleet VRP [J] . RAIRO Operations Research, 1999, 33 (1) .

[271] Taillard E, Badeau P, Gendreau M, Guertin F, Potvin J Y. A Tabu Search Heuristic for the Vehicle Routing Problem with Soft Time Windows [J] . Transportation Science, 1997, 31 (2) .

[272] Taillard E, Laporte G, Gendreau M. Vehicle Routeing with Multiple use of Vehicles [J] . Journal of the Operational Research Society , 1996, 47 (8) .

[273] Tarantilis C. Solving the Vehicle Routing Problem with Adaptive Memory Programming Methodology [J] . Computers & Operations Research , 2005, 32 (9) .

[274] Tarantilis C, Stavropoulou F, Repoussis P. A Template – based Tabu Search Algorithm for the Consistent Vehicle Routing Problem [J] . Expert Systems with Applications, 2012, 39 (4) .

[275] Tarantilis C, Zachariadis E, Kiranoudis C. A Guided Tabu Search for the Heterogeneous Vehicle Routeing Problem [J] . Journal of the Operational Research Society, 2007, 59 (12) .

[276] Thompson P, Psaraftis H. Cyclic Transfer Algorithms for Multivehicle Routing and Scheduling Problems [J]. Operations Research, 1993, 41 (5).

[277] Toth P. An Integer Linear Programming Local Search for Capacitated Vehicle Routing Problems [M] // Golden B, Raghavan S, Wasil E. The Vehicle Routing Problem: Latest Advances and New Challenges. New York: Springer, 2008.

[278] Toth P, Vigo D. An Exact Algorithm for the Vehicle Routing Problem with Backhauls [J]. Transportation Science, 1997, 31 (4).

[279] Toth P, Vigo D. The Vehicle Routing Problem [M]. Philadelphia: Society for Industrial Mathematics, 2002a.

[280] Toth P, Vigo D. VRP with Backhauls [M] // Toth P, Vigo D. The Vehicle Routing Problem. Philadelphia: SIAM, 2002b.

[281] Toth P, Vigo D. The Granular Tabu Search and its Application to the Vehicle – routing Problem [J]. INFORMS Journal on Computing, 2003, 15 (4).

[282] Toulouse M, Crainic T, Gendreau M. Communication Issues in Designing Cooperative Multi – thread Parallel Searches [M] //Osman I, Kelly J. Meta – heuristics: Theory & Applications. Norwell: Kluwer Academic Publishers, 1996.

[283] Vakhutinsky A, Golden B. Solving Vehicle Routing Problems using Elastic Nets [J]. Proceedings of ICNN94, 1994, 7 (2).

[284] Van Breedam A. Improvement Heuristics for the Vehicle Routing Problem Based on Simulated Annealing [J]. European Journal of Operational Research, 1995, 86 (3).

[285] Vansteenwegen P, Souffriau W, Oudheusden D. The Orienteering Problem: a Survey [J]. European Journal of Operational Research, 2010, 209 (1).

[286] Cerny V. Thermodynamical Approach to the Traveling Salesman Problem: An Efficient Simulation Algorithm [J] . Journal of Optimization Theory and Applications, 1985, 45 (1) .

[287] Vidal T, Crainic T, Gendreau M, Lahrichi N, Rei W. A Hybrid Genetic Algorithm for Multi – depot and Periodic Vehicle Routing Problems [J] . Operations Research , 2012, 60 (3) .

[288] Vidal T, Crainic T, Gendreau M, Prins C. A Unifying View on Timing Problems and Algorithms [EB/OL] . 2011.

[289] Vidal T, Crainic T, Gendreau M, Prins C. A Hybrid Genetic Algorithm with Adaptive Diversity Management for a Large Class of Vehicle Routing Problems with Time – windows [J] . Computers & Operations Research , 2013, 40 (1) .

[290] Villegas J, Prins C, Prodhon C, Medaglia A, Velasco N. A GRASP with Evolutionary Path Relinking for the Truck and Trailer Routing Problem [J] . Computers & Operations Research , 2011, 38 (9) .

[291] Voudouris C, Tsang E. Guided Local Search and its Application to the Traveling Salesman Problem [J] . European Journal of Operational Research, 1999, 113 (2) .

[292] Whittley I, Smith G. The Attribute – based Hill Climber [J] . Journal of Mathematical Modelling and Algorithms, 2004, 3 (2) .

[293] Chen X, Hewitt M, Thomas B. An Approximate Dynamic Programming Method for the Multi – period Technician Scheduling Problem with Experience – based Service Times and Stochastic Customers [J] . International Journal of Production Economics , 2018 (196) .

[294] Chen X, Hewitt M, Thomas B. Multi – Period Technician Scheduling with Experience – based Service Times and Stochastic Custom-

ers [J] . Computers and Operations Research, 2017 (82) .

[295] Chen X, Hewitt M, Thomas B. The Technician Routing Problem with Experience - based Service Times [J] . Omega, 2016 (61) .

[296] Yellow P. A Computational Modification to the Savings Method of Vehicle Scheduling [J] . Operational Research Quarterly , 1970, 21 (2) .

[297] Yu B, Yang Z, Yao B. An Improved Ant Colony Optimization for Vehicle Routing Problem [J] . European Journal of Operational Research , 2009, 196 (1) .

[298] Zachariadis E, Kiranoudis C. A Strategy for Reducing the Computational Complexity of Local Search - based Methods for the Vehicle Routing Problem [J] . Computers & Operations Research , 2010a, 37 (12) .

[299] Zachariadis E, Kiranoudis C. An Open Vehicle Routing Problem Metaheuristic for Examining Wide Solution Neighborhoods [J] . Computers & Operations Research, 2010b, 37 (4) .

[300] Zachariadis E, Kiranoudis C. An Effective Local Search Approach for the Vehicle Routing Problem with Backhauls [J] . Expert Systems with Applications, 2012, 39 (3) .

[301] Zhu W, Qin H, Lim A, Wang L. A Two - stage Tabu Search Algorithm with Enhanced Packing Heuristics for the 3L - CVRP and M3L - CVRP [J] . Computers & Operations Research, 2012, 39 (9) .

[302] Adelman D. Dynamic Bid Prices in Revenue Management [J] . Oper Res , 2007, 55 (4) .

[303] Anzanello M J, Fogliatto F S. Learning Curve Models and Applications: Literature Review and Research Directions [J] . Int J Ind Ergon , 2011, 41 (5) .

[304] Batt R J, Terwiesch C. Doctors Under Load: an Empirical Study of Service Time as a Function of Census, working paper [EB/OL]. 2012.

[305] Bianco F J, Cronin A M, Klein E A, Pontes E E, Scardino P T, Vickers A J. Fellowship Training as a Modifier of the Surgical Learning Curve [J]. Acad Med J Assoc Am Med Coll, 2010, 85 (5).

[306] Bostel N, Dejax P, Guez P, Tricoire F. Multiperiod Planning and Routing on a Rolling Horizon for Field Force Optimization Logistics [M] //Golden B, Raghavan S, Wasil E. The Vehicle Routing Problem: Latest Advances and New Challenges, Volume 43 of Operations Research/Computer Science Interfaces. Boston: Springer, 2008.

[307] Brown L, Gans N, Mandelbaum A, Sakov A, Shen H, Zeltyn S, Zhao L. Statistical Analysis of a Telephone Call Center [J]. J Am Stat Assoc, 2005, 100 (469).

[308] Cachon G, Terweisch C. Operations Management [M]. New York: McGraw-Hill Education, 2016.

[309] Cochran E. New Concepts of the Learning Curve [J]. J Ind Eng, 1960, 11 (4).

[310] Conway R W, Schultz A. The Manufacturing Progress Function [D]. Ann Arbor: Cornell University, 1958.

[311] Dar-El E M. Human Learning: from Learning Curves to Learning Organizations [M] // volume 29 of International Series in Operations Research & Management Science. Boston: Kluwer Academic Publishers, 2000.

[312] Godfrey G A, Powell W B. An Adaptive, Distribution-free Algorithm for the Newsvendor Problem with Censored Demands, with Applications to Inventory Anddistribution [J]. Manag Sci, 2001, 47 (8).

[313] Godfrey G A, Powell W B. An Adaptive Dynamic Programming Algorithm for Dynamic Fleet Management, I: Single Period Travel Times [J] . Transp Sci, 2002, 36 (1) .

[314] Goodson J C, Thomas B W, Ohlmann J W. Restocking – based Rollout Policies for the Vehicle Routing Problem with Stochastic Demand and Duration Limits [J] . Transp Sci, 2015.

[315] Hays plc. The Hays Global Skills Index [EB/OL] . 2016.

[316] He M, Zhao L, Powell W B. Approximate Dynamic Programming Algorithms for Optimal Dosage Decisions in Controlled Ovarian Hyperstimulation [J] . Eur J Oper Res, 2012, 222 (2) .

[317] Hendrickson G, Schroeder W B. Transfer of Training in Learning to Hit a Submerged Target [J] . J Educ Psychol , 1941, 32 (3) .

[318] Hewitt M, Chacosky A, Grasman S E, Thomas B W. Integer Programming Techniques for Solving Non – linear Workforce Planning Models with Learning [J] . Eur J Oper Res, 2015, 242 (3) .

[319] Jaber M Y. Learning and Forgetting Models and Their Applications [M] //Badiru A B. Handbook of Industrial and Systems Engineering, Industrial Innovation Series, Chapter 30. Boca Raton: CRC Press, 2006.

[320] Jaber M Y, Sikstrom S. A Numerical Comparison of Three Potential Learning and Forgetting Models [J] . Int J Prod Econ, 2004, 92 (3) .

[321] Kleywegt A J, Nori V S, Savelsbergh M W. Dynamic Programming Approximations for a Stochastic Inventory Routing Problem [J] . Transp Sci, 2004, 38 (1) .

[322] Lesaint D, Voudouris C, Azarmi N. Dynamic Workforce Scheduling for British Telecommunications plc [J] . Interfaces, 2000, 30 (1) .

.xwell M S, Restrepo M, Henderson S G, Topaloglu H. Approximate Dynamic Programming for Ambulance Redeployment [J]. Inf J Comput, 2010, 22 (2).

[324] Meredith J R, Shafer S M. Operations and Supply Chain Management for MBAs, Sixth ed [M]. Hoboken: John Wiley & Sons, 2016.

[325] Moulton C A E, Dubrowski A, Macrae H, Graham B, Grober E, Reznick R. Teaching Surgical Skills: What Kind of Practice Makes Perfect: a Randomized, Controlled Trial [J]. Ann Surg, 2006, 244 (3).

[326] Nembhard D, Osothsilp N. Learning and Forgetting – based Worker Selection for Tasks of Varying Complexity [J]. J Oper Res Soc, 2005, 56 (5).

[327] Nembhard D A. Heuristic Approach for Assigning Workers to Tasks Based on Individual Learning Rates [J]. Int J Prod Res, 2001, 39 (9).

[328] Nembhard D A, Bentefouet F. Selection, Grouping, and Assignment Policies with Learning – by – doing and Knowledge Transfer [J]. Comput Ind Eng, 2015 (79).

[329] Neumann W P, Medbo P. Simulating Operator Learning During Production Rampup in Parallel vs. Serial Flow Production [J]. Int J Prod Res, 2017, 55 (3).

[330] Olivella J. An experiment on Task Performance Forecasting Based on the Experience of Different Tasks [EB/OL]. 2007.

[331] Papageorgiou D J, Cheon M S, Nemhauser G, Sokol J. Approximate Dynamic Programming for a Class of Long – horizon Maritime Inventory Routing Problems [J]. Transp Sci, 2014, 49 (4).

[332] Pillac V, Gueret C, Medaglia A, et al. On the Dynamic Technician Routing and Scheduling Problem [R]. Nantes: Technical

Report, 2012.

[333] Powell W B. Approximate Dynamic Programming: Solving the Curses of Dimensionality, Second ed [M] // Wiley Series in Probability and Statistics. Hoboken: Wiley, 2011.

[334] Sutton R S, Barto A G. Reinforcement Learning: an Introduction [M]. Cambridge: MIT Press, 1998.

[335] Topaloglu H, Powell W B. Dynamic - programming Approximations for Stochastic Time - staged Integer Multicommodity - flow Problems [J]. Inf J Comput, 2006, 18 (1).

[336] Udland M. Something is Still a Little Bit off in the us Labor Market [EB/OL]. 2016 - 3 - 17.

[337] Ulmer M, Mattfeld D, Soeffker N. Dynamic Multi - period Vehicle Routing: Approximate Value Iteration Based on Dynamic Lookup Tables [J]. Transp Sci, 2017.

[338] Valeva S, Hewitt M, Thomas B W, Brown K G. Balancing Flexibility and Inventory in Workforce Planning with Learning [J]. Int J Prod Econ, 2017, 183 (A).

[339] S Valeva, M Hewitt, B W Thomas. A Matheuristic for Workforce Planning with Employee Learning and Stochastic Demand [J]. Int J Prod Res, 2017.

[340] Venezia I. On the Statistical Origins of the Learning Curve [J]. Eur J Oper Res, 1985, 19 (2).

[341] Weintraub A, Aboud J, Fernandez C, Laporte G, Ramirez E. An Emergency Vehicle Dispatching System for an Electric Utility in Chile [J]. J Oper Res Soc, 2012, 44 (10).

[342] Wirojanagud P, Gel E S, Fowler J W, Cardy R. Modeling Inherent Worker Differences for Workforce Planning [J]. Int J Prod Res, 2007, 45 (3).

ıght T P. Factors Affecting the Cost of Airplanes [J]. J Aeronaut Sci, 1936, 4 (3).

[344] Yan X, Diaconis P, Rusmevichientong P, Roy B V. Solitaire: Man Versus Machine [M] // Advances in Neural Information Processing Systems. Cambridge: MIT Press, 2004.

[345] Zhang D, Adelman D. An Approximate Dynamic Programming Approach to Network Revenue Management with Customer Choice [J]. Transp Sci, 2009, 43 (3).